완전정복
핵심세무회계

조동수 • 박경환

신영사

* 이 책은 조동수(2022)의 '쉽고 재미있는 기초세법개론'과 조동수(2019)의 'NCS세무실무'의 내용 중 2025.1.1.기준 관련세법 개정내용을 반영하였고 기타 본문 내용의 상당부분을 수정·보완 및 추가하여 발행하였다.

머리말

세법은 현대 사회에서 경제활동을 하는 모든 사람에게 직간접적으로 영향을 미치는 중요한 분야입니다. 이는 개인과 기업의 경제적 의사결정에 큰 영향을 주며, 국가 재정의 근간을 이루는 세금이 어떻게 부과되고 집행되는지를 이해하는 것이 매우 중요합니다.

이러한 세법을 보다 쉽게 이해할 수 있도록 본서를 출간하면서, 다음과 같은 사항을 중점적으로 다루었습니다.

첫째, 2025년 1월 1일부터 시행된 개정 법령과 2월에 개정된 시행령 중에서 실무에 꼭 필요한 내용을 도표로 정리하여 이해하기 쉽게 정리하였습니다. 주요 내용으로는 종업원 할인 혜택 비과세, 난임 시술비에 대한 세액 공제, 스마트팜용 LED 조명 사후 환급 기자재 추가 등이 포함됩니다.

둘째, 2025년 말까지 종료될 예정인 총 2조 3,500억 원 규모의 농업 부문에 대한 조세 감면 지원 사업을 포함하여, 3,000만 원 이하 예탁금 이자소득 비과세 등 지원 내용을 상세히 열거하고 서술했습니다.

셋째, 노벨문학상 수상 상금에 대한 비과세와 유형별 연말정산 과다 공제 등 방대한 세법을 보다 효율적으로 접근할 수 있도록 다양한 사례를 들어 설명하였습니다.

이 책은 세법을 최대한 쉽게 설명하고, 실생활과 연결하여 이해할 수 있도록 초점을 맞추었습니다. 세금이 왜 필요한지, 어떤 세금이 있는지, 그리고 세금과 관련된 핵심 개념들을 차근차근 풀어나가며 학습하다 보면 세금에 대한 이해가 한층 깊어질 것이라 확신합니다.

끝으로, 이 책이 나오기까지 도움을 주신 많은 분들께 진심으로 감사드리며, 독자 여러분의 건설적인 피드백을 바탕으로 앞으로도 세금 관련 법령 및 경제 환경의 변화에 맞춰 다양한 사례를 추가하고, 지속적으로 수정과 보완을 거쳐 최고의 세무 실무 지침서로 발전시켜 나갈 것을 약속드립니다.

2025년 3월

저자 조동수 · 박경환

차 례

제 I 편 조세총론 및 소득세법 개론

제 1 장 조세법 총론 — 9

제 1 절 조세의 개념과 분류 / 10
제 2 절 조세법의 법원 / 15
제 3 절 조세법의 기본원칙 / 17
제 4 절 과세전적부심사제도 / 20
제 5 절 조세 불복청구제도 / 26
제 6 절 조세 불복청구의 절차 / 28
제 7 절 사례 : 협동조합의 조세실무 / 33

제 2 장 소득유형별 원천징수 — 37

제 1 절 소득세법 총설 / 38
제 2 절 원천징수제도의 개요 / 47
제 3 절 배당소득 지급시 원천징수 / 54
제 4 절 사업소득 지급시 원천징수 / 57
제 5 절 기타소득 지급시 원천징수 / 60
제 6 절 근로소득 원천징수 및 연말정산 / 67
제 7 절 퇴직소득 지급시 원천징수 / 91

제 3 장 금융사업관련 세무실무 — 95

제 1 절 금융소득 종합과세와 이자소득 원천징수 / 96
제 2 절 비영리법인과의 예금거래시 원천징수 / 99
제 3 절 법인 이자소득 원천징수 / 100
제 4 절 연금소득 원천징수 / 101

제Ⅱ편 부가가치세법 및 부동산 취득

제 4 장 부가가치세법 개론 — 105

제 1 절 법인의 부가가치세 과세범위 / 106
제 2 절 부가가치세 개요 / 109
제 3 절 부가가치세 과세표준의 계산 / 128
제 4 절 세금계산서 작성 · 발급 / 142
제 5 절 영세율 · 사후환급 기자재 관련 부가가치세 / 149
제 6 절 부가가치세 면세사업 관련 세무 / 153
제 7 절 식품가공사업 및 수출업무 관련 부가가치세 / 159
제 8 절 부가가치세 신고 · 납부 / 167

제 5 장 부동산 등의 취득 · 보유관련 세무 — 171

제 1 절 부동산 등의 '취득'시 세무 / 172
제 2 절 부동산 '보유 · 관리'시 세무 / 176
제 3 절 부동산 '임대'시 세무 / 183

제Ⅲ편 법인세법 개론

제 6 장 법인세법 개론 — 187

제 1 절 법인세 신고 · 납부 / 188
제 2 절 법인세의 중간예납 / 223
제 3 절 토지 등 양도소득 법인세 신고 · 납부 / 225
제 4 절 지출증빙 수취 · 보관 / 237

조세총론 및 소득세법 개론

PART I

제 1 장 조세법 총론
제 2 장 소득유형별 원천징수
제 3 장 금융사업관련 세무실무

CHAPTER

1 조세법 총론

제 1 절 조세의 개념과 분류

제 2 절 조세법의 법원

제 3 절 조세법의 기본원칙

제 4 절 과세전적부심사제도

제 5 절 조세 불복청구제도

제 6 절 조세 불복청구의 절차

제 7 절 사례 : 협동조합의 조세실무

제 1 절 조세의 개념과 분류

1. 조세의 개념

조세란 일반적으로 국가 또는 지방자치단체가 재정수입을 조달할 목적으로 법률에 규정된 과세요건을 충족한 모든 자에게 직접적인 반대급부 없이 국민에게 부과·징수하는 금전급부이다. 조세의 특징은 다음과 같다.

① 과세주체 : 조세의 과세주체는 국가 또는 지방자치단체이다. 따라서 공공단체가 사업에 필요한 경비충당을 위해 부과하는 공과금과 구분된다.

② 과세목적 : 조세를 과세하는 주된 목적은 **재정수입을 조달**하고자 하는 국고적 목적이다. 국고적 목적에 의한 조세는 법을 위반한 경우 그에 대한 제재로서 부과하는 벌금·과료·과태료와 구분된다. 또한, 조세는 재정수입을 조달하고자 과세하지만, 사회·경제가 복잡하고 다양한 형태로 발전되어 감에 따라 점차 사회 정책적·경제 정책적 목적이 점점 더 강조되고 있는 실정이다. 예를 들어 투기적 주택거래에 대해 고율의 세금을 부과하는 것은 주택가격을 안정시키려고 하는 **정책적 목적**에 의해 추진되는 것이다.

③ 과세근거 : 조세는 법률에 의한 과세요건을 충족한 경우에만 성립한다. 과세요건을 충족시키기 위한 요소로는 납세의무자, 과세물건, 과세표준, 세율이 있다.

④ 무보상성 : 조세는 조세납부에 대한 직접적이거나 개별적인 반대급부 없이 과세된다.

⑤ 납부방법 : 금전납부를 원칙으로 한다. 다만, 법인세법·소득세법·상속세 및 증여세법·증여세법·지방세법의 재산세와 종합토지세는 예외적으로 물납제도가 규정되어 있다.

【조세징수의 주체 및 목적】

조세징수의 주체	조세징수의 목적
과세주체 : 국가(국세) 또는 지방자치단체(지방세) (참고) 공과금은 조세 X ⇨ 공공단체의 공공사업에 필요한 경비 충당	과세목적 : 국방, 치안, 교육, 복지 등 위한 경비충당 (참고) 벌금/과료/과태료는 조세 X ⇨ 위법행위에 대한 제재 목적

2. 조세의 분류

조세는 과세주체, 조세전가 여부, 세수의 용도, 납세의무자의 인적사정을 고려하는지 여부 등에 따라 다음과 같이 분류한다.

분류기준	조세 구분	내 용
① 과세주체	국세	국가가 부과하고 징수하는 조세(내국세, 관세)
	지방세	지방자치단체가 부과하고 징수하는 조세
② 조세전가 여부	직접세	납세의무자와 세부담자가 일치할 것을 예상하여 제정한 조세
	간접세	납세의무자와 세부담자가 일치하지 않을 것을 예상하여 제정한 조세
③ 세수용도	보통세	일반적인 재정수요에 충당하기 위한 조세
	목적세	특정한 재정수요에 충당하기 위하여 목적 외의 사용이 제한된 조세
④ 납세의무자의 인적사정 고려 여부	인세	납세의무자의 소득에 부과되는 조세
	물세	납세의무자의 소득과 관계없이 특정한 사실이나 행위 등을 과세대상으로 하는 조세
⑤ 과세물건 측정단위	종가세	과세물건의 금액을 과세표준으로 하는 조세
	종량세	과세물건의 수량을 과세표준으로 하는 조세
⑥ 다른 조세에 부가 여부	독립세	독립된 세원이 존재하는 조세
	부가세	독립된 세원이 없이 다른 조세에 부가되는 조세

3. 우리나라의 조세 체계

우리나라의 조세 체계는 크게 국세와 지방세로 구분하며 조세 체계를 구체적으로 정리하면 다음과 같다.

가. 국세의 체계

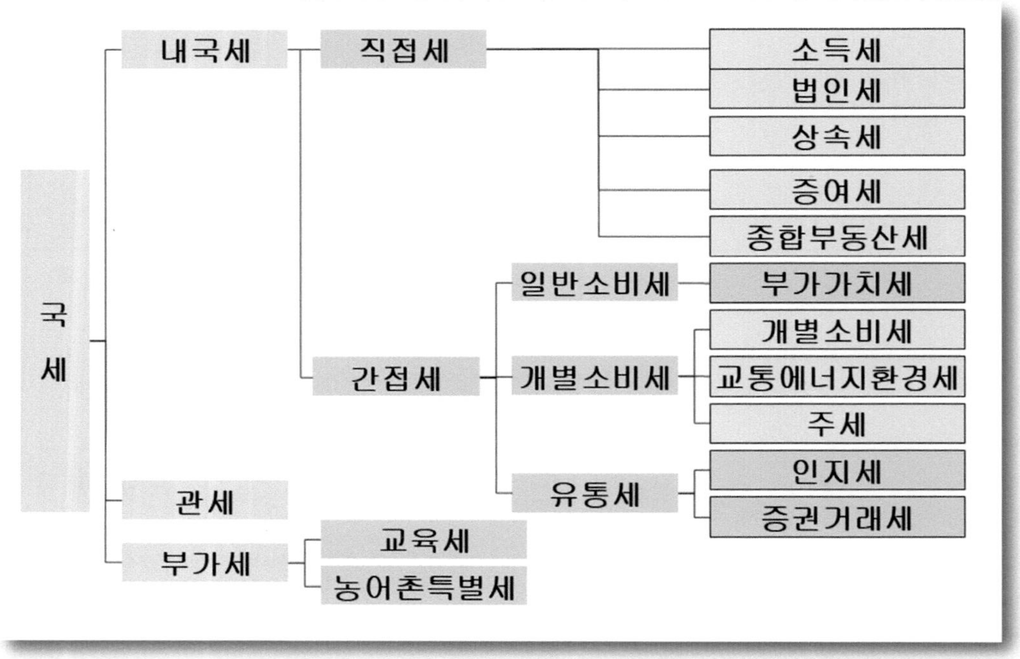

나. 지방세의 체계

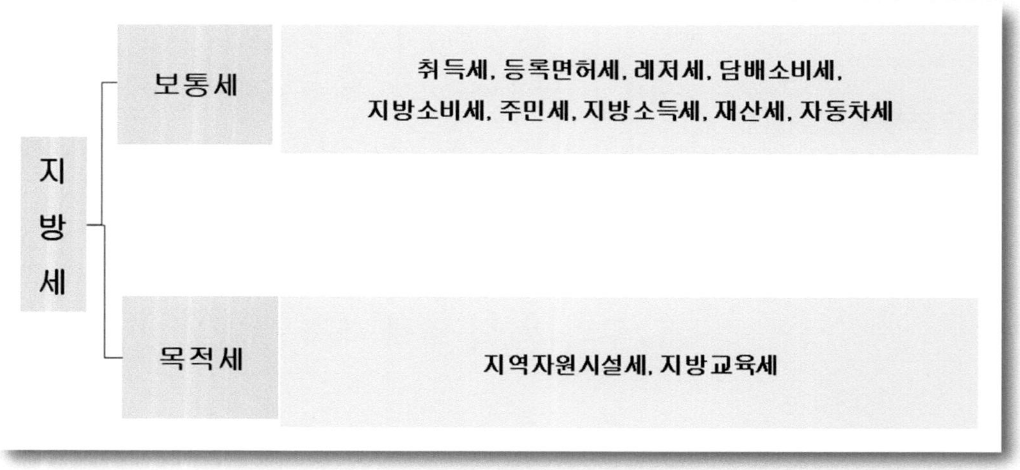

다. 조세의 분류

(1) 조세부과의 주체에 따른 분류

조세는 과세권자가 누구냐에 따라 국세와 지방세로 분류한다.

과세권자 (조세부과 주체)	구분	내용
	국세	국가가 부과 / 징수 Ex) 법인세, 소득세, 부가가치세
	지방세	지방자치단체가 부과 / 징수 Ex) 취득세, 등록면허세, 주민세 등

(2) 조세의 사용용도에 따른 분류

조세는 사용용도에 따라 보통세와 목적세로 분류한다.

조세의 사용용도	구분	내용
	보통세	세수의 용도가 특별히 지정되어 있지 않은 조세 ex) 대부분의 조세
	목적세	세수의 용도가 특별히 지정되어있는 조세 ex) 교육세, 농어촌특별세 등

(3) 조세부담 전가여부에 따른 분류

조세는 조세부담의 전가여부, 즉 납세의무자가 경제적인 담세자와 동일한지에 따라 직접세와 간접세로 분류한다.

조세부담 전가	구분	내용
조세부담 전가	직접세	납세의무자 = 경제적 담세자 ex) 법인세, 소득세, 상속세 등
	간접세	납세의무자 ≠ 경제적 담세자 ex) 부가가치세, 개별소비세, 주세 등

(4) 납세의무자의 인적사항 고려여부에 따른 분류

납세의무자의 인적사항 고려여부	구분	내용
납세의무자의 인적사항 고려여부	인세(人稅)	담세능력 같은 납세의무자의 인적사항을 고려하여 부과하는 조세 ex) 법인세, 소득세, 상속세, 증여세 등
	물세(物稅)	수익 혹은 재산 그 자체에 대하여 부과하는 조세 ex) 부가가치세, 재산세, 자동차세 등

(5) 독립된 세원의 유무에 따른 분류

독립된 세원의 유무	구분	내용
독립된 세원의 유무	독립세	독립된 세원에 대하여 부과 Ex) 법인세, 소득세, 부가가치세 등
	부가세	다른 조세(독립세)에 부가되는 조세 Ex) 교육세, 지방교육세, 주행세 등

제 2 절 조세법의 법원

1. 조세법의 의의 및 법원의 개념

가. 조세법의 의의

조세법이란 과세권의 주체인 국가 또는 지방자치단체와 그 구성원으로서의 경제활동 주체인 국민과의 사이에 형성되는 조세법률관계를 규율하는 법규의 총체로서 과세권자인 정부가 국민으로부터 징수하는 조세를 어떻게 부과하고 징수할 것인지를 규율하는 법규이다.

나. 법원의 개념

법원이란 법의 존재형식을 의미하며, 일반적으로 문자로 표시되고 일정한 형식과 절차를 거쳐 제정된 성문법과 성문법 이외의 불문법으로 구분된다. 조세법은 조세법률주의에 따라 구현되어야 하는 것이기 때문에 성문법의 형태를 기본적인 법원으로 하고 있으며, 불문법은 제한된 범위 내에서만 조세법의 법원으로 인정된다.

2. 조세법의 법원

가. 성문법

(1) 헌법 : 헌법은 국가 최고 법규로서 조세법률주의를 규정한 최상의 조세법원이며, 이에 위반하는 조세법규와 과세관청의 행위는 무효이다. 우리나라 헌법은 제38조에서 「모든 국민은 법률이 정하는 바에 의하여 납세의 의무를 진다」고 하고, 헌법 제59조에서 「조세의 종목과 세율은 법률로 정한다」고 조세법의 헌법적 규범 근거를 마련하고 있다.

(2) 법률 : 법률은 헌법의 조세법률주의에 의하여 납세의무자 · 과세물건 · 과세표준 및 세율 등의 과세요건을 규정하고 있는 가장 핵심적이고 중요한 조세법원이다. 조세법은 국세에 관한 법률과 지방세법으로 구분된다.

① 국세에 관한 법률 : '1세목 1세법주의'(예외적으로 상속세및증여세법만은 상속세와 증여

세라는 두 가지 세목을 규정하고 있다)에 따라 각 세목별로 독립된 법률체계를 이루고 있는 개별세법과 각 개별세법에 대한 일반적이고 공통적인 사항을 규정한 일반세법으로 구성되어 있다.

☞ 개별세법 : 법인세법 · 소득세법 · 부가가치세법 · 상속세 및 증여세법 등
일반세법 : 국세기본법 · 국세징수법 · 조세범처벌법 · 조세특례제한법 등

② 지방세에 관한 법률 : 지방세에 관하여는 모든 세목을 지방세법이라는 하나의 법률에서 규정하고 있으며, 이를「통일법전주의」라고 한다. 따라서 각 세목에 공통되는 사항을 별도의 법률로 규정할 필요 없이 그 총칙편에서 각 세목에 공통되는 사항을 규정하고 있다.

(3) **조약과 국제법규** : 헌법 제6조 제1항에서는「헌법에 의하여 체결 · 공포된 조약과 일반적으로 승인된 국제법규는 국내법과 같은 효력을 가진다」라고 규정하고 있으며 국내법에 우선하여 적용된다. 따라서 외국과 체결한 조세조약은 조세법의 법원이 된다.

(4) **명령(시행령과 시행규칙)** : 명령이란 입법기관인 국회의 의결을 거치지 않고 행정기관에 의해 제정된 법규를 말한다. 명령은 제정권자에 따라 대통령이 제정한 대통령령(시행령)과 각 부처의 장관이 제정한 부령(시행규칙)으로 구분된다.

(5) **조례와 규칙** : 조례는 지방자치단체 의회가 제정한 법규이며, 규칙은 지방자치단체의 장이 제정한 법규이다. 따라서 지방세의 경우에는 이러한 조례와 규칙도 법원이 된다.

나. 불문법

(1) 판례 : 판례란 재판의 선례를 말하는데, 판례는 조세법의 법원이 될 수 없다는 것이 일반적인 견해이다. 다만 대법원의 판례에 어긋나는 주장이나 하급심의 판결은 패소되거나 파기될 위험성이 매우 크기 때문에 사실상 당사자나 하급법원은 대법원의 판례를 따르는 경우가 많다.

(2) 관습법 : 관습법이란 관습 중 법규범으로 인정될 수 있을 정도의 법적 확신을 얻은 것을 말한다. 이러한 관습법이 조세법의 법원이 될 수 있는가에 관하여 논란이 있으나, 조세법률주의에 따르는 조세법에서 관습법의 법원성을 인정해서는 안 된다는 의견이 지배적이다.

(3) 조리 : 조리란 사물의 본질적 법칙 또는 도리를 말하는 것으로 명문규정이 없이도 당연히 따라야 할 지침이다. 따라서 조리는 조세법의 법원으로 인정된다는 것이 일반적인 견해이다.

제 3 절 조세법의 기본원칙

1. 조세법률주의

조세법률주의란 국가 또는 지방자치단체는 국회에서 제정한 법률에 의해서만 조세를 부과·징수할 수 있으며, 국민은 법률에 의해서만 납세의무를 진다는 원칙을 말하며, 조세법률주의는 행정부의 과세권 남용으로부터 국민의 재산권을 보호하고 국민생활의 법적안정성 및 예측가능성을 확보하게 하기 위한 것이다.

가. 과세요건 법정주의

조세의 과세요건과 부과·징수절차는 모두 법률로서 규정되어야 한다는 원칙을 말한다. 과세요건이란 납세의무자, 과세물건, 과세표준 및 세율을 말하며, 법률로 규정한다 함은 조세를 부과·징수할 때에는 법률에서 구체적인 범위와 조건을 정하여야 한다는 것이다.

나. 과세요건 명확주의

법률로 제정된 조세의 과세요건과 부과·징수절차의 규정은 그 내용이 명확하고 상세하여야 한다는 원칙을 말한다. 이는 자의적 해석이나 임의적인 재량권 적용으로 인한 국민의 법적 안정성과 예측가능성을 보장하기 위한 것이다.

다. 새로운 법률에 의한 소급과세의 금지

새로운 세법의 효력발생 전에 완결된 사실에 대하여 당해 새로운 세법을 적용해서는 안 된다는 원칙이다. 이는 소급과세의 가능성으로 인해 납세자의 법적 안정성과 예측가능성의 침해를 방지하기 위한 것이다.

라. 세법의 엄격해석

세법은 그 문언에 충실하게 해석하여야 하며, 해석에 있어서 보정이나 보충을 원칙적으로 허용하지 않는다는 것이다. 따라서 세법의 해석은 원칙적으로 문리해석에 의해야 하며, 다만 문리해석만으로는 그 의미를 확정할 수 없는 경우에 한하여 보충적·제한적으로 논리해석이 허용된다.

조세징수의 근거	일반보상성
조세법률주의에 의거하여 징수 의미 : 법에서 정한 요건에 해당하는 국민은 자신의 의사와 무관하게 무조건 조세를 납부	반대급부 없이 부과 의미 : 직접적으로 대응되는 대가 없음 간접적으로 국방, 치안, 교육, 복지 등 서비스 제공

2. 조세평등주의

조세평등주의란 국민에게 조세부담이 공평하게 배분되도록 세법을 제정하여야 하며, 세법을 해석하고 적용함에 있어 국민을 평등하게 취급하여야 한다는 원칙을 말한다.

가. 수평적 공평

동일한 경제력을 가진 납세자는 동일한 조세를 부담하여야 한다는 원칙을 말한다.

나. 수직적 공평

경제력이 큰 납세자가 경제력이 작은 납세자보다 더 많은 조세를 부담하여야 한다는 원칙으로서 이를 응능부담(應能負擔)의 원칙이라고도 한다.

3. 조세부과 · 징수의 원칙

가. 실질과세의 원칙

국가 또는 지방자치단체가 국민에게 세금을 부과 · 징수하는 경우, 거래의 형식보다 거래의 실질에 따라야 한다는 것이다.

나. 신의성실의 원칙

신의성실의 원칙이란 과세관청이 그 직무를 수행하거나 납세자가 그 의무를 이행함에 있어서 신의에 좇아 성실히 하여야 한다는 원칙을 말한다. 이 원칙은 세법의 해석·적용에 있어서 지켜야 할 일반적 원칙의 하나이다.

※ 국가 또는 지방자치단체와 국민간의 상호신의 유지(세무공무원 & 납세자)

다. 근거과세의 원칙

장부 등 증거자료에 입각하여 납세의무를 확정하여야 한다는 원칙

※ 국세를 조사 / 결정시 장부의 기록 내용이 사실과 다르거나 장부의 기록 누락시 ⇨ "그 부분에 대해서만" 정부가 조사한 사실에 따라 결정

라. 조세감면 후 사후관리

감면의 취지를 성취하거나 국가정책을 수행하기 위하여 필요하다고 인정시 감면한 세액에 상당하는 자금 또는 자산의 운용범위를 정할 수 있음

※ 운용범위 벗어나면, 감면을 취소하고 징수 가능(사례)
수도권과밀억제권역에서 공장 영위하던 중소기업이 수도권 밖으로 공장을 이전하는 경우 6년간 100%, 이후 3년간 50% 세금 감면하나, 이전한 사업을 3년 이내 폐업, 해산하거나 감면받는 기간 중 동일한 제품 생산 공장을 수도권에 다시 설치하면 그동안 감면받은 세액 추징

【조세부과의 원칙】

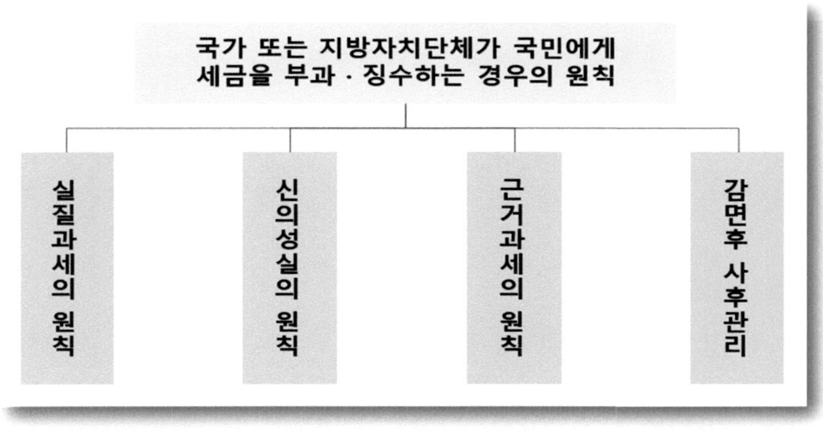

제 4 절 과세전적부심사제도

1. 의 의

과세전적부심사제도란 과세관청이 세무조사 후 과세결정을 하기 전에 납세의무자에게 과세표준과 세액 등 과세할 내용을 미리 알려주고 이의가 있을 경우 적법여부의 심사를 청구할 수 있도록 하는 사전적 권리구제장치를 말한다. 과세전적부심사에 대한 결정이 있기까지는 과세가 유보되는 효과가 있으며, 과세전적부심사 청구에 대하여 불리한 결정을 받더라도 이는 국세기본법에 의한 불복절차로 인정하지 않으므로 그 결정에 대하여 이의가 있는 경우 이의신청, 심사·심판청구, 행정소송 등 정상적인 불복절차를 다시 밟을 수 있다.

2. 과세전적부심사 청구 대상자

가. 국 세(국기법§81의15①)

국세에 대한 과세전적부심사 청구 대상자는 다음과 같다.

① 세무조사 결과에 대한 서면통지를 받은 자

② 세무서 또는 지방국세청에 대한 지방국세청장 또는 국세청장의 업무감사결과(현지에서 시정조치하는 경우 포함)에 따라 세무서장 또는 지방국세청장이 하는 과세예고통지를 받은 자

③ 세무조사에서 확인된 당해 납세자 외의 자에 대한 과세자료 및 현지확인조사에 따라 세무서장 또는 지방국세청장이 하는 과세예고통지를 받은 자

④ 납세고지하려는 세액이 1백만원 이상인 과세예고 통지를 받은 자. 다만, 감사원법 제33조에 따른 시정요구에 따라 세무서장 또는 지방국세청장이 과세처분하는 경우로서 시정요구 전에 과세처분 대상자가 감사원의 지적사항에 대한 소명안내를 받은 경우는 제외

≪과세전적부심사 청구 불가≫

「국세징수법」 제14조에 규정된 납기전 징수의 사유가 있거나 세법에서 규정하는 수시부과의 사유가 있는 경우, 「조세범 처벌법」 위반으로 고발 또는 통고처분하는 경우, 세무조사 결과 통지 및 과세예고 통지를 하는 날부터 국세부과 제척기간의 만료일까지의 기간이 3개월 이

하인 경우, 「국제조세조정에 관한 법률」에 따라 조세조약을 체결한 상대국이 상호합의 절차의 개시를 요청한 경우, 재조사 결정에 따라 조사를 하는 경우 등

나. 지방세(지기법§88①)

지방세에 대한 과세전적부심사 청구 대상자는 다음과 같다.

① 세무조사 결과에 대한 서면통지를 받은 자
② 과세예고통지를 받은 자
③ 비과세 또는 감면의 신청을 반려하는 통지를 받은 자

3. 청구기관

가. 국 세(국기법§81의15)

① 원칙 : 통지를 한 관할 세무서장 또는 지방국세청장

② 예외 : 세무서에 대한 지방국세청장의 업무감사결과에 따라 세무서장이 행하는 감사결과 과세예고통지서를 받은 경우에는 지방국세청장에게 하여야 한다.

③ 선택 : 다음 각 호의 1에 해당하는 경우에는 국세청장에게 직접 청구할 수 있다.
㉠ 법령과 관련하여 국세청장의 유권해석을 변경하여야 하거나 새로운 해석이 필요한 경우
㉡ 국세청장의 훈령・예규・고시 등과 관련하여 새로운 해석이 필요한 경우
㉢ 세무서 또는 지방국세청에 대한 국세청장의 업무감사결과(현지에서 시정조치하는 경우를 포함)에 따라 세무서장 또는 지방국세청장이 하는 과세예고통지에 관한 경우
㉣ 과세전적부심사 청구금액이 10억원 이상인 경우
㉤ 감사원법에 따른 시정요구에 따라 세무서장 또는 지방국세청장이 과세처분하는 경우로서 시정 요구 전에 과세처분 대상자가 감사원의 지적사항에 대한 소명안내를 받지 못한 경우

나. 지방세(지기령§58)

① 특별시세, 광역시세, 도세의 경우 : 특별시장, 광역시장, 도지사

② 특별자치시세, 특별자치도세의 경우 : 특별자치시장, 특별자치도지사

③ 시세, 군세, 구세인 경우 : 시장, 군수, 구청장

4. 직권시정(또는 직권취소 및 변경요구)

가. 국세의 직권시정(과세전적부심사사무처리규정 제20조)

과세전적부심사청구를 접수한 세무서장 또는 지방국세청장은 통지내용이 다음 각 호의 어느 하나에 해당하는 경우 지체 없이 스스로 바로잡고 청구인에게 그 결과를 서면으로 통지하여야 한다.

① 세법령・기본통칙・훈령・예규 등에 명백히 위배된 경우
② 판례・국세심판결정례・국세심사결정례・예규 등에 의하여 일반적인 해석기준이 확립되어 있는 경우
③ 청구인이 제시한 정당한 증거서류만으로도 충분히 입증되는 경우
④ 세무조사 또는 감사 시 사실판단을 명백히 그르쳤거나 계산착오가 있는 경우
⑤ 제1호부터 제4호까지의 규정과 유사한 사유가 있는 경우

나. 지방세의 직권취소 또는 변경요구

접수기관에서는 청구서의 접수와 관계없이 과세전적부심사청구 사항에 대하여 전부 또는 일부의 내용에 대하여 상당한 이유가 있거나 처분시와 달리 새로운 사실이 발견되었을 경우에는 과세기관에 취소통지 및 변경을 요구할 수 있다.

5. 과세전적부심사 절차

<국세의 경우> <지방세의 경우>

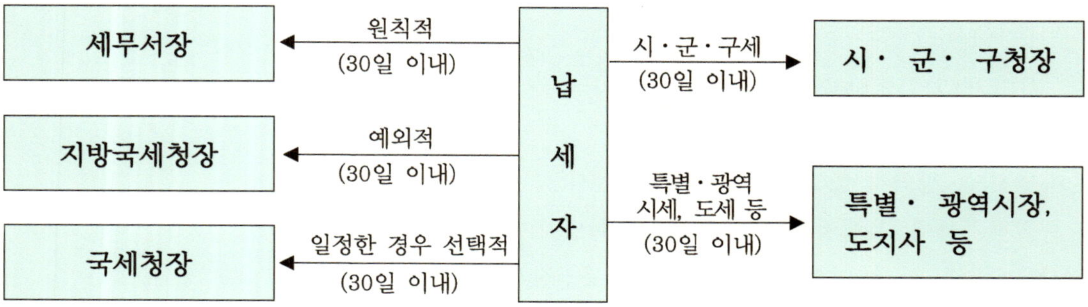

6. 과세전적부심사의 청구기간 및 결정기간

과세관청이 세무조사후 통보한 '과세예고통지서' 등 내용에 대하여 이의가 있어 과세전적부심사청구를 하고자 하는 경우에는 아래의 청구기간 내에 과세전적부심사청구서를 작성하고 입증자료를 첨부하여 과세관청에 제출하여야 한다.

구 분	청 구 기 간	결 정 기 간
국 세	과세관청의 결정전 통지를 받은 날부터 30일 이내	청구를 받은 날부터 30일 이내
지방세	과세예고통지 등을 받은 날부터 30일 이내	청구를 받은 날부터 30일 이내 (단, 1회에 한하여 연장 가능)

7. 과세전적부심사의 의견진술

국세에 대한 과세전적부심사청구시 과세전적부심사청구서에 의견진술 뜻을 기재하거나, 국세심사위원회의 개최일 5일 전까지 의견진술 신청을 한 경우는 국세심사위원회에 출석하여 의견진술을 할 수 있다. 다만, 청구사안이 경미하거나 기일이 경과한 경우들은 의견진술이 생략될 수 있다.

8. 과세전적부심사에 대한 결정의 종류

과세관청은 과세전적부심사 청구에 대하여 "심사제외", "채택", "불채택" 결정 중 하나를 결정한다. 과세관청으로부터 "심사제외" 또는 "불채택" 결정을 받은 경우라 하더라도 이는 불복절차로 보지 않는 것이므로 부과내용 및 이의 승소여부를 다시 판단하여 이의신청을 거쳐 심사청구 또는 심판청구를 하거나, 이의신청을 거치지 않고 심사청구 또는 심판청구를 할 수 있고, 감사원에 심사청구를 제기할 수도 있다.

<table>
<tr><th>결정의 종류</th><th>해 당 사 유</th><th>비 고
(이의신청시)</th></tr>
<tr><td rowspan="2">"심사제외"
(청구의 내용을 검토하지 않음)</td><td>청구기간이 경과한 후에 불복청구한 경우</td><td rowspan="2">"각하"</td></tr>
<tr><td>보정요구기간 내에 필요한 보정을 하지 아니한 경우</td></tr>
<tr><td>"불채택"</td><td>청구가 이유 없다고 인정되는 경우</td><td>"기각"</td></tr>
<tr><td>"채택" 또는
"재조사" 결정</td><td>청구가 이유 있다고 인정되는 경우</td><td>"취소" 또는
경정결정하거나
필요한 처분의 결정</td></tr>
</table>

9. 국세청 과세전적부심사결정의 사례활용

세무공무원이 세법에 규정한 처분을 하는 때에는 일반적으로 받아들여진 과세전적부심사결정 사례를 존중하여 동일한 유형의 부당한 처분이 반복되지 아니하도록 하여야 한다. 납세보호관은 국세청 과세전적부심사위원회의 심의를 거쳐 결정된 다음 각 호의 1에 해당하는 과세전적부심사결정서를 관계 국・실・과장에게 통보하여 훈령・기본통칙・예규 등의 개정 등을 요청할 수 있다.

① 세법해석의 중요한 선례가 되는 과세전적부심사 결정사례
② 훈령・기본통칙・예규 또는 조세심판례 등과 다른 과세전적부심사 결정사례
③ 기타 국세행정집행에 있어서 중요하다고 인정되는 과세전적부심사 결정사례

10. 직권구제(혹은 취소)

직권구제란 위법, 부당한 처분 또는 부작위로 인하여 권리, 이익을 침해 받은 경우에 과세관청 자신이 이를 취소하거나, 합당한 처분을 할 것을 과세관청에 청구하여 구제받는 것을 말하며, 고충민원신청이나 국민고충처리위원회의 시정조치도 직권구제방법의 일종이다. 직권구제가 필요한 경우 직권구제를 요구하는 서류(환급신청서, 탄원서, 시정요구서 등)를 처분청에 직접 제출하고 부과처분이 명백히 잘못되었음을 상세히 기술하고 입증서류를 제출하여야 한다.

≪국세에 대한 고충민원신청≫

납세자의 권리구제수단으로는 과세전적부심사, 이의신청, 심사청구 등이 있으나 이들은 사후적 권리구제수단으로써 납세자의 사전적 권리구제와 절차적 권익침해의 구제에는 한계가 있

어, 특히 권리가 침해되었거나 침해될 우려가 있는 경우 납세자의 고충을 해결할 필요성에 의거 고충민원신청제도를 두고 있으며, 각 세무서와 지방청의 납세자보호담당관이 고충민원 신청 업무를 담당하고 있다.

고충민원신청제도는 권리를 침해당한 다음의 경우에 유용하게 활용할 수 있다.

① 착오 또는 과오로 세액을 과다하게 신고납부하였거나 공제받지 못하고 경정청구기간(5년)을 경과한 경우

② 과세관청의 결정이나 경정에 대하여 기한 내에 불복청구를 하여야 하나 불복기간을 경과한 경우 등

제 5 절 조세 불복청구제도

1. 조세 불복청구제도의 개념

가. 조세 불복청구제도의 종류

① 국세기본법 또는 지방세기본법에 의한 불복청구제도
② 감사원법에 의한 불복청구제도
③ 행정소송법에 의한 불복청구제도가 있음

나. 조세 불복청구제도의 성격

'가'의 조세 불복청구제도의 종류 중 '①'과 '②'는 둘 중 어느 하나만을 선택하여 청구할 수 있으며, '③'은 국세의 경우는 '①'과 '②' 중 어느 하나를 반드시 거친 후, 지방세의 경우는 '①'과 '②' 중 어느 하나를 거치거나 거치지 않고 바로 청구할 수 있다.

2. 불복의 청구권자 및 그 대상

가. 청구권자

① 국세기본법 또는 각 세법에 따른 처분으로서 위법 또는 부당한 처분을 받거나 필요한 처분을 받지 못함으로써 권리나 이익을 침해당한 자(처분의 상대방)
② 국세기본법 또는 각 세법에 따른 처분에 의하여 권리나 이익을 침해당하게 될 이해관계인으로서 제2차 납세의무자로서 납부통지서를 받은 자, 양도담보권자로서 물적납세의무를 지는 자로서 납부통지서를 받은 자, 보증인(이해관계인)
③ 청구인이 사망하거나 합병으로 인하여 법인격이 소멸하는 경우 상속인이나 합병 후 존속법인(청구인의 지위 승계자)

나. 불복의 대상

① 국세기본법 또는 각 세법에 따른 처분으로서 위법·부당한 처분을 받은 경우
② 필요한 처분을 받지 못한 경우(부작위)

부작위 : 법령에 기한 당사자의 신청이 있고, 이에 대하여 행정청이 행정처분을 하여야 할 의무가 있는데도, 행정청이 상당한 기간이 지나도록 아무런 행정처분을 하지 아니하는 것

③ 불복대상에서 제외되는 처분

이의신청, 심사청구, 심판청구, 감사원심사청구에 대한 처분(재조사 결과에 따라 과세표준과 세액을 경정하도록 하는 결정 등 포함) 및 조세범처벌절차법에 의한 통고처분은 불복청구의 대상이 되지 않는다. 다만, 이의신청에 대한 처분에 대하여 심사청구 또는 심판청구하는 경우는 제외한다.

≪이의신청만 배제되는 처분≫

국세청장의 과세표준 조사・결정에 따른 처분・국세청의 감사결과로서의 시정지시에 따른 처분, 국세청의 세무조사 결과에 따른 처분, 위 처분 외에 국세청장의 특별한 지시에 따른 처분, 세법에 따라 국세청장이 하여야 할 처분에 대하여는 이의신청을 할 수 없다.

3. 불복청구 등이 집행에 미치는 효력

이의신청, 심사청구, 심판청구가 계류중에 있다 하더라도, 세법에 특별한 규정이 없는 한 당해 처분의 집행은 계속되며 과세관청이 압류한 재산에 대하여는 불복청구에 대한 결정이 확정되기 전에는 이를 공매할 수 없다.

단, 압류재산이 부패, 변질, 감량되기 쉬운 재산으로서 속히 매각하지 아니하면 그 재산가액이 감손될 우려가 있는 때에는 공매할 수 있다.

4. 관계서류의 열람과 의견진술권

1) 이의신청인, 심사청구인, 심판청구인 또는 처분청(처분청의 경우 심판청구에 한정)은 그 신청 또는 청구에 관계되는 서류를 열람할 수 있으며, 대통령령으로 정하는 바에 따라 당해 재결청에 의견을 진술할 수 있다.(국기법§58)
2) 이의신청인, 심사청구인, 심판청구인 또는 처분청(처분청의 경우 심사청구 또는 심판청구로 한정)은 그 신청 또는 청구에 관계되는 서류를 열람할 수 있으며, 대통령령으로 정하는 바에 따라 지방자치단체의 장 또는 조세심판원장에게 의견을 진술할 수 있다.(지기법§92)
3) 또한 재결청(지방세의 경우에는 해당 지방자치단체의 장 또는 조세심판원장)은 그 서류를 열람 또는 복사하게 하거나 그 등본 또는 초본이 원본과 다르지 않음을 확인하여야 하며 의견진술 요청을 문서(의견진술신청서)로 받은 재결청(지방세의 경우에는 해당 지방자치단체의 장 또는 조세심판원장)은 적법한 절차를 거쳐 의견진술기회를 부여하여야 한다.

제 6 절 조세 불복청구의 절차

1. 불복청구의 단계별 절차

1) 불복청구는 경정청구 등 결정을 받은 후에 이의신청 등을 청구할 수 있음(신고납부분에 한정함)으며, 국세의 경우 심사청구는 처분청이 심사를 하고, 심판청구는 독립기관인 조세심판원이 심사를 하는 점을 고려하여 청구기관을 결정하여야 한다.

2) 지방세 이의신청시 특별시세·광역시세·도세의 경우에는 시·도지사에게, 특별자치시세·특별자치도세의 경우에는 특별자치시장·특별자치도지사에게, 시·군·구세의 경우에는 시장·군수에게 하여야 한다. 다만, ㉠ 도세 중 특정부동산에 대한 지역자원시설세, ㉡ 시·군세에 부가하여 징수하는 지방교육세, ㉢ 특별시세·광역시세 중 특별시분 재산세, 특정부동산에 대한 지역자원시설세, ㉣ 구세(군세 및 특별시분 재산세 포함)에 부가하여 징수하는 지방교육세에 있어서는 시장·군수에게 하여야 한다.(지기법§90)

3) 당초 확정된 세액을 증감시키는 경정처분이 있는 경우에는 경정처분 건별로 각각 별도의 불복청구 절차를 거쳐야 한다.

【국세에 대한 불복청구 절차】

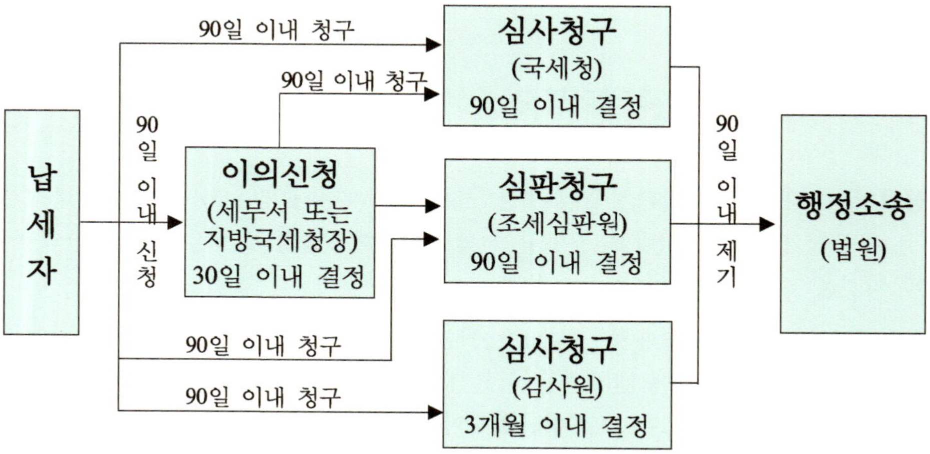

2. 불복청구 기간

1) 최초의 불복청구(제1심) : 당해 처분이 있은 것을 안 날(처분의 통지를 받은 때에는 받은 날)부터 90일 이내

(예) 납세고지서를 받은 날이 20×1.3.17일인 경우 이의신청 기한은
20×1.6.15일(20×1.3.18～6.15)

2) 제2심 이후의 불복청구 : 전심(前審)의 결정 통지를 받은 날부터 90일 이내

※ 단, 결정기간 내에 결정통지를 받지 못한 경우는 결정의 통지를 받기 전이라도 그 결정기간이 경과한 날부터 다음 단계의 불복청구를 할 수 있다.

3) 과세관청으로부터 필요한 처분을 받지 못한 경우 : 결정하여야 할 기간 경과일부터 90일 이내

3. 불복청구의 신청

가. 불복청구의 서류

① 이의신청서(또는 심사청구서, 심판청구서)
② 불복사유서
③ 관계 증빙서류 또는 증거물

나. 제출처 및 제출부수

1) 국세 이의신청 및 심사청구 : 처분청에 이의신청서(심사청구서) 제출
- 지방국세청 이의신청 및 국세청 심사청구시 이의신청서(심사청구서) 1부 추가 제출

2) 조세심판원 심판청구 : 처분을 하였거나 하였어야 할 세무서장을 거쳐 조세심판원장에게 심판청구서 제출(세무서장을 거치지 않고 조세심판원장에게 직접 심판청구서 제출 가능)

3) 지방세 이의신청 및 심사청구·심판청구 : 처분청에 이의신청서(심사청구서) 2부 제출

4) 감사원 심사청구 : 처분청에 심사청구서 4부 제출

5) 행정소송 : 처분청 관할 행정법원에 2부 제출. 단, 중간 과정 없이 행정소송하는 경우에는 1부 제출

다. 신청시 유의사항

불복청구서를 기한 내에 제출하지 않을 경우는 청구내용을 검토하지 않고 각하결정하므로 불복청구서는 반드시 기한 내 제출하고 접수증을 받아 보관해 두어야 함

4. 불복청구의 결정

가. 결정기간

1) 국 세 : (이의신청) 30일, (심사청구) 90일, (심판청구) 90일
2) 지방세 : (이의신청, 심사청구) 90일
※ 단, 감사원 심사청구 : 90일 이내

나. 결정기관

1) 국세의 이의신청 : 이의신청을 한 세무서장 또는 지방국세청장
2) 국세의 심사청구 : 국세심사위원회의 심의를 거쳐 국세청장이 결정
3) 국세의 심판청구 : 조세심판관회의가 심리를 거쳐 결정
4) 지방세의 이의신청 : (시·군·구세)시장·군수·구청장, (도세)도지사, (특별시세·광역시세)특별시장·광역시장, (특별자치시세·특별자치도세)특별자치시장·특별자치도지사
5) 지방세의 심사청구 및 심판청구 : 도지사 등 및 조세심판원장
이의신청을 거친 후에 심사청구 또는 심판청구를 할 때에는 특별시장·광역시장·특별자치시장·도지사 및 특별자치도지사의 결정에 대하여는 조세심판원장에게 심판청구를, 시장·군수·구청장의 결정에 대하여는 시·도지사에게 심사청구를 하거나 조세심판원장에게 심판청구를 하여야 함.

이의신청을 거치지 않고 바로 심사청구 또는 심판청구를 할 때에는 특별시세·광역시세·도세 및 특별자치시세·특별자치도세의 경우에는 조세심판원장에게 심판청구를, 시·군·구세의 경우에는 시·도지사에게 심사청구를 하거나 조세심판원장에게 심판청구를 하여야 함. 단, 감사원 심사청구는 감사원장이 결정

다. 결정의 종류

결정의 종류	해 당 사 유
각 하 (청구의 내용을 검토하지 않음)	청구기간이 경과한 후에 불복청구한 경우
	보정요구기간 내에 필요한 보정을 하지 아니한 경우
	동일건에 대하여 '심사청구 또는 이의신청'과 '감사원 심사청구'가 중복 제기된 경우
	당사인 이외의 자의 불복청구, 대리권 없는 자의 불복청구
기 각	청구인의 주장이 이유가 없고, 과세처분에 잘못이 없다는 결정
취 소	과세가 잘못되었고 청구인의 주장이 옳다고 판단되어, 부과세액 전부를 무효화하는 결정
경 정	과세의 내용에 일부 잘못이 있고 청구인의 주장은 일부 이유가 있다고 판단되어, 당초 부과한 세액의 일부를 무효화하는 결정

5. 행정소송을 통한 구제제도

가. 행정소송의 의의

○ 국세 및 지방세법 규정에 의한 구제절차를 모두 거쳤거나 감사원 심사결정의 통지를 받고도 다시 불복이 있을 경우 법원에 행정소송을 제기하여 사법적 구제를 받을 수 있다.

나. 행정소송의 대상 : 행정청의 처분 등 또는 부작위

○ 처분 등 : "처분 등"이란 행정청이 행하는 구체적 사실에 관한 법집행으로서 공권력의 행사 또는 그 거부와 그 밖에 이에 준하는 행정작용 및 행정심판에 대한 재결을 말한다.

○ 부작위(不作爲) : 행정청이 당사자의 신청에 대하여 상당한 기간 내에 일정한 처분을 하여야 할 법률상의 의무가 있음에도 불구하고 이를 하지 아니하는 것을 말한다.

다. 행정소송의 종류

○ 행정소송에는 항고소송(취소소송 · 무효 등 확인소송 · 부작위위법확인소송) · 당사자소송 · 민중소송 및 기관소송이 있다.

라. 행정심판 전치주의 및 제소기간

국세 부과징수의 취소를 요구하는 소송은 반드시 심사·심판 등 행정심판의 절차를 거친 후가 아니면 제기할 수 없도록 되어 있고, 행정심판(심사청구, 심판청구, 감사원심사청구)에 대한 결정통지를 받은 날부터 90일 이내에 행정법원에 제기하여야 한다. 그러나 지방세 부과징수의 취소를 요구하는 소송은 이러한 행정심판의 절차(전치절차)를 거치지 않아도 제기할 수 있다.

만약 결정기간 내에 결정의 통지를 받지 못한 경우에는 그 결정기관이 결정하여야 할 기간이 경과한 날로부터 소송을 제기할 수 있으며, 소송이 제기된 경우에는 그 대상이 되어 있는 처분의 효력은 잃지 않고 원칙적으로 처분의 집행은 정지되지 않는다.

마. 소송수행시 유의사항

1) 승소의 경우 판결문을 송달받은 날로부터 14일이 경과되면 즉시 법원에 문의하여 피고가 상소하였는지 여부를 확인하여야 한다.

2) 패소의 경우 상소제기기간은 판결문이 송달된 날로부터 2주일 내이므로 기간만료 전에 상소여부를 결정하여 상소하여야 한다.

제 7 절 사례 : 협동조합의 조세실무

1. 협동조합에 대한 조세감면 내용

가. 국세에 대한 조세감면

(1) 법인세 과세특례

○ 농협 · 수협 등 조합법인에 대한 법인세 저율과세 및 당기순이익 과세특례(조특법§72) 법인세비용차감전당기순이익에 수익사업의 기업업무추진비 및 기부금 등 손금불산입액을 합산한 금액을 과세표준으로 하고 9%, 12% 단계별 법인세율 적용

○ 농업회사법인 등에 대한 법인세 면제 및 감면(조특법§68①)
- 농업회사법인의 농업소득에 대해 법인세 전액면제(~2026.12.31.)
- 기타 농업외소득에 대해 소득이 발생한 연도와 그 다음연도부터 4년간 법인세 50% 감면

* 기타 농업외소득(조특법 시행령§65②)
- 축산업, 임업 소득
- 농업회사법인의 부대사업 소득
- 농산물 유통 · 가공 · 판매 및 농작업 대행 소득

(2) 인지세의 면제

○ 조합원이 해당 조합 또는 중앙회(농협은행 포함)로부터 융자받기 위하여 작성하는 소비대차증서(동일인 1억원 이하)

○ 조합이 작성하는 해당 조합원의 예 · 적금증서와 통장 및 어린이예금통장

(3) 교육세 면제(교육세법§3)

○ 조합의 상호금융업 · 공제사업수익에 대한 교육세 면제

(4) 부가가치세 면제(조특법§106)

- ○ 농협은 정부업무대행단체로서 재화 또는 용역의 공급 중 고유목적사업에 해당하는 것에 대하여는 부가가치세를 면제
- ○ 농협을 통하여 농민에게 공급하는 비료, 농약(고독성농약 등 제외), 농기계, 축산업용기자재, 사료에 대하여 부가가치세 영세율 적용

※ 부가세가 사후 환급되는 농업용기자재는 전액 과세

(5) 증권거래세 : 구조조정과정에서 양도한 주권 · 출자증권의 증권거래세 면제(조특법§105)

(6) 농어촌특별세(조특법§117, 농특법§4)

- ○ 법인세 우대세율 적용에 대한 농특세 비과세
- ○ 고유업무용 부동산 취득시 취득세 감면분에 대한 비과세
- ○ 농민에 대한 융자시 저당권등기 등록면허세 감면분에 대한 비과세

(7) 종합부동산세 면제 : 고유업무에 직접 사용하는 부동산(재산세 감면분에 한함)(종부세법§6)

나. 지방세에 대한 조세감면

(1) 취득세 · 재산세 감면

- ○ 고유업무에 직접 사용하기 위하여 취득하는 부동산(지특법§14③)
  농협(조공법인포함), 수협(어촌계포함), 산림조합(산림계포함), 엽연초조합이 고유업무에 사용하기 위하여 취득·사용하는 부동산에 대하여는 취득세 및 재산세를 면제(100% 감면)(~2026.12.31.) * 단, 최소납부 규정으로 85% 감면 적용(지특법§177의2)

- ○ 조합간 합병으로 인하여 취득한 재산(자동차, 선박 등 부동산 이외 물건 포함(지특법§57의2②)
  조합간의 합병으로 양수받은 재산에 대해서는 취득세를 면제하고, 합병으로 양수받아 3년 이내에 등기하는 재산에 대해서는 등록면허세 50% 감면(~2027.12.31.)

(2) 조합의 농어업인 융자 담보물에 대한 등록면허세 50% 감면

- ○ 조합(농협 등)이 농어업인(농어업경영정보를 등록한 자에 한함)에게 융자할 때 제공받는 담보물에 관한 등기에 대하여 등록면허세 50% 감면(~2025.12.31.) (지특법§10①)

* 다만, 중앙회 · 농협은행에 대하여는 영농 · 영어 · 축산 · 영림자금을 융자하는 경우로 한정

2. 조합원에 대한 주요 비과세 내용

가. 조합 등 예탁금에 대한 저율과세 등(조특법§89의3)

20세 이상의 조합원, 준조합원이 가입한 3천만원 이하의 예탁금에 대한 과세 특례(이자소득세 비과세 및 분리과세)

- 2025년까지 발생이자 비과세
- 2026년 5%, 분리과세, 개인지방소득세 미부과
- 2027년 이후 9%, 분리과세, 개인지방소득세 미부과
  * 예탁금 한도 3천만원은 농협 · 수협 · 산림조합 · 신협 · 새마을금고 합산

나. 조합 등 출자금 등에 대한 과세특례(조특법§88의5)

2천만원 이하 출자금의 배당소득과 사업이용실적에 따른 배당소득 과세특례

- 2025년까지 발생이자 비과세
- 2026년 5%, 분리과세, 개인지방소득세 미부과
- 2027년 이후 9%, 분리과세, 개인지방소득세 미부과
  * 출자금 한도 2천만원은 농협 · 수협 · 산림조합 · 신협 · 새마을금고 합산

다. 농어가목돈마련저축의 이자소득 소득세, 증여세 및 상속세 면제(조특법§87의2)

농어가목돈마련저축에 관한 법률에 따른 농어가목돈 마련저축에 2025년 12월 31일까지 가입한 경우 만료 또는 일정조건 하의 중도해지시 받는 이자소득과 저축장려금에 대하여는 소득세, 증여세, 상속세를 면제

CHAPTER

2 소득유형별 원천징수

(NCS능력단위요소 : 원천징수하기)

제 1 절 소득세법 총설

제 2 절 원천징수제도의 개요

제 3 절 배당소득 지급시 원천징수

제 4 절 사업소득 지급시 원천징수

제 5 절 기타소득 지급시 원천징수

제 6 절 근로소득 원천징수 및 연말정산

제 7 절 퇴직소득 지급시 원천징수

제 1 절 소득세법 총설

1. 소득세의 개념

가. 소득세의 의의와 과세원칙

'소득세'는 자연인이 얻은 소득에 대하여 자연인에게 부과되는 조세이다. 원래 소득세는 법인에게 부과되는 법인의 소득세(법인세)와 개인에게 부과되는 개인의 소득세(이하 '소득세')로 나누어지는데, 현재 우리나라에서는 법인의 소득세는 '법인세' 개인의 소득세는 '소득세'라 칭하고 있다.

나. 소득세의 특징

'소득세'는 자연인의 소득을 과세대상으로 하는 조세이다. 소득세는 국세로서 다음과 같은 특징을 갖는다.

(1) 국 세

'국세'란 부과권자가 국가인 조세를 말하는데 소득세는 대표적인 국세이다.

(2) 신고납세주의

소득세는 신고납세제도를 취하고 있다. 따라서 납세의무자가 해당 과세기간의 다음 연도 5월 31일까지 과세표준확정신고를 함으로써 소득세의 납세의무가 확정되며, 정부의 결정은 원칙적으로 필요로 하지 않는다.

(3) 원천과세

'원천징수'란 소득을 지급하는 자가 그 지급받는 자의 조세를 징수하여 정부에 납부하는 제도이다. 즉, 소득을 지급하는 자가 그 소득에 대한 원천징수세액을 차감한 잔액만을 지급하고 그 원천징수세액을 정부에 납부하는 것이다. 국내에서 거주자나 비거주자에게 일정한 소득을 지급하는 자는 그 거주자에 대한 소득세를 원천징수하여 다음 달 10일까지 정부에 납부하여야 한다.

(4) 열거주의 과세

소득세법에 열거된 소득에 대해서만 과세한다.

열거주의 과세	소득원천설 (열거주의)	이자소득, 배당소득, 사업소득, 근로소득, 연금소득, 기타소득, 퇴직소득, 양도소득 8가지로 열거하여 과세
	열거주의와 유형별포괄주의	법령에 열거된 소득에 한하여 과세함을 원칙으로 함(비열거소득은 과세하지 않음) 이자소득과 배당소득에 대하여는 법령에 열거되지 않은 것이라도 유사한 소득에 대하여 과세함 (유형별 포괄주의 적용)

✓ 법인세 : 순자산증가설 ⇨ 포괄주의

1년 동안의 소득 = 12월 31일 순자산 − 1월 1일 순자산

✓ 소득세 : 소득원천설 ⇨ 열거주의

1년 동안의 소득 = 총수입금액 − 필요경비

(5) 직접세 / 인세

세금의 담세자와 납세의무자가 일치하는 직접세이며, 인적사정이 다르면 담세능력도 다르므로 인적사정을 고려하여 과세하는 인세이다.

부담능력에 따른 과세		• 개인의 세금부담능력에 따라 과세되는 조세 • 소득공제 제도 → 인적공제, 연금보험료공제 등 • 세액공제 제도 → 자녀세액공제 등
납세자와 담세자가 동일한 직접세	직접세	법인세, 소득세, 상속세 등
	간접세	부가가치세, 개별소비세, 주세, 증권거래세 등

- 직접세: 소득자에 직접 부과하므로 조세저항 큰 편, 담세자가 직접 신고·납부 하므로 세부담능력에 따른 과세가 가능
- 간접세: 일상적인 거래 가격에 포함되어 상대적으로 조세저항이 적은 편이나 세부담능력에 따른 과세가 어려움

다. 과세방법

(1) 원칙 : 종합과세

'종합과세'란 소득을 그 종류에 관계없이 일정한 기간을 단위로 합산하여 과세하는 방식을 말한다.

(2) 예외 : 분류과세와 분리과세

① 분류과세

퇴직소득 · 양도소득은 다른 소득과 합산하지 않고 별도로 과세한다. 이처럼 소득을 그 종류별로 구분하여 각각 별도로 과세하는 방식을 '분류과세'라고 한다.

② 분리과세

'분리과세'란 일정한 소득을 기간별로 합산하지 않고 그 소득이 지급될 때 소득세를 원천징수함으로써 과세를 종결하는 것을 말한다.

【 종합과세, 분류과세, 분리과세의 비교 】

종합과세	1년 동안 개인이 벌어들인 모든 소득을 합산하여 전체과세 대상소득을 구하고 여기에 세율을 곱하여 납부할 세금을 구함	이자소득, 배당소득, 사업소득, 근로소득, 연금소득, 기타소득
분류과세	각각의 소득을 합산하지 않고, 원천에 따른 소득의 종류별로 별도의 세율을 적용하여 과세하는 방법	퇴직소득, 양도소득
분리과세	• 종합소득 중 일정한 소득에 대해서 과세정책상 또는 과세 기술상 종합소득에서 분리하여 과세 • 소득을 지급하는 자가 소득을 지급할 때 정해진 세금을 미리 징수하여 대신 납부함으로써 납세의무 종결	분리과세대상 이자소득 분리과세대상 배당 소득 일용근로자의 근로소득 분리과세대상 연금소득 기타소득(300만원이하 선택가능) 복권당첨소득

【 종합과세, 분류과세, 분리과세의 계산구조 】

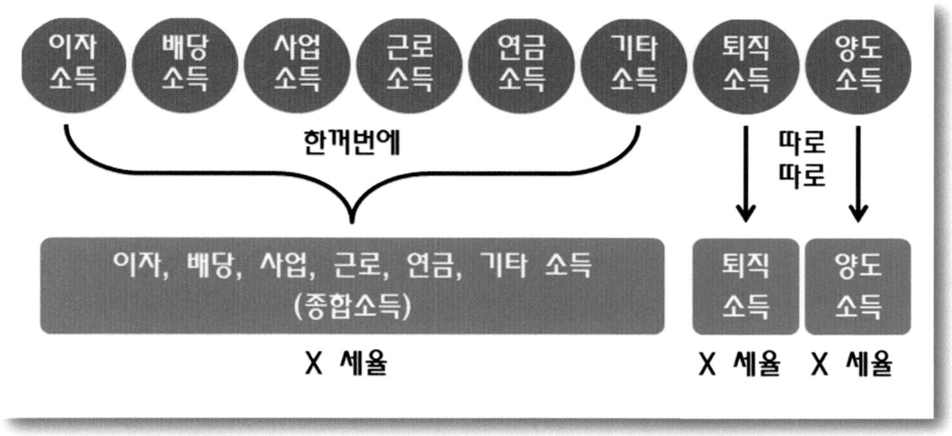

라. 과세대상소득

(1) 소득원천설과 순자산증가설

소득원천설	순자산증가설
경상적이고 반복적으로 발생하는 소득만 과세대상이어야 한다는 견해	경상적이고 반복적으로 발생하는 소득뿐만 아니라 일시·우발소득도 포함해야 한다는 견해
열거주의적 입법방식 채택	예시주의적 입법방식 채택
이자·배당·사업·근로·연금·기타·퇴직·양도소득의 8가지 원천으로 규정	소득원천의 구분이 없음
소득세법의 근간	법인세법의 근간

(2) 우리나라 소득세법

① 원칙

소득원천설을 근간으로 하고 있으며 입법방식은 열거주의를 채택하고 있다. 따라서, 유형자산처분손익, 유가증권처분손익 등 일시적 · 우발적 소득은 과세대상 소득에서 제외된다.

② 과세소득 규정방법 : 열거주의(일부 유형별 포괄주의 채택)

구 분	과세소득 규정	내 용
이자소득과 배당소득	유형별 포괄주의	구체적으로 열거되지 않은 소득도 과세대상으로 열거된 것과 유사하면 과세
이외 소득	열거주의	열거된 것만 과세

마. 과세기간

구 분		과 세 기 간
(1) 원 칙 (역년과세)		1월 1일～12월 31일
(2) 예 외	① 거주자가 사망한 경우	1월 1일～사망한 날
	② 거주자가 출국하는 경우	1월 1일～출국한 날

2. 납세의무자

가. 납세의무자의 구분 : 거주자와 비거주자

소득세의 납세의무자는 다음과 같이 거주자와 비거주자로 구분된다.

구 분	개 념	납세의무의 범위
① 거 주 자	국내에 주소를 두거나 1년 이상 거소를 둔 개인	국내원천소득과 국외원천소득 모두에 대하여 소득세 납세의무를 진다.
② 비거주자	거주자가 아닌 자	국내원천소득에 한하여 소득세의 납세의무를 진다.

나. 법인격 없는 단체에 대한 취급

국세기본법에 따른 법인으로 보는 단체 외의 법인격이 없는 사단·재단 기타 단체는 거주자(또는 비거주자)로 보아 소득세법을 적용한다. 이 경우 그 단체는 다음과 같이 취급된다.

구 분	내 용
① 단체의 대표자 또는 관리인이 선임되어 있으나 이익의 분배방법이나 분배비율이 정하여져 있지 아니한 경우	해당 단체를 1거주자로 보아 소득세법을 적용한다. 따라서 그 단체는 구성원과 독립하여 별도의 소득세 납세의무자로 취급된다.
② 위 '①' 이외의 단체	구성원들이 공동사업을 경영하는 것으로 본다. 따라서 구성원 각자가 받았거나 받을 소득금액에 따라 각자 소득세 납세의무를 진다.

다. 납세의무의 특례

구 분	내 용
공동사업의 경우	공동사업의 경우에는 손익분배비율(또는 지분비율)에 따라 각 거주자별로 납세의무를 진다(국세기본법상 연대납세의무의 예외적 규정).
상속인의 경우	상속인은 피상속인의 소득세에 대하여 상속재산을 한도로 납세의무를 승계한다. 이 경우 피상속인과 상속인의 소득금액에 대한 소득세는 각각 구분하여 계산한다.

3. 납세지

가. 일반적인 소득세의 납세지

구 분	납 세 지
거 주 자	주소지, 거소지
비거주자	국내사업장(국내사업장이 2 이상 있는 경우에는 주된 국내사업장)의 소재지
국내에 주소가 없는 공무원 또는 거주자로 보는 자	그 가족의 생활근거지 또는 소속기관의 소재지

나. 원천징수하는 소득세 등의 납세지

구 분	원천징수하는 소득세의 납세지
① 원천징수하는 자가 거주자인 경우	그 거주자가 원천징수하는 사업장의 소재지 * 사업장이 없는 경우 : 그 거주자의 주소지 또는 거소지
② 원천징수하는 자가 비거주자인 경우	그 비거주자가 원천징수하는 국내사업장의 소재지 * 국내사업장이 없는 경우 : 그 비거주자의 거류지 또는 체류지
③ 원천징수하는 자가 법인인 경우	그 법인의 본점 또는 주사무소의 소재지

다. 납세지의 지정

구 분	내 용
(1) 지정사유	지방국세청장 또는 국세청장은 납세지가 납세의무자의 소득상황으로 보아 부적당하거나 납세의무의 이행상 불편하다고 인정될 때에는 납세지를 지정할 수 있다.
(2) 지정절차	납세지를 지정하고자 하는 경우에는 당해 과세기간의 과세표준확정신고 또는 납부기간 개시일전에 그 뜻을 납세의무자 등에게 서면으로 통지하여야 한다.

라. 납세지의 변경신고

납세지가 변경된 때에는 그 변경된 날부터 15일 이내에 「납세지변경신고서」를 변경 후의 납세지 관할세무서장에게 신고하여야 한다. 다만, 납세자의 주소지가 변경되어 부가가치세법에 따라 사업자등록정정을 한 경우에는 납세지의 변경신고를 한 것으로 본다.

4. 종합소득금액의 계산구조

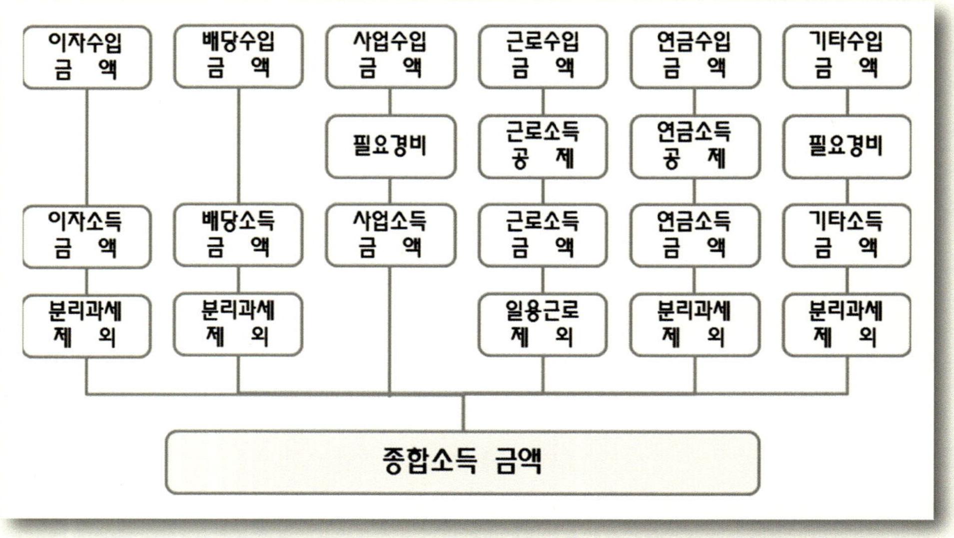

5. 종합소득세 납부세액의 계산구조

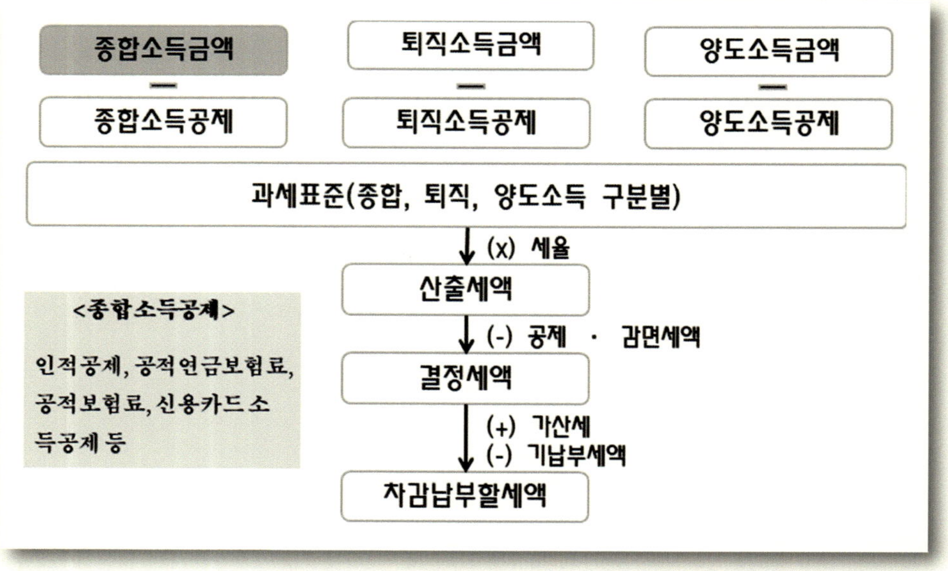

제 2 절 원천징수제도의 개요

1. 원천징수의 개념 및 원천징수 절차

원천징수란 소득의 지급자(재화·용역의 공급을 받는 자)가 특정소득(세법에서 규정하고 있는 원천징수 대상소득)을 지급하는 때에 소정의 세율(원천징수세율)을 적용하여 계산한 세액을 지급하는 해당 소득에서 직접 징수하여 과세당국에 납부하는 제도를 말한다.

국내에서 거주자·비거주자에게 원천징수대상 소득을 지급하는 자 즉 원천징수의무자는 그 거주자·비거주자에 대한 소득세를 원천징수하여야 한다. 원천징수대상소득을 지급하는 자는 원칙적으로 사업의 영위 여부 등에 관계없이 원천징수의무를 지게 된다.

【 원천징수 절차 】

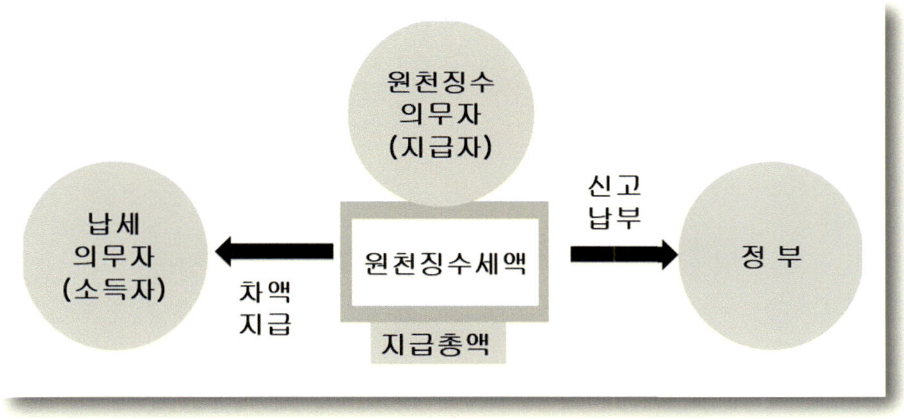

(예시) 11월 급여 500만원을 11. 20일 지급하면서 50만원이 소득세인 경우
11.20일에 차액 450만원만 지급하고 50만원은 다음 달 12.10일 관할세무서에 신고납부

2. 원천징수의무자 및 납세의무자의 관계

원천징수의무자는 국가로부터 징수권을 위임받아 납세의무자에게 이를 행사함과 동시에 징수한 세금을 국고에 납부하여야 하는 의무를 부담하게 된다. 원천징수의무자가 원천징수의무를 불이행할 경우 국가는 원칙적으로 원천징수의무자에게 해당 원천징수할 세액과 원천징수 불이행으로 인한 가산세를 함께 징수하게 되며 납세의무자에 대하여 직접 부과하지 않는다. 이때에 원천징수의무자는 가산세를 제외한 원천세액에 대하여는 소득을 수령하는 자(납세의무자)에게 구상권을 행사할 수 있다.

【 원천징수의 장점 】

1. 탈세의 방지
2. 조세수입의 조기확보와 평준화
3. 징세비용 절약과 징수사무의 간소화
4. 납세의무자의 세금부담 분산

3. 원천징수의 분류

가. 완납적 원천징수

원천징수의무자가 소정의 세율로 계산된 세액을 원천징수하여 납부함으로써 당해 소득에 대한 납세의무가 종결되는 경우의 원천징수를 말한다. 완납적으로 원천징수되는 소득은 주로 분리과세되는 소득이다.

≪분리과세 소득종류(소득세법 제14조③ 등)≫

① 일용근로자의 근로소득
② 3년 이상 장기채권의 이자와 할인액으로서 분리과세 신청분(30%)
③ 비실명 이자・배당소득(90%)
④ 법원에 납부한 보증금 및 경락대금에서 발생하는 이자소득(14%)

⑤ 직장공제회 초과반환금
⑥ 개인별 이자 · 배당소득 합계액이 2천만원 이하인 경우의 소득금액
⑦ 기타소득금액이 연 300만원 이하로서 분리과세를 선택하는 경우(분리과세기타소득)
⑧ 사적연금이 연 1,200만원 이하로서 분리과세를 선택하는 경우(분리과세연금소득)
⑨ 분리과세되는 복권 등 당첨소득
⑩ 개인연금저축 · 장기주택마련저축 · 농가목돈마련저축 등에서 발생하는 이자 · 배당소득
⑪ 분리과세되는 주택임대소득(임대소득 2천만원 이하)

나. 예납적 원천징수

원천징수의무자의 원천징수로 당해 소득금액 또는 수입금액에 대한 납세의무가 소멸되지 아니하고 납세의무자가 다시 다른 소득과 합산하여 신고납부하여야 하는 경우의 원천징수를 말한다. 이 경우 원천징수하여 납부된 세액은 당해 소득과 수입금액에 대하여 종합과세 방법으로 산출된 산출세액에서 기납부세액으로 공제되는 것에 불과하다. 예납적으로 원천징수되는 소득에는 종합과세대상 이자소득 및 배당소득, 원천징수대상 사업소득 등이 있다.

【 원천징수의 분류 】

구 분	완납적 원천징수	예납적 원천징수
납세의무 종결	원천징수로 납세의무종결	원천징수로 종결되지 않음
확정신고 의무	확정신고 의무 없음	확정신고 의무 있음
조세부담	원천징수세액	확정신고 시 정산하고 원천징수세액을 기납부세액으로 공제함
대상소득	분리과세소득	분리과세 이외의 소득

4. 원천징수의무자

가. 소득세의 원천징수의무자

(1) 다음 각 호의 소득을 지급하는 자 또는 그 대리인 (소득세법 제127조)

① 이자소득 ② 배당소득 ③ 원천징수대상 사업소득 ④ 근로소득
⑤ 연금소득 ⑥ 기타소득 ⑦ 퇴직소득 ⑧ 봉사료

(2) 국내사업장이 없는 비거주자에게 국내원천소득을 지급하는 자(소득세법 제156조)
국내원천소득으로서 국내사업장과 실질적으로 관련되지 아니하거나 그 국내사업장에 귀속되지 아니한 소득금액을 지급하는 경우에는 소득세를 원천징수한다.

나. 법인세의 원천징수의무자

(1) 내국법인에게 다음 각 호의 금액을 지급하는 자(법인세법 제73조)
① 이자소득금액
② 배당소득금액(집합투자기구로부터의 이익 중 「자본시장과 금융투자업에 관한 법률」에 따른 투자신탁의 이익에 한정)

(2) 외국법인에게 국내사업장과 관련되지 아니하거나 그 국내사업장에 귀속되지 아니하는 국내원천소득을 지급하는 자(법인세법 제98조)

다. 지방소득세의 특별징수의무자(지방세법§103의13, 29, 52 등 관련)

(1) 「소득세법」 및 「조세특례제한법」상의 원천징수의무자

(2) 「법인세법」 제73조(원천징수) 및 제98조(외국법인에 대한 원천징수 또는 징수의 특례)의 규정에 의한 원천징수의무자

라. 농어촌특별세의 원천징수의무자(농특법 제7조)

「조세특례제한법」에 의하여 소득세·법인세 등이 감면되거나 동법 제89조(세금우대종합저축)의 규정에 의하여 이자·배당소득에 대한 소득세 특례세율이 적용되는 소득을 지급하는 경우

5. 원천징수 대상소득

가. 원천징수 대상소득 및 세율(소법§129)

대 상 소 득	세 율
① 금융소득	○ 이자 · 배당소득 : 14%(지방소득세포함 15.4%) - 비영업대금의 이익 : 25%(지방소득세포함 27.5%)
② 사업소득	○ 지급액의 3%(지방소득세포함 3.3%)
③ 근로소득	○ 근로소득 간이세액표 적용(연말정산시는 기본세율 적용)
④ 연금소득	○ 공적연금 : 연금소득간이세액표 적용(연말정산시는 기본세율 적용) ○ 연금저축 : 지급금액의 3%~5%(지방소득세포함 3.3%~5.5%)
⑤ 기타소득	○ 지급액의 20%(일부 필요경비 인정, 지방소득세포함 22%) ○ 복권 등 당첨소득 3억원 초과분에 대하여는 30%(지방소득세포함 33%)
⑥ 퇴직소득	○ 기본세율
⑦ 일용근로자	○ {(일급여액 - 15만원) × 6% - 세액공제(산출세액의 55%)} × 일수

나. 지방소득세의 특별징수(지법§103의13 · 103의29 · 103의52)

소득세 또는 외국법인에 대한 법인세를 원천징수하는 경우 그 원천징수의무자는 당해 소득세 또는 법인세의 10%를 지방소득세로 특별징수하여 다음달 10일까지 관할 시 · 군에 납입하여야 한다.

☑ 특별징수란?

원천징수의무자는 원천징수세율의 10%에 해당하는 금액을 지방소득세로 추가 징수해야 한다. 세법 개정으로 기존의 '주민세'가 '지방소득세'로 명칭이 변경되었고, 정확하게 말하면 개인/법인 지방소득세라고 한다. 즉, 원천징수세액의 10%에 해당하는 지방소득세를 특별징수세액으로 해서 원천징수세액과 별도로 특별징수해야 한다.

예를 들어, 이자소득에 대한 원천징수세율이 14%라면, 원천징수세액의 10%인 1.4%가 특별징수세율이 되어 금융기관인 원천징수의무자는 총 15.4%를 원천징수하게 된다.

다. 소액부징수(소법§86, 법법§75)

원천징수세액이 **1,000원 미만**인 경우는 당해 소득에 대한 소득세 및 법인세를 징수하지 않는다. 단, 개인 이자소득은 소액부징수에서 제외된다.

6. 원천징수시기

원천징수 대상이 되는 소득에 대한 소득세 · 법인세 · 농어촌특별세 또는 지방소득세를 원천징수하여야 하는 시기는 당해 **원천징수 대상소득을 지급하는 때**로 하며, 원천징수시기에 대한 특례에 해당하는 경우에는 그 원천징수시기에 대한 특례시기에 원천징수를 해야 한다.

7. 원천징수세액의 신고납부 및 환급

가. 원천징수세액의 신고납부(소법 제128조, 법인세법 제73조)

원천징수세액은 징수일이 속하는 달의 다음달 10일(공휴일인 경우는 그 익일)까지 국세는 납세지 관할세무서로 지방소득세는 사업장 관할 시군으로 신고납부하여야 한다.

소득의 귀속연월이 전월 이전인 원천징수세액과 납부기한까지 납부하지 아니한 원천징수세액은 **수정신고**의 방법으로 신고 · 납부하여야 한다.

나. 원천징수세액의 환급

(1) 원천징수세액(소득세 · 법인세)의 환급

이미 납부한 원천징수세액에 과오납이 있어 환급하는 때에는 원천징수하여 납부할 소득세 또는 법인세에서 조정하여 환급한다. 환급할 소득세 또는 법인세가 있고 납부할 소득세 또는 법인세가 없는 경우에는 다음 달 이후 납부할 소득세 또는 법인세에서 조정하여 환급한다. 다만, 당해 원천징수의무자의 환급신청이 있는 경우에는 원천징수관할세무서장이 그 초과액을 환급한다.

(2) 지방소득세 환급

① 지방소득세 특별징수의무자가 특별징수하여 납입한 지방소득세액 중 과오납된 세액이 있는 경우, 그 특별징수의무자가 특별징수하여 납입할 지방소득세에서 조정하여 환부한다.
② 이 경우 조정・환부할 지방소득세가 그 달에 특별징수하여 납입할 지방소득세를 초과하는 경우에는 다음 달 이후에 특별징수하여 납입할 지방소득세에서 조정하여 환부한다.

8. 원천징수납부불성실가산세(국세기본법§47의5, 지방세기본법§53의5)

원천징수의무자가 징수하였거나 징수하여야 할 국세(소득세 등), 지방소득세를 납부기한 내에 납부하지 아니하였거나 과소납부한 경우에는 그 납부하지 아니한 세액 또는 미달한 세액의 100분의 10에 상당하는 금액에 소정의 연체이자 등을 합한 금액을 납부하여야 한다.

9. 원천징수관련 지급명세서 제출(소법§164, 법법§120)

원천징수대상소득을 국내에서 지급하는 자는 지급명세서를 그 지급일이 속하는 연도의 다음연도 2월 말일(일용근로소득은 분기말 익월 10일)까지 관할 세무서로 제출하여야 한다.

또한 2019년도부터 근로소득간이지급명세서 제출의무가 신설되어, 고용정책기본법 제17조의 고용구조 및 인력수요 등에 관한 통계에 따른 상용근로자에게 근로소득을 지급하거나 원천징수대상 사업소득을 지급하는 자는 근로소득간이지급명세서를 그 지급일이 속하는 반기의 마지막 달의 다음 달 10일까지 제출하여야 한다.

제 3 절 배당소득 지급시 원천징수

1. 배당소득의 범위(소법§17)

○ 내국법인으로부터 받는 이익이나 잉여금의 배당 또는 분배금
○ 법인으로 보는 단체로부터 받는 배당 또는 분배금
○ 의제배당 사례
  - 협동조합 조합원이 탈퇴할 때 지급받는 사업준비금
  - 협동조합의 합병 또는 해산으로 인하여 출자금을 초과하여 지급받는 금액
○ 「법인세법」에 의하여 배당으로 처분된 금액
○ 국내 또는 국외에서 받는 집합투자기구로부터의 이익

☑ 상장유가증권 투자시 직접투자와 간접투자 비교

구 분		직접투자	간접투자
상장채권	매매차손	×	○
	이자	○	○
상장주식	매매차손	×	×
	배당	○	○

○ 외국법인으로부터 받는 이익이나 잉여금의 배당 또는 분배금
○ 위 소득과 유사한 소득으로서 수익분배의 성격이 있는 것 등

2. 배당소득의 원천 징수시기

배당소득을 실제 지급하는 때에 원천징수하며, 원천징수시기에 대한 특례규정이 적용되는 경우에는 실제 지급이 없는 경우에도 세법에서 규정한 시기에 원천징수하여야 한다.

3. 배당소득 원천징수세율(소법§129)

○ 소득세 : 14%
○ 지방소득세 : 소득세액의 10%
(단, 출자금 합산금액 2천만원 이하에 대한 배당소득은 원칙적으로 비과세)

4. 배당소득 원천징수 실무사례

(1) 협동조합 조합원 출자배당에 대한 원천징수(조특법§88의5, 농특법§4. 4)

○ 농어민 등이 농협, 수협, 산림조합, 신협, 새마을금고에 출자한 금액 중 2만원 한도 내에서 비과세 출자금으로 선택한 출자금의 배당소득에 대하여는 소득세와 농어촌특별세를 비과세한다.

○ 따라서 협동조합 조합원이 비과세 출자금으로 선택하지 않은 출자금 또는 비과세 한도 1천만원을 초과한 출자금에 대한 배당소득에 대하여는 소득세를 원천징수하여야 한다.

(2) 협동조합의 이용고 배당에 대한 원천징수(조특법§88의5, 농특법§4. 4)

○ 협동조합의 조합원(준조합원 포함)의 이용고 배당소득에 대하여는 소득세와 농어촌특별세를 비과세한다.

(3) 법인의 우선출자금 배당에 대한 원천징수

① 근로자 우선출자 배당금에 대한 원천징수(조특법§88의4. ⑩, 농특법§4. 4)

○ 근로자의 1천8백만원 이하 우선출자 배당소득에 대하여는 원칙적으로 소득세 및 농어촌특별세를 비과세한다.

○ 근로자 우선출자 배당금에 대하여 비과세하거나 원천징수세액을 환급하는 경우에는 '우리사주배당비과세 및 원천징수세액환급명세서'를 비과세한 날 또는 환급일 이 속하는 달의 매분기 종료일의 다음달 말(1월, 4월, 7월, 10월 말)일까지 원천징수 관할 세무서장에게 제출하여야 한다.

② 근로자 이외 거주자 우선출자 배당금에 대한 원천징수

근로자 이외 거주자 우선출자 배당소득에 대하여는 전액 원천징수하여야 한다.

③ 법인의 우선출자 배당금에 대한 원천징수

법인에 대하여는 이자소득과 신탁수익의 분배금만 원천징수하므로 법인의 우선출자 배당소득에 대하여는 원천징수하지 아니한다.

(4) 탈퇴 조합원 사업준비금 지급액에 대한 원천징수

탈퇴조합원에게 지급하는 사업준비금은 「소득세법」 제17조 제2항 제1호에 의한 '의제배당'

에 해당되므로 사업준비금 지급여부와 관계없이 탈퇴한 날이 속하는 달에 원천징수하고 탈퇴한 날 익월 10일까지 해당 세액을 납부하여야 한다.
(단, 조합원 탈퇴시 지급하는 탈퇴 지분(출자금)은 원천징수 대상에서 제외)

☑ 의제배당이란?

배당이란 회사가 이익을 주주에게 현금 등으로 나누어주는 것을 말한다. 그러나 소득세법에서는 실제로 배당을 받지 않았더라도 특정한 상황에서는 배당을 받은 것으로 간주하고 과세하게 된다. 의제배당이 존재하는 이유는, 기업이 세금을 피하기 위해 배당금을 직접 지급하는 대신 자본전입, 감자, 해산 등의 방식으로 이익을 이전할 수 있기 때문이다.

5. 원천징수세액의 신고납부

원천징수한 소득세 및 지방소득세는 징수일이 속하는 달의 다음달 10일(공휴일인 경우는 그 익일)까지 관할세무서 및 시군구청에 신고납부하여야 한다.

6. 원천징수영수증 교부 및 지급명세서 제출

(1) 원천징수영수증 교부(소법§133)

배당소득을 지급하는 원천징수의무자는 이를 지급하는 때에 배당소득 원천징수영수증을 소득자에게 교부하여야 한다.

(2) 지급명세서 제출(소법§164)

과세기간이 속한 다음 연도 2월 말일까지 지급명세서를 제출하여야 한다.

7. 배당에 대한 원천징수부의 비치 · 기록(소령§217)

배당소득을 지급하는 원천징수의무자는 세법이 정하는 배당원천징수부를 비치 기록하여야 한다. 이 경우 배당원천징수부를 전산처리된 테이프 또는 디스크 등으로 수록・보관하여 항시 출력이 가능한 상태에 둔 때에는 배당원천징수부를 비치・기록한 것으로 본다.

제 4 절 사업소득 지급시 원천징수

1. 사업소득의 의의

사업소득이란 일정한 사업에서 발생하는 소득을 말하며, "사업"이란 영리를 목적으로 독립적이며 계속성과 반복적으로 이루어지는 사회적 활동을 말한다. 「소득세법」에서는 사업소득의 원천이 되는 사업의 범위를 열거하고 있으며, 시행령에서 특별히 규정하고 있는 것을 제외하고는 한국표준산업분류를 기준으로 하고 있다.

【과세대상 사업소득】 소득세법 제19조

1. 농업(작물재배업은 제외), 임업 및 어업에서 발생하는 소득 2. 광업 3. 제조업 4. 도매 및 소매업 5. 전기, 가스, 증기 및 수도사업 6. 하수·폐기물처리 등 7. 건설업 8. 운수업 9. 숙박 및 음식점업 10. 출판, 영상, 방송통신 및 정보서비스업 11. 금융 및 보험업 12. 부동산업 및 임대업 등

【참고】 농업소득에 대한 과세 구분

구 분	과세여부
식량작물재배업	비과세
작물재배업	수입액 10억 원 이상은 과세, 10억 원 미만은 비과세
축산업 임업	과세(단 축산업의 농가부업규모 범위를 초과하는 경우 비과세하며, 5년 이상 조림된 임지의 임목 벌채 등 연 600만 원 이하의 소득에 대해서도 비과세)

2. 원천징수대상 사업소득(소법§127①3호)

원천징수대상이 되는 사업소득은 부가가치세가 면제되는 「부가가치세법시행령」 제35조의 의료보건용역 및 「부가가치세법시행령」 제42조의 직업상 제공하는 인적 용역으로 범위가 제한된다. 다만, 의료보건용역 중 약사가 제공하는 특정 조제용역과 직업상 제공하는 접대부·댄서 등의 인적용역은 원천징수대상에서 제외한다. 사업소득의 원천징수는 총수입금액에 대하여 필요경비 공제 없이 원천징수하고, 이후 다시 종합과세한다는 점에서 다른 분리과세소득과 구별된다.

≪직업상 제공하는 인적 용역 예시≫

1. 저술・서화・도안・조각・작곡・음악・무용・만화・삽화・만담・배우・성우・가수와 이와 유사한 용역
2. 연예에 관한 감독・각색・연출・촬영・녹음・장치・조명과 이와 유사한 용역
3. 건축감독・학술용역과 이와 유사한 용역
4. 음악・재단・무용(사교무용 포함)・요리・바둑의 교수와 이와 유사한 용역
5. 직업운동가・역사・기수・운동지도가(심판 포함)와 이와 유사한 용역
6. 보험가입자의 모집, 저축의 장려 또는 집금 등을 하고 실적에 따라 보험회사 또는 금융기관으로부터 모집수당・장려수당・집금수당 또는 이와 유사한 성질의 대가를 받는 용역과 서적・음반 등의 외판원이 판매실적에 따라 대가를 받는 용역
7. 저작가가 저작권에 의하여 사용료를 받는 용역

3. 원천징수의무자(소령§184③)

사업소득에 대한 원천징수의무자는 다음과 같다.

○ 사업자
○ 법인세의 납세의무자(「조특법」에 의하여 법인세가 면제되는 자를 포함)
○ 국가・지방자치단체 또는 지방자치단체조합
○ 「민법」 기타 법률에 의하여 설립된 법인
○ 「국세기본법」 제13조 제4항에 의거 법인으로 보는 단체

4. 사업소득에 대한 원천징수방법

가. 원천징수세율(소법§129)

○ 소득세 : 수입금액(지급금액)에 대하여 3%, 지방소득세 : 소득세의 10%

나. 원천징수시기(소법§144)

사업소득에 대한 원천징수시기는 수입금액을 실제로 지급한 때이다. 다만, 원천징수시기에 대

한 특례규정이 적용되는 경우에는 실제 지급이 없는 경우에도 세법에서 규정한 시기에 원천징수하여야 한다.

5. 원천징수세액의 신고납부

원천징수한 소득세 및 지방소득세는 징수일이 속하는 달의 다음달 10일(공휴일인 경우는 그 익일)까지 관할세무서 및 시군구청에 신고납부하여야 한다.

6. 원천징수영수증(지급명세서) 교부 및 제출

(1) 원천징수영수증 교부(소법§144)

원천징수영수증은 원천징수대상 사업소득을 지급하는 때에 사업소득 원천징수영수증을 소득자에게 교부하여야 한다.

(2) 원천징수영수증(지급명세서) 제출(소법§164)

지급일이 속하는 연도의 다음연도 3월 10일까지 원천징수 관할세무서장 · 지방국세청장 또는 국세청장에게 전산매체로 작성한 사업소득 지급명세서를 제출하여야 한다.

7. 유의사항

(1) 원천징수대상으로 열거된 사업소득에 한하여 원천징수한다.

(2) 대가를 받는 사업의 영위자가 개인 또는 개인 자영업자(사업자등록 불문)이어야 한다.

(3) 부가가치세 면세 개인사업자에 대하여 수입금액을 지급할 때 수입금액의 3%를 원천징수하는 것이며, 부가가치세 과세사업자에 대하여 수입금액을 지급하는 경우와 최종소비자가 수입금액을 지급하는 경우는 원천징수대상이 아니다.

제 5 절 기타소득 지급시 원천징수

1. 기타소득의 범위(소법§21)

기타소득은 이자소득, 배당소득, 사업소득, 근로소득, 연금소득, 퇴직소득, 양도소득 외의 소득으로 다음에 열거된 소득을 말한다.

(1) 상금, 현상금, 포상금, 보로금 또는 이에 준하는 금품

(2) 복권, 경품권 그 밖의 추첨권에 당첨되어 받는 금품

(3) 「사행행위등규제및처벌특례법」에 규정하는 행위에 참가하여 얻은 재산상의 이익(적법 또는 불법여부는 고려치 아니한다)

(4) 「한국마사회법」에 따른 승마투표권, 「경륜・경정법」에 따른 승자투표권, 「전통소싸움경기에관한법률」에 따른 소싸움경기투표권 및 「국민체육진흥법」에 따른 체육진흥투표권의 구매자가 받는 환급금(적법 또는 불법여부는 고려치 아니한다)

(5) 저작자 또는 실연자・음반제작자・방송사업자 외의 자가 저작권 또는 저작인접권의 양도 또는 사용의 대가로 받는 금품

(6) 다음 각목의 자산 또는 권리의 양도・대여 또는 사용의 대가로 받는 금품

① 영화필름

② 라디오・텔레비전방송용 테이프 또는 필름

③ 기타 ① 및 ②와 유사한 것으로서 대통령령으로 정하는 것

(7) 광업권・어업권・양식업권・산업재산권・산업정보・산업상 비밀, 상표권・영업권(대통령령으로 정하는 점포임차권 포함), 토사석의 채취허가에 따른 권리, 지하수의 개발・이용권 그 밖에 이와 유사한 자산이나 권리를 양도하거나 대여하고 그 대가로 받는 금품

(8) 물품(유가증권 포함) 또는 장소를 일시적으로 대여하고 사용료로서 받는 금품

(9) 지역권・지상권(지하 또는 공중에 설정된 권리 포함)을 설정 또는 대여하고 받는 금품

(10) 계약의 위약 등으로 인하여 받는 위약금과 배상금 및 부당이득 반환 시 지급받는 이자

(11) 유실물의 습득 또는 매장물의 발견으로 인하여 보상금을 받거나 새로 소유권을 취득하는 경우 그 보상금 또는 자산

(12) 소유자가 없는 물건의 점유로 소유권을 취득하는 자산

(13) 거주자・비거주자 또는 법인과 특수관계에 있는 자가 그 특수관계로 인하여 당해 거주자・비거주자 또는 법인으로부터 받는 경제적 이익으로서 급여・배당 또는 증여로 보지 아니하는 금품

(14) 슬롯머신(비디오게임 포함) 및 투전기 그 밖에 이와 유사한 기구를 이용하는 행위에 참가하여 받는 당첨금품·배당금품 또는 이에 준하는 금품

(15) 문예·학술·미술·음악 또는 사진에 속하는 창작품(「신문등의진흥에관한법률」에 따른 신문 및 「잡지등정기간행물의진흥에관한법률」에 따른 정기간행물에 게재하는 삽화 및 만화와 우리나라의 창작품 또는 고전을 외국어로 번역하거나 국역하는 것 포함)에 대한 원작자로서 받는 소득으로서 다음 각 목의 어느 하나에 해당하는 것

가. 원고료

나. 저작권사용료인 인세

다. 미술·음악 또는 사진에 속하는 창작품에 대하여 받는 대가

(16) 재산권에 관한 알선수수료

(17) 사례금

(18) 소기업, 소상공인 공제부금의 해지일시금

(19) 다음에 해당하는 인적용역(제15호부터 제17호까지의 규정을 적용받는 용역을 제외)을 일시적으로 제공하고 지급받는 대가

가. 고용관계 없이 다수인에게 강연을 하고 강연료 등의 대가를 받는 용역

나. 라디오·텔레비전방송 등을 통하여 해설·계몽 또는 연기의 심사 등을 하고 보수 또는 이와 유사한 성질의 대가를 받는 용역

다. 변호사, 공인회계사, 세무사, 건축사, 측량사, 변리사, 그 밖에 전문적 지식 또는 특별한 기능을 가진 자가 당해 지식 또는 기능을 활용하여 보수 또는 그 밖의 대가를 받고 제공하는 용역

라. 가목 내지 다목 외의 용역으로서 고용관계 없이 수당 또는 이와 유사한 성질의 대가를 받고 제공하는 용역

(20) 「법인세법」에 의하여 기타소득으로 처분된 소득

(21) 세액공제를 받은 연금계좌 납입액 및 연금계좌의 운용실적에 따라 증가된 금액을 그 소득의 성격에도 불구하고 연금외 수령한 소득

(22) 퇴직 전에 부여받은 주식매수선택권을 퇴직 후에 행사하거나 고용관계 없이 주식매수선택권을 부여받아 이를 행사함으로써 얻는 이익

(23) 종업원등 또는 대학의 교직원이 퇴직한 후에 지급받는 직무발명보상금

(24) 뇌물 또는 알선수재 및 배임수재에 의하여 수수한 금품

(25) 종교인소득 등

(26) 대통령령으로 정하는 서화·골동품의 양도로 발생하는 소득 등

2. 비과세 기타소득의 범위(소법§12)

(1) 「국가유공자등예우및지원에관한법률」 또는 「보훈보상대상자지원에관한법률」에 따라 받는 보훈급여금・학습보조비 및 「북한이탈주민의보호및정착지원에관한법률」에 따라 받는 정착금・보로금과 그 밖의 금품

(2) 「국가보안법」에 따라 받는 상금과 보로금

(3) 「상훈법」에 의한 훈장과 관련하여 받는 부상이나 「소득세법시행령」 제18조 제1항에서 열거한 상금과 부상(국가 또는 지방자치단체로부터 받는 상금과 부상 등)

☑ 노벨상은 비과세?

한국인 최초로 노벨문학상을 수상한 소설가 한강이 받은 상금은 약 14억 원으로 전액 비과세이다. 이 상금은 소득세법상 기타소득으로 분류되며, 소득세법 시행령 제18조는 '노벨상 또는 외국 정부, 국제기관, 국제단체, 기타 외국의 단체나 기금으로부터 받는 상의 수상자가 받는 상금과 부상'은 비과세 기타소득으로 규정하고 있기 때문이다.

(4) 종업원등 또는 대학의 교직원이 퇴직한 후에 지급받거나 대학의 학생이 소속 대학에 설치된 산학협력단으로부터 받는 직무발명보상금으로서 대통령령으로 정하는 금액

(5) 「특별법」에 의하여 설립된 법인이 관계 중앙행정기관의 장의 승인을 얻어 수여하는 상의 수상자가 받는 상금과 부상

(6) 「국군포로의 송환 및 대우 등에 관한 법률」에 따라 국군포로가 받는 위로지원금과 그 밖의 금품

(7) 「문화재보호법」에 따라 국가지정문화재로 지정된 서화・골동품의 양도로 발생하는 소득

(8) 서화・골동품을 박물관 또는 미술관에 양도함으로써 발생하는 소득

(9) 종교인소득 중 대통령령으로 정하는 학자금, 식사대, 실비변상적 성질의 지급액 등

☑ 종교인소득

종교인소득은 소득세법상 기타소득으로 열거되어 있으나, 종교단체가 종교인소득을 근로소득으로 원천징수하거나, 종교인이 종교인소득을 근로소득으로 종합소득세 확정신고를 한 경우 근로소득으로 본다.

(10) 법령・조례에 따른 위원회 등의 보수를 받지 아니하는 위원(학술원 및 예술원의 회원 포함) 등이 받는 수당

3. 기타소득에 대한 원천징수방법(소법§37, 145)

가. 원천징수세율(소법§129)

○ 소득세 : 기타소득금액(지급금액-필요경비)의 20%. 다만, 다음에 해당하는 소득으로서 **3억원**을 초과하는 경우 그 초과하는 분에 대하여는 30%로 하며, 뇌물・알선수재・배임수재 소득에 대하여는 원천징수의무를 면제한다.
- 복권당첨소득
- 승마・승자투표권・소싸움경기투표권・체육진흥투표권의 구매자가 받는 환급금
- 슬롯머신 등의 당첨금품 등

○ 지방소득세 : 소득세액의 10%

나. 기타소득의 원천징수시기(소법§145, 소령§192)

기타소득을 실제로 지급하는 때이다. 다만, 「법인세법」에 의하여 세무서장이 법인소득금액을 결정 또는 경정함에 있어서 처분되는 기타소득은 소득금액변동통지서를 받은 날, 법인의 소득금액을 신고함에 있어서 처분되는 기타소득은 당해 법인의 법인세과세표준 및 세액의 신고기일에 지급한 것으로 본다.

다. 기타소득의 과세표준 계산(소령§87, 202)

원천징수대상이 되는 기타소득금액은 당해 지급금액에서 이에 대응하는 필요경비로서 원천징수의무자가 확인할 수 있는 금액을 공제한 금액이며, 다음에 해당하는 기타소득에 대하여는 거주자가 받은 금액의 **100분의 80에 상당하는 금액을 필요경비(법정필요경비)**로 차감한 금액을 과세표준으로 하여 원천징수세액을 계산한다. 다만, 실제소요된 필요경비가 100분의 80에 상당하는 금액을 초과하면 그 초과하는 금액도 경비어 산입한다.

① 상금・현상금・포상금・보조금 또는 이에 준하는 금품으로서 「공익법인의 설립・운영에 관한 법률」의 적용을 받는 공익법인이 주무관청의 승인을 받아 시상하는 상금과 부상

② 다수가 순위경쟁하는 대회에서 입상자가 받는 상금 및 부상

☞ **불특정 다수를 대상으로 하는 대회는 필요경비 인정**, 사내 종업원을 대상으로 하는 대회는 필요경비 불인정

다음에 해당하면 **필요경비율을 60%로 적용한다**.

① 공익사업과 관련하여 지역권・지상권(지하 또는 공중에 설정된 권리 포함)을 설정하

거나 대여함으로써 발생하는 소득

② 다음에 해당하는 인적용역을 일시적으로 제공하고 받는 대가(소법§21 제1항 제15호부터 제17호까지의 용역 제외)
- ○ 고용관계 없이 다수인에게 강연을 하고 강연료 등의 대가를 받는 용역
- ○ 라디오·텔레비전방송 등을 통하여 해설·계몽 또는 연기의 심사 등을 하고 보수 또는 이와 유사한 성질의 대가를 받는 용역
- ○ 변호사·공인회계사·세무사·건축사·측량사·변리사 기타 전문적 지식 또는 특별한 기능을 가진 자가 그 지식 또는 기능을 활용하여 보수 또는 그 밖의 대가를 받고 제공하는 용역
- ○ 상기 외의 용역으로서 고용관계 없이 수당 또는 이와 유사한 성질의 대가를 받고 제공하는 용역

③ 일시적인 문예·학술·미술·음악 또는 사진에 속하는 창작품에 대한 원작자로서 받는 다음의 소득
- ○ 원고료, 저작권사용료인 인세, 미술·음악 또는 사진에 속하는 창작품에 대하여 받는 대가

④ 광업권·어업권·양식업권·산업재산권·산업정보, 산업상 비밀, 상표권·영업권(대통령령이 정하는 점포임차권 포함), 토사석(土砂石)의 채취허가에 따른 권리, 지하수의 개발·이용권, 그 밖에 이와 유사한 자산이나 권리를 양도하거나 대여하고 그 대가로 받는 금품

⑤ 「전자상거래 등에서의 소비자보호에 관한 법률」에 따라 통신판매중개를 하는 자를 통하여 물품 또는 장소를 대여하고 대통령령으로 정하는 규모 이하의 사용료로서 받은 금품

☞ 농협의 영농회장, 부녀회장 수당 등은 통상 상기 고용관계 없이 일시적으로 용역을 제공받는 경우로 보아 필요경비율을 적용해 온바, 2019.01.01.자 변경사항에 유의

☑ 기타소득 과세최저한 : 기타소득금액이 건별 5만원 이하인 경우

(사례) (주)○○은 설립 30주년을 맞아 행사 중 특강을 진행하려고 한다. 강연전문가인인 홍길동에게 관련 원고를 기고받고 그 대가로 125,000원을 지급하였다. 원천징수금액은?

1) 강의료는 기타소득에 해당하므로 필요경비는 지급총액의 60%이다.

2) 기타소득금액=125,000원−125,000원×60%=5만원

3) 기타소득세의 과세최저한에 해당하므로 (주)○○는 원고료에 대하여 원천징수하지 않는다.

라. 과세방법

(1) 분리과세 또는 종합과세 선택(소법§14③)

기타소득금액(지급액－필요경비)이 연간 300만원 이하인 경우, 분리과세 또는 종합과세를 선택할 수 있고, 기타소득금액이 연 300만원을 초과하는 경우에는 종합과세한다. 다만, 뇌물 또는 알선수재 및 배임수재에 의하여 수수한 금품의 기타소득은 전액 종합과세한다.

(2) 「소득세법」상 분리과세 복권당첨소득(소법§14③)

추첨식 인쇄복권, 즉석식 인쇄복권, 추첨식 전자복권, 즉석식 전자복권, 온라인복권의 당첨금 등 복권당첨소득은 분리과세로 납세의무가 종결된다.

☑ 소득구분(자문료 또는 강사료)

시간강사를 임용한 후 지급하는 수당은 기타소득일까? 거주자가 학교 등에 고용되어 지급받는 강사료 등은 근로소득에 해당하며, 일시적으로 강의를 하고 지급받는 강사료 등은 기타소득에 해당한다. 반면, 독립된 자격으로 계속적이고 반복적으로 강의를 하고 지급받는 강사료는 사업소득에 해당한다.

* 기타소득인 경우 지급금액에서 60% 공제 후에 금액에 대해 20% 세율 적용

4. 원천징수세액의 신고납부

원천징수한 소득세 및 지방소득세는 징수일이 속하는 달의 다음달 10일(공휴일인 경우는 그 익일)까지 관할세무서 및 시군에 신고하고, 국고대리점 및 시군금고로 납부하여야 한다.

5. 원천징수영수증(지급명세서) 교부 및 제출

(1) 원천징수영수증 교부(소법§145)

기타소득을 지급하는 원천징수의무자는 이를 지급하는 때에 원천징수영수증을 소득자에게 교부하여야 한다. 다만, 원고료 및 일시적인 인적용역 중 강연료 및 TV 등의 해설료는 필요

경비를 공제한 기타소득금액이 20만원 이하인 경우 소득을 지급받는 자가 원천징수영수증의 교부를 요구하는 경우를 제외하고는 교부하지 아니할 수 있다.

(2) 원천징수영수증(지급명세서) 제출(소법§164)

지급일이 속하는 연도의 다음연도 2월 말일까지 원천징수 관할세무서장・지방국세청장 또는 국세청장에게 기타소득 지급명세서를 전산매체로 제출하여야 한다.

- 원천징수시스템에 정당하게 입력된 기타소득 지급명세서는 중앙회가 국세청으로 일괄 제출하고 있다.

제 6 절 근로소득 원천징수 및 연말정산

1. 근로소득의 범위(소법§20, 소령§38)

근로소득은 당해 연도에 발생한 다음 각호의 소득으로 한다.

(1) 근로의 제공으로 인하여 받는 봉급, 급료, 보수, 세비, 임금, 상여, 수당과 이와 유사한 성질의 급여

(2) 법인의 주주총회, 사원총회 또는 이에 준하는 의결기관의 결의에 의하여 상여로 받는 소득

(3) 「법인세법」에 의하여 상여로 처분된 금액

(4) 퇴직함으로써 받는 소득으로서 퇴직소득에 속하지 아니하는 소득

(5) 기밀비(판공비 포함)·교제비·기타 이와 유사한 명목으로 받는 것으로서 업무를 위하여 사용된 것이 분명하지 아니한 급여

(6) 종업원이 받는 공로금·위로금·개업축하금·학자금·장학금(종업원의 수학중인 자녀가 사업자로부터 받는 학자금·장학금 포함) 기타 이와 유사한 성질의 급여

(7) 근로수당·가족수당·전시수당·물가수당·출납수당·직무수당 기타 이와 유사한 성질의 급여

(8) 보험회사 「자본시장과 금융투자업에 관한 법률」에 따른 투자매매업자 또는 투자중개업자 등의 종업원이 받는 집금수당과 보험가입자의 모집, 증권매매의 권유 또는 저축을 권장하여 받는 대가, 그 밖에 이와 유사한 성질의 급여

(9) 급식수당·주택수당·피복수당 기타 이와 유사한 성질의 급여

(10) 주택을 제공받음으로써 얻는 이익. 다만, 다음의 사택을 제공받는 이익은 제외

(11) 종업원이 주택(부속토지 포함)의 구입·임차에 소요되는 자금을 저리 또는 무상으로 대여 받음으로써 얻는 이익.

(12) 기술수당·보건수당·연구수당 그 밖에 이와 유사한 성질의 급여(대학 등의 교원이 받는 연구보조비 등은 제외)

(13) 시간외근무수당·통근수당·개근수당·특별공로금 기타 이와 유사한 성질의 급여

(14) 여비의 명목으로 받는 연액 또는 월액의 급여

(15) 벽지수당·해외근무수당 기타 이와 유사한 성질의 급여

(16) 종업원이 계약자이거나 종업원 또는 그 배우자 기타의 가족을 수익자로 하는 보험·신탁 또는 공제와 관련하여 사용자가 부담하는 보험료·신탁부금 또는 공제부금

(17) 휴가비 기타 이와 유사한 성질의 급여

(18) 계약기간 만료전 또는 만기에 종업원에게 귀속되는 단체환급부 보장성보험의 환급금

(19) 법인의 임원 또는 종업원이 당해 법인 또는 당해 법인과 「법인세법시행령」 제87조의

규정에 의한 특수관계에 있는 법인으로부터 부여받은 주식매수선택권을 당해 법인 등에서 근무하는 기간중 행사함으로써 얻은 이익

(20) 종업원 등이 「발명진흥법」상 지급받는 직무발명 보상금
※ 단, 퇴직후 받으면 기타소득으로 구분

2. 근로소득으로 보지 아니하는 소득(소법§20, 소령§38)

① 우리사주조합원이 우리사주조합으로부터 취득한 주식의 시세차익
② 사용자가 부담하는 단체순수보장성보험 및 단체환급부보장성보험 중 연 70만원 이하의 금액
③ 임직원의 고의가 아닌 업무상 행위로 인한 손해의 배상청구를 보험금의 지급사유로 하고 임직원을 피보험자로 하는 보험의 보험료
④ 출·퇴근차량 운임상당액(차량제공 대신 출퇴근 보조금을 받는 금액은 근로소득임)
⑤ 사내근로복지기금으로부터 근로자 또는 근로자의 자녀가 받는 장학금
⑥ 사회통념상 타당하다고 인정되는 범위 내의 경조금

3. 비과세 근로소득(소법§12. 3호)

(1) 복무중인 兵(병장이하 현역병, 전투경찰순경, 경비교도)이 받는 급여
(2) 법률에 따라 동원된 사람이 그 동원직장에서 받는 급여
(3) 「산업재해보상보험법」에 의하여 수급권자가 지급받는 요양급여·휴업급여·장해급여·간병급여·유족급여·유족특별급여·장해특별급여 및 장의비 또는 근로의 제공으로 인한 부상·질병 또는 사망과 관련하여 근로자나 그 유족이 지급받는 배상·보상 또는 위자의 성질이 있는 급여
(4) 「근로기준법」 또는 「선원법」에 의하여 근로자·선원 및 그 유족이 지급받는 요양보상금·휴업보상금·상병보상금·일시보상금·장해보상금·유족보상금·행방불명보상금·소지품유실보상금·장의비 및 장제비
(5) 「고용보험법」에 의한 실업급여, 육아휴직급여, 육아기 근로시간 단축급여, 출산전후휴가급여, 「국민연금법」에 의한 반환일시금·사망일시금
(6) 「공무원연금법」·「군인연금법」·「사립학교교직원연금법」 또는 「별정우체국법」에 의하여 지급받는 요양비·요양일시금·장해보상금·사망조위금·재해부조금 및 재해보상금 또는

신체・정신상의 장해・질병으로 인한 휴직기간 중에 받는 급여

(7) 근로자 또는 그 배우자의 출산이나 6세 이하의 자녀의 보육과 관련하여 사용자로부터 지급받는 급여로서 월 20만원 이내의 금액

(8) 근로자 본인에 대한 학자금(소령§11)

「초・중등교육법」 및 「고등교육법」에 따른 학교(외국에 있는 이와 유사한 교육기관 포함) 및 「근로자직업능력개발법」에 의한 직업능력개발훈련시설의 입학금, 수업료, 수강료 그 밖의 공납금 중 다음 각호의 요건을 갖춘 학자금(당해 연도에 납입할 금액을 한도로 한다)

① 근로자가 종사하는 사업체의 업무와 관련 있는 교육・훈련을 위하여 받는 것일 것
② 근로자가 종사하는 사업체의 규칙 등 지급기준에 따라 받는 것일 것
③ 교육・훈련기간이 6월 이상인 경우 교육기간을 초과하여 근무하지 아니하는 때에는 지급금액의 반납조건이 있을 것

(9) 실비변상적인 성질의 급여(소령§12)

① 법령・조례에 의한 위원회 등의 보수를 받지 아니하는 위원 등이 받는 수당
② 일직료・숙직료 또는 여비로서 실비변상정도의 금액(종업원의 소유차량을 종업원이 직접 운전하여 사용자의 업무수행에 이용하고 시내출장 등에 소요된 실제여비를 받는 대신에 그 소요경비를 당해 사업체의 규칙 등에 의하여 정하여진 지급기준에 따라 받는 금액 중 월 20만원 이내의 금액 포함)
③ 법령・조례에 의하여 제복을 착용하여야 하는 자가 받는 제복・제모 및 제화
④ 금융회사・공장 등에서 근무하는 자 또는 특수한 작업이나 역무에 종사하는 자가 받는 작업복이나 그 직장에서만 착용하는 피복
⑤ 「초・중등교육법」에 의한 교육기관의 교원이 받는 연구보조비중 월 20만원 이내
⑥ 근로자가 기획재정부령이 정하는 벽지에 근무함으로 인하여 받는 월 20만원 이내
⑦ 근로자가 천재・지변 기타 재해로 인하여 받는 급여

(10) 국외 및 북한지역에서 근로를 제공하고 받는 월100만원 이내 금액(원양어업선박・국외 등을 항행하는 선박 또는 국외 등의 건설현장에서 근로를 제공하고 받는 보수의 경우에는 월300만원)(소령§16)

(11) 「국민건강보험법」・「고용보험법」 또는 「노인장기요양보험법」에 의하여 국가・지방자치단체 또는 사용자가 부담하는 부담금

(12) 생산 및 관련 직에 종사하는 자의 연장・야간・휴일근로 급여(소법§12. 3호 더, 소령§17)

○ 직전연도 총급여가 2,500만원 이하로서 월정액급여(연장・야간・휴일근로급여 제외) 210만원 이하인 다음의 근로자(일용근로자 포함)가 받는 연장・야간・휴일근로수당
- 공장 또는 광산에서 근로를 제공하는 자로서 기획재정부령이 정하는 자
- 어업을 영위하는 자에게 고용되어 근로를 제공하는 자로서 기획재정부령이 정하는 자
- 운전원 및 관련 종사자와 배달 및 수하물 운반 종사자 중 기획재정부령이 정하는 자
- 돌봄서비스, 미용관련서비스, 숙박시설 서비스 종사자 중 기획재정부령이 정하는 자

(13) 세법이 정하는 식사 또는 식사대(소령§17의2)

○ 근로자가 사내급식 또는 이와 유사한 방법으로 제공받는 식사 기타 음식물

○ 식사 기타 음식물을 제공받지 아니하는 근로자가 받는 월20만원 이하의 식사대

(14) 경조금(소칙§10)

고용주로부터 지급받은 경조금 중 사회통념상 타당하다고 인정되는 범위 내의 금액

(15) 종업원 할인혜택 비과세 금액 및 재판매 금지기간 규정(소득령 §17의5 신설)

○ (비과세 금액*) Max[시가의 20%, 연 240만원]

* 연간 구입한 모든 재화・용역의 시가를 합산한 금액기준

○ (비과세 요건) 일정기간 재판매 금지기간을 지급기준 등에 규정

- (자동차・대형가전・고가재화[1] 등[2]) 2년

1)「개소법」§1②(2)의 귀금속제품・고급시계・고급융단・고급가방

2) 소비자분쟁해결기준에 따른 품목별 내용연수가 5년을 초과하는 품목

- (그 외 재화) 1년

☑ 종업원 할인

2025년 1월 1일부터는 일반 소비자와의 정상 거래가격을 기준으로, 종업원에게 할인된 가격이 시가보다 낮은 경우, 그 할인된 금액에 대해 근로소득으로 과세된다. 예를 들어, A 자동차 회사에 근무하는 직원이 판매가 4천만 원인 자사 자동차를 25% 할인받아 3천만 원에 구입했다면, 할인된 1천만 원 중 시가의 20%인 800만 원은 비과세되고, 나머지 200만 원은 근로소득으로 과세된다.

4. 과세대상 근로소득

과세대상근로소득(총급여액)은「소득세법」상 근로소득에서 비과세소득을 제외한 금액임

☑ 복지포인트는 근로소득인가?

대법원은 “복지포인트는 직접적인 근로의 대가는 아니더라도, 적어도 임직원들이 회사에 제공한 근로와 일정한 상관관계 또는 경제적 합리성에 기인한 대가관계가 인정되는 급여에 해당한다”고 판단했다. 복지포인트는 정해진 사용기간과 용도 내에서 사용하여 필요한 재화나 용역을 자유롭게 구매할 수 있기 때문에, 임직원들이 상당한 경제적 이득을 얻는다고 볼 수 있다는 이유에서다. (대법원-2024-두-37879, 2024.12.24.)

5. 근로소득의 수입시기와 원천징수시기에 대한 특례

(1) 수입시기(소령§49)

① 급여 : 근로를 제공한 날
② 잉여금처분에 의한 상여 : 당해 법인의 잉여금처분결의일
③ 임원의 퇴직소득금액 중 한도 초과금액(소법§22③) : 지급받거나 지급받기로 한 날
④ 해당 사업연도의 소득금액을 법인이 신고하거나 세무서장이 결정·경정함에 따라 발생한 그 법인의 임원, 또는 주주·사원, 그 밖의 출자자에 대한 상여 : 해당 사업연도중의 근로를 제공한 날

(2) 원천징수시기에 대한 특례(소법§135)

근로소득을 실제로 지급하지는 아니하였지만 지급한 것으로 보아 원천징수를 해야 하는 경우가 있는데 이를 원천징수시기에 대한 특례라고 한다.

① 1월~11월까지의 급여액을 미지급시 : 12월 31일
② 12월분 급여액을 다음연도 2월말일까지 미지급시 : 2월말일
③ 잉여금처분에 의한 상여를 그 처분을 결정한 날부터 3월이 되는 날까지 미지급시 : 그 3월이 되는 날. 다만, 그 처분이 11월 1일부터 12월 31일까지의 사이에 결정된 경우에 다음연도 2월말일까지 미지급시에는 2월말일에 지급한 것으로 봄

6. 근로소득에 대한 원천징수방법

가. 월별 원천징수방법과 연말정산(소법§134, §137)

(1) 매월분 근로소득 지급시
　근로소득간이세액표에 의하여 소득세를 원천징수
(2) 해당연도의 다음연도 2월분 근로소득 지급 및 퇴직자의 퇴직하는 달의 근로소득 지급시
　근로소득세 연말정산방법에 의하여 원천징수

나. 근로소득 원천징수시기에 대한 특례(소법§135)

1월분~11월분까지의 급여액을 당해연도 12월까지 미지급시 12월 31일에 지급한 것으로 보며, 12월분의 급여를 다음연도 2월말일까지 미지급시는 2월말일에 지급한 것으로 봄

다. 원천징수세액의 신고납부(소법§128)

원천징수한 소득세 및 지방소득세는 징수일이 속하는 달의 다음달 10일(공휴일인 경우는 그 익일)까지 신고납부하여야 한다.

7. 일용근로소득

가. 세법상 일용근로자의 정의

근로를 제공한 날 또는 시간에 따라 근로대가를 계산하거나 근로를 제공한 날 또는 시간의 근로성과에 따라 급여를 계산하여 받는 자로서 다음 각호에 규정된 자

① 건설공사에 종사하는 자. 단, 다음 각목의 자는 제외
  가. 동일한 고용주에게 계속하여 1년 이상 고용된 자
  나. 다음의 업무에 종사하기 위하여 통상 동일한 고용주에게 계속하여 고용되는 자
    · 작업준비를 하고 노무에 종사하는 자를 직접 지휘·감독하는 업무
    · 작업현장에서 필요한 기술적인 업무, 사무·타자·취사·경비 등의 업무
    · 건설기계의 운전 또는 정비업무

② 하역작업에 종사하는 자. 단, 다음 각목의 자는 제외
  가. 통상 근로를 제공하는 날에 근로대가를 받지 아니하고 정기적으로 근로대가를 받는 자
  나. 다음의 업무에 종사하기 위하여 통상 동일한 고용주에게 계속하여 고용되어 있는 자
    · 작업준비를 하고 노무에 종사하는 자를 직접 지휘·감독하는 업무
    · 주된 기계의 운전 또는 정비업무

③ ①,②호 외의 업무에 종사하는 자로서 근로계약에 따라 동일한 고용주에게 3월 이상 계속하여 고용되어 있지 아니한 자

나. 일용근로소득에 대한 원천징수방법

① 일급여액 - 근로소득공제(일 150,000원) = 일용근로소득금액(과세표준)

② 일용근로소득금액(과세표준) × 원천징수세율(6%) = 근로소득산출세액

③ {근로소득산출세액 - 근로소득세액공제(산출세액의 55%)} × 근로일수 = 납부세액

④ 납부할 세액 × 10% = 지방소득세

8. 근로소득 연말정산

가. 연말정산의 의의

근로소득 연말정산이란 원천징수의무자가 다음연도 2월분의 근로소득을 지급하는 때에 이를 지급받는 자의 당해연도의 근로소득금액에서 그 근로소득자가 제출한 근로소득・세액공제 신고내용에 따라 종합소득공제를 한 후 이를 종합소득과세표준으로 하여 종합소득산출세액을 계산하고, 근로소득세액공제를 한 후 당해연도에 이미 원천징수하여 납부한 소득세를 공제하고 그 차액을 원천징수하는 것을 말한다.

나. 근로소득 연말정산 세액계산

구 분	주 요 내 용
연간근로소득 계산	○ 기본급여・수당・유사급여・상여, 당직비, 여비, 국민연금사용자 부담금 등 비과세근로소득을 포함한 일체의 근로소득
총급여(과세대상근로소득 수입금액)의 계산	○ 당해연도발생근로소득 - 비과세근로소득
근로소득금액의 계산	○ (과세대상)근로소득 수입금액-근로소득공제
과세표준의 계산	○ 근로소득금액-(「소득세법」상 종합소득공제+「조특법」상 소득공제) * 「소득세법」상 종합소득공제 : 기본공제・추가공제・특별소득공제・연금보험료공제・주택담보노후연금 이자비용공제 등 * 「조특법」상 소득공제 : 신용카드 등 사용금액 소득공제 등
산출세액 계산	○ 과세표준 × 종합소득 기본세율
결정세액 계산	○ 산출세액 – 세액공제 * 세액공제 : 근로소득세액공제・자녀세액공제・연금계좌세액공제・특별세액공제・주택자금이자세액공제 등
징수・납부(환급)할 세액	○ 결정세액 – 기납부세액(징수할 세액이 부(負)이면 환급할 세액임)
지방소득세 계산	○ 지방소득세 산출세액 : 소득세 결정세액 × 지방소득세 세율(10%) ○ 납부할 지방소득세액 : 지방소득세 산출세액 –기납부 지방소득세액

9. 연말정산 세액의 계산

가. 근로소득공제(소법§47)

근로소득이 있는 거주자에 대하여는 당해연도에 받는 총급여액(비과세소득 제외)에서 다음의 금액을 공제한다.

근로소득금액

• 근로소득금액 = 총급여액 - 근로소득공제액

근로소득공제액

획일적으로 일정한 금액을 필요경비로 공제하는 개념

총급여액	근로소득공제액
500만원 이하	총급여액 X 70%
500만원 초과 1,500만원 이하	350만원+500만원 초과액 X 40%
1,500만원 초과 4,500만원 이하	750만원+1,500만원 초과액 X 15%
4,500만원 초과 1억원 이하	1,200만원+4,500만원 초과액 X 5%
1억원 초과	1,475만원+1억원 초과액 X 2%

* 일용근로자에 대해서는 일괄적으로 일 15만원을 공제함.

나. 종합소득공제

(1) 기본공제(소법§50)

종합소득이 있는 거주자(자연인에 한함)에 대하여는 다음 각호의 1에 해당하는 가족수에 1인당 연 150만원을 곱하여 계산한 금액을 거주자의 당해연도의 종합소득금액(근로소득금액 포함)에서 공제한다.

○ 해당 거주자

○ 거주자의 배우자 : 연간 소득금액이 없거나 연간 소득금액의 합계액이 100만원 이하인 자(총급여액 500만원 이하의 근로소득만 있는 배우자를 포함한다)

○ 부양가족
거주자(배우자 포함)와 생계를 같이하는 다음 각목의 1에 해당하는 부양가족으로서 연간 소득금액 합계액이 100만원 이하인 사람.(총급여액 500만원 이하의 근로소득만 있는 부양가족을 포함한다) 단, 장애인은 연령 제한을 받지 않는다.

① 거주자의 직계존속으로서 60세 이상인 사람
  - 직계존속의 범위에 직계존속이 재혼한 경우 직계존속과 혼인(사실혼 제외)중임이 증명되는 사람을 포함

② 거주자의 직계비속과 입양한 양자 및 사실상 입양상태에 있는 사람으로서 거주자와 생계를 같이하는 자로서 20세 이하인 사람
  - 직계비속에는 거주자의 배우자가 재혼한 경우 해당 배우자가 종전의 배우자와의 혼인(사실혼 제외)중에 출산한 자 포함

③ 직계비속 또는 입양자와 그 배우자가 모두 장애인인 경우 당해 배우자 포함

④ 거주자의 형제자매로서 20세 이하 또는 60세 이상인 사람 등

【 기본공제 대상자 및 공제요건 】

구분	공제대상자	공제요건	
		연령	연간소득
본인	해당 거주자	제한없음	-
배우자	거주자의 배우자	제한없음	100만원 이하*
부양가족**	거주자(배우자 포함)와 생계를 같이하는 부양가족 - 직계존속**** - 직계비속****과 입양자**** - 형제자매	 60세이상 20세이하 20세이하 ~60세이상	 100만원 이하* 100만원 이하* 100만원 이하*

(2) 추가공제(소법§51)

기본공제대상자(근로자 본인, 배우자, 부양가족)가 다음 각호의 1에 해당하는 경우에는 거주자의 당해연도의 종합소득금액(근로소득금액 포함)에서 기본공제 외에 다음 각호별로 정해진 금액을 추가로 공제한다.

1. 70세 이상인 자인 경우 1인당 연 100만원(경로우대공제)
2. 세법이 정하는 장애인인 경우 1인당 연 200만원(장애인공제)
3. 종합소득금액이 3천만원 이하인 거주자가 배우자가 없는 여성으로서 연간소득금액이 100만원 이하인 생계를 같이하는 부양가족이 있는 세대주 혹은 배우자가 있는 여성인 경우 1인당 연 50만원(부녀자공제)
4. 해당 거주자가 배우자가 없는 사람으로서 기본공제대상자인 직계비속 또는 입양자가 있는 경우 연 100만원(한부모공제, 부녀자공제와 중복 시 한부모공제만 적용)

【추가공제 대상자 및 공제요건】

구분	내용	공제액
경로우대공제	• 기본공제대상자가 70세 이상인 경우	100만원
장애인공제	• 기본공제대상자가 장애인인 경우	200만원
부녀자공제	• 배우자가 없는 여성으로서 기본공제대상인 부양가족이 있는 세대주 혹은 배우자가 있는 여성 (기본요건 : 종합소득 3,000만원 이하)	50만원
한부모가족 공제	• 배우자가 없는 사람으로서 기본공제대상자인 직계비속 또는 입양자가 있는 경우 (부녀자공제와 중복적용 불가)	100만원

(3) 연금보험료공제(소법§51의3)

종합소득이 있는 거주자가 공적연금 관련법에 따른 기여금 또는 개인부담금을 납입한 경우에는 해당 과세기간의 종합소득금액에서 그 과세기간에 납입한 연금보험료를 공제한다.

(4) 특별소득공제(소법§52)

근로소득이 있는 거주자(일용근로자 제외)가 해당 과세기간에 지급한 금액 중 다음 각 호에 규정한 것이 있는 때에는 이를 당해연도의 근로소득금액에서 공제한다.

과세연도 종료일 이전에 혼인・이혼・별거・취업 등의 사유로 인하여 기본공제대상자에 해당되지 아니하게 되는 종전의 배우자, 부양가족, 장애인 또는 경로우대자를 위하여 이미 지급한 금액이 있는 경우에는 당해 사유가 발생한 날까지 지급한 금액을 당해연도의 근로소득금액에서 공제한다.

(가) 보험료 소득공제(소법§52①)

1) 공제대상

「국민건강보험법」・「고용보험법」 또는 「노인장기요양보험법」에 의해 부담한 보험료

2) 공제액

국민건강보험료(전액)+고용보험료(전액)+노인장기요양보험료(전액)

(나) 주택자금 소득공제(소법§52④,⑤)

1) 공제액

① 주택마련저축 불입액 * 40%

② 주택임차자금차입금 원리금 상환액 * 40%

③ 장기주택저당차입금 이자상환액

2) 공제한도

위 공제액 ①~② 합하여 연 300만원, 혹은 ①~③ 합하여 연 500만원

(5) 기타소득공제

(가) 개인연금저축 소득공제(구조특법§86)

거주자 본인명의로 2000.12.31까지 가입한 개인연금저축에 당해연도에 불입한 금액의 40%(72만원 한도)를 근로소득에서 공제한다.

(나) 투자조합출자 등 소득공제(조특법§16)

① 공제대상자

거주자가 다음 각호의 1에 해당하는 출자·투자를 하는 경우 출자일·투자일이 속하는 과세연도부터 출자·투자후 2년이 되는 날이 속하는 과세연도까지 거주자가 선택하는 1과세연도의 종합소득금액에서 공제한다. 다만, 타인의 출자지분, 투자지분 또는 수익증권을 양수하는 경우 제외

㉮ 중소기업창업투자조합, 한국벤처투자조합, 신기술사업투자조합 또는 부품·소재전문투자조합에 출자하는 경우

㉯ 벤처기업투자신탁의 수익증권에 투자하는 경우

㉰ 「벤처기업육성에관한특별조치법」 제13조에 따른 조합에 출자한 금액을 조합이 출자일의 다음 과세연도종료일까지 벤처기업에 투자하는 경우

㉱ 「벤처기업육성에관한특별조치법」에 의하여 벤처기업 등에 투자하는 경우

② 공제금액 : 2025.12.31까지 출자 또는 투자한 금액의 10%(위의 ㉰ 또는 ㉱에 해당하는 경우 1,500만원 이하분은 100%, 1,500만원~5,000만원까지는 50%, 5,000만원 초과분은 30%)

③ 공제한도액 : 당해 과세연도 종합소득금액의 50%

(다) 신용카드 등 사용금액 소득공제(조특법§126의2)

① 공제대상

근로소득이 있는 거주자(일용근로자 제외)가 법인 또는 개인사업자(외국법인, 비거주자의 국내사업장 포함)로부터 재화나 용역을 제공받고 신용카드 등을 사용한 경우 아래의 공제액을 근로소득금액에서 공제함

② 소득공제 금액

㉮ 신용카드 등 사용금액의 구분

㉠ 전통시장 사용분 : 전통시장과 전통시장 구역 안의 법인 또는 사업자(준대규모

점포 제외)로부터 재화, 용역을 제공받은 대가를 신용카드, 현금영수증, 직불카드, 기명식선불카드 등을 사용하여 지급한 금액

㉡ 직불카드 사용분 : 직불카드, 기명식선불카드, 직불전자지급수단, 기명식선불전자지급수단, 기명식전자화폐를 사용하여 그 대가로 지급하는 금액으로 전통시장 사용분에 포함된 금액은 제외한 금액

㉢ 신용카드 사용분 : 신용카드를 사용하여 그 대가로 지급하는 금액, 현금영수증에 기재된 금액, 학원수강료 지로납부액의 합계액으로 전통시장사용분에 포함된 금액은 제외한 금액

㉣ 대중교통 이용분 : 대중교통수단을 이용한 대가를 신용카드 등으로 사용한 금액의 합계

㉯ 소득공제금액의 계산((①+②+③+④+⑤-⑥+⑦)에 해당하는 금액

① 신용카드사용분(신용카드 등 사용금액 합계액-대중교통이용분-전통시장사용분-총급여 7천만원 이하자의 도서·공연등 사용분-현금영수증, 직불·선불카드사용분) × 15%

② 현금영수증, 직불·선불카드사용분(대중교통이용분, 전통시장사용분, 총급여 7천만원 이하자의 도서·공연 등 사용분에 포함된 금액 제외) × 30%

③ 총급여 7천만원 이하자의 도서·공연 등 사용분(신용카드·현금영수증·직불카드·선불카드) × 30%

④ 전통시장사용분(신용카드·현금영수증·직불카드·선불카드) × 40%

⑤ 대중교통이용분(신용카드·현금영수증·직불카드·선불카드) × 40%

⑥ 다음의 어느 하나에 해당하는 금액

- 최저사용금액(총급여액의 25%) ≤ 신용카드사용분 인 경우 : 최저사용금액 × 15%
- 신용카드사용분 < 최저사용금액(총급여액의 25%) ≤ 신용카드+현금영수증 + 직불·선불카드 + 총급여 7천만원 이하자의 도서·공연 등 사용분
: 신용카드사용분 × 15% + (최저사용금액 - 신용카드사용분) × 30%
- 신용카드+현금영수증+직불·선불카드+총급여 7천만원 이하자의 도서·공연 등 사용분 < 최저사용금액(총급여액의 25%) ≤신용카드+현금영수증+직불·선불카드+총급여 7천만원 이하자의 도서·공연 등 사용분+전통시장 사용분+대중교통 사용분
: 신용카드사용분×15%+(현금영수증+직불·선불카드+총급여 7천만원 이하자의 도서·공연등 사용분) × 30% + (최저사용금액-신용카드사용분-현금영수증-직불·선불카드-총급여 7천만원이하자의 도서·공연등 사용분) × 40%

⑦ 공제한도 초과금액과 아래 금액의 합계액 중 작거나 같은 금액을 추가공제
- 전통시장사용분에 공제율, 대중교통이용분에 공제율, 도서・공연 등 사용분에 공제율을 곱한 금액의 합계액 중 작거나 같은 금액(연간 300만원 한도, 총급여 7천만원초과자는 200만원)

③ 공제대상 신용카드 등 사용기간 : 당해연도 1월~12월

④ 공제대상카드 사용자
㉮ 본인
㉯ 배우자로서 연간소득금액의 합계액이 100만원 이하인 자
㉰ 생계를 같이하는 직계존비속(배우자의 직계존속, 동거입양자 포함)으로서 연간소득금액의 합계액이 100만원 이하인 자
- 거주자・직계비속이 아닌 동거가족이 취학, 질병의 요양, 근무상 또는 사업상의 형편으로 본래의 주소 또는 거소에서 일시퇴거한 경우에도 생계를 같이하는 가족으로 본다.
- 주거 형편에 따라 별거하고 있는 경우, 그 직계존속은 생계를 같이하는 가족으로 본다.

⑤ 공제대상 신용카드 사용액
- 신용카드・직불카드 또는 기명식 선불카드 사용액. 단. 외국에서 발행한 신용카드의 사용액은 제외
- 「전자금융거래법」에 따른 직불전자지급수단, 기명식선불전자지급수단, 기명식전자화폐사용금액
- 현금영수증에 기재된 금액
- 「학원의설립・운영및과외교습에관한법률」에 의한 학원의 수강료 등을 지로로 납부한 금액

⑥ 공제대상에서 제외되는 카드사용액
㉮ 사업소득과 관련된 비용 또는 사업주(법인 포함)의 사업관련비용으로 처리된 금액
㉯ 국외에서 사용한 금액
㉰ 특별소득・세액공제대상이 되는 보험료(공제료), 교육비의 카드사용액
㉱ 국세, 지방세, 전기료, 수도료, 가스료, 아파트관리비, 전화료(정보사용료・인터넷이용료 등 포함), TV시청료(유선방송 이용료 포함) 및 고속도로 통행료
㉲ 상품권 등 유가증권 구입비, 리스료(자동차대여료 포함) 등

다. 기본세율 및 산출세액의 계산(소법§55)

근로소득과세표준에 「소득세법」 제55조 제1항의 규정에 의한 기본세율을 곱하여 근로소득산출세액을 계산한다.

근로소득과세표준 × 기본세율 = 근로소득산출세액

* 근로소득과세표준 = 총급여액(비과세소득 제외) - 근로소득공제 - 종합소득공제(기본공제, 추가공제, 연금보험료공제, 주택자금 등 특별소득공제) - 신용카드 등 사용금액 공제 등 「조세특례제한법」상 소득공제

【종합소득(근로소득) · 퇴직소득 기본세율】

과 세 표 준	세 율
1천200만원 이하	6%
1천200만원 초과~4천600만원 이하	72만원 + 1천200만원초과 금액의 15%
4천600만원 초과~8천800만원 이하	582만원 + 4천600만원초과 금액의 24%
8천800만원 초과~1억5천만원 이하	1,590만원 + 8천800만원초과 금액의 35%
1억5천만원 초과~3억원 이하	3,760만원 + 1억5천만원 초과금액의 38%
3억원 초과~5억원 이하	9,460만원 + 3억원 초과금액의 40%
5억원 초과~10억원 이하	17,460만원 + 5억원 초과금액의 42%
10억원 초과	38,460만원 + 10억원 초과금액의 45%

*** (예) 과세표준 4억의 경우 소득세 산출세액 : 9,460만원+(4억-3억)X40%=13,460만원**

☑ 물가연동세율(Inflation-Indexed Tax Rate)

누진세율로 인해 물가가 상승하면 실질 세부담이 증가하게 되므로, 이를 완화하기 위해 물가상승률을 반영하여 과세기준을 조정하는 방식을 물가연동세율이라고 한다. 실제로 미국은 소득세 과세표준 구간을 매년 물가(소비자물가지수, CPI)에 연동하여 조정하고 있다. 물가연동제를 도입하면 물가 상승으로 인해 납세자의 실질 세부담이 비정상적으로 커지는 것을 방지할 수 있다. 그러나 정부 입장에서는 인플레이션을 이용한 추가 세수 확보가 어려워질 수 있어 재정수입이 감소할 가능성이 있으며, 이로 인해 도입에 대한 논란이 계속되고 있다.

라. 세액공제

(1) 근로소득세액공제(소법§59)

① 공제대상자 : 모든 근로소득자(비거주자 포함)로 한다.

② 세액공제액 : 근로소득산출세액에 대하여 다음의 금액을 공제한다.

근로소득산출세액	공 제 액
130만원 이하	산출세액 × 55%
130만원 초과	715천원 + (130만원을 초과하는 금액 × 30%)

단, 근로소득세액공제 한도는 다음과 같다.

총급여액	한 도
3,300만원 이하	74만원
3,300만원 초과 7,000만원 이하	Max{74만원-[(총급여액-3,300만원)×8/1,000], 66만원}
7,000만원 초과	Max{66만원-[(총급여액-7,000만원)×1/2], 50만원}

※ 근로소득산출세액 = 종합소득산출세액 × (근로소득금액/종합소득금액)

(2) 자녀세액공제(소법§59의2)

① 세액공제액 : 기본공제대상자에 해당하는 자녀(입양자, 위탁아동 포함)에 대하여 다음의 금액을 종합소득산출세액에서 공제한다.

기본공제대상 자녀수	공 제 액
2명 이하	1명당 연 15만원
3명 이상	연 35만원 + (2명 초과 자녀수 × 1명당 30만원)

② 6세 이하의 공제대상자녀 : 6세 이하의 공제대상자녀가 2명 이상인 경우 1명을 초과하는 1명당 연 30만원을 종합소득산출세액에서 공제한다.

③ 출생하거나 입양 신고한 공제대상자녀 : 해당 과세기간에 출생하거나 입양 신고한 공제대상자녀가 있는 경우 첫째 연 30만원, 둘째출생·입양시 50만원, 셋째 이상 출생·입양시 70만원을 세액공제한다.

(3) 연금계좌 세액공제(소법§59의3)

① 공제대상자(비거주자 제외)
거주자 본인명의로 연금저축금액을 불입한 자 및 퇴직연금에 가입한 후 계약조건에 따라 본인 부담금을 납부한 자

② 연금저축의 범위
저축불입계약기간 만료후 연금의 형태로 지급받는 저축으로서 일정 요건을 갖춘 저축

③ 퇴직연금부담금의 범위
「근로자퇴직급여보장법」에 따라 근로자가 부담하는 부담금

④ 세액공제액
㉮ 세액공제 대상 및 세액공제액

세액공제 대상	세액공제액
총급여액 5,500만원 이하(근로소득만 있는 경우) 또는 종합소득금액 4천만원 이하	납입액×15%
총급여액 5,500만원 초과	납입액×12%

다만, 거주자가 당해연도에 연금저축(2001.1.1. 이후 가입분)으로 불입한 금액이 연 400만원을 초과하는 경우에는 그 초과하는 금액은 없는 것으로 하고, 연금저축계좌에 납입한 금액 중 400만원 이내의 금액과 **퇴직연금계좌에 납입한 금액을 합한 금액이 연 700만원을 초과하는 경우**에는 그 초과하는 금액은 없는 것으로 한다.

㉯ 공제대상한도 : 400만원(단, 총급 1.2억원 또는 종합소득금액 1억원 초과자 300만원)

⑤ 연금저축의 과세
㉮ 저축계약내용에 따라 연금을 지급받는 경우에는 연금소득으로 과세한다.
○ 과세대상 연금소득 : 연금수령액 × {1-(실제 공제 받은 금액을 초과하여 불입한 금액의 누계액/연금지급개시일 현재 원리금합계액)}
- 연금저축의 운용실적에 따라 추가로 지급받는 금액(이자 등)은 '연금수령액'에 포함
- 불입액 중 실제 공제받은 금액을 초과하여 공제를 받지 못한 부분은 연금소득 계산에서 제외

㉯ 불입계약기간만료 전에 해지하거나 만료 후 연금 외의 형태로 지급받는 경우에는 기타소득으로 과세한다.
○ 과세대상 기타소득 : 해지 또는 연금 외의 형태로 지급받는 금액 × {1-[실제 공제 받은 금액을 초과하여 불입한 금액의 누계액/총지급액(만료전 해지시) 또는

총지급예상액(만료후 연금외의 형태로 받는 경우)]}

※ 과세대상 기타소득은 당해 계약의 해지로 인하여 연금저축의 가입자가 지급받는 환급금을 한도로 한다.

㉰ 해지가산세 추징

연금저축가입자가 저축가입일부터 5년 이내에 저축계약을 해지하는 경우에는 다음 금액을 해지가산세(근로소득)로 연금저축취급기관이 당해 저축금액에서 추징한다.

- 해지가산세액 : 매년불입금액(400만원 한도)의 누계액 × 2%

※ 불입액한도 400만원은 '11.1.1 이후 최초로 불입하는 분부터 적용하며, '10.12.31 이전 불입분은 300만원 한도를 적용함

(4) 특별세액공제(소법§59의4)

(가) 보험료 세액공제(소법§59의4①)

1) 공제대상

① 기본공제대상자를 피보험자로 하는 보험 중 만기에 환급되는 금액이 납입보험료를 초과하지 아니하는 것으로서 보험자에게 지급하는 보험료

② 기본공제대상자 중 장애인을 피보험자 또는 수익자로 하고 만기에 환급되는 금액이 납입보험료를 초과하지 아니하는 보험(만기에 환급되는 금액이 납입보험료를 초과하지 아니한 것에 한함)으로서 보험자에게 지급하는 보험료(장애인전용보장성보험)

2) 세액공제액

[보장성보험료(연간 100만원 한도)×12%]+[장애인전용보장성보험료(연간 100만원 한도)×15%]

중복배제 : 장애인전용보장성보험의 계약자에 대하여 보장성보험료공제와 장애인전용보장성 보험료공제가 동시에 해당되는 경우에는 그 중 하나만을 선택하여 적용함

3) 공제대상 보험의 종류(소령§118의4)

① 생명보험

② 상해보험

③ 화재·도난 기타의 손해를 담보하는 가계에 관한 손해보험

④ 「농·수·신협법」 또는 「새마을금고법」에 의한 공제(손해공제 포함)

⑤ 「군인공제회법」·「한국교원공제회법」·「대한지방행정공제회법」·「경찰공제회법」 및 「대한소방공제회법」에 의한 공제

4) 제출서류

보험계약 또는 보험료납입영수증에 보험료 공제대상·장애인전용보험임이 표시된 보험료납입증명서

(나) 의료비 세액공제(소법§59의4②)

1) 의료비의 범위(소령§118의5)

기본공제대상자(연령·소득금액 제한 없음)를 위하여 근로자가 당해연도 1월부터 12월까지 직접 부담하는 의료비

① 진찰·진료·질병예방을 위하여 「의료법」 제3조의 규정에 의한 의료기관에 지급하는 비용

② 치료·요양을 위하여 「약사법」 제2조의 규정에 의한 의약품(한약 포함) 구입하고 지급하는 비용

③ 장애인 보장구(「조세특례제한법시행령」 제105조의 규정에 의한 보장구) 및 의사·치과의사·한의사 등의 처방에 따라 의료기기(「의료기기법」 제2조 제1항의 규정에 의한 의료기기)를 직접 구입 또는 임차하기 위하여 지출한 비용

④ 시력 보정용 안경 또는 콘택트렌즈 구입비로 기본공제대상자 1인당 50만원 이내

⑤ 보청기 구입을 위하여 지출한 비용

⑥ 「노인장기요양보험법」에 따라 지출한 본인부담금

※ 미용·성형수술을 위한 비용 및 건강증진을 위한 의약품 구입비용은 공제대상 제외

⑦ 산후조리원 비용

- 대상 : 총급여 7천만원이하 근로자, 사업소득금액 6천만원이하 성실사업자 및 성실신고확인 대상자
- 한도 : 200만원

2) 의료비 세액공제액 : ① + ② + ③

① 공제대상 난임시술비 × 30%

② 공제대상 미숙아 및 선천성이상아 의료비 × 20%

③ (공제대상 본인 등 의료비+공제대상 기타의료비) × 15%

3) 세액공제대상 의료비 한도액 : 다음 ①항과 ②항의 금액을 합산한 금액

① 당해 거주자·과세기간 종료일 현재 65세 이상인자 및 장애인을 위하여 지급한 의료비. 난임부부의 체외수정비 등 난임수술비(체내·체외인공수정을 포함한 보조생식술 비용)

② ①항의 대상자를 제외한 기본공제대상자를 위하여 지급한 의료비로서 총급여액의 3%를 초과하는 금액. 다만, 당해 금액이 연 700만원을 초과하는 경우에는 연 700만원으로 한다.

4) 의료비공제를 위한 증빙서류(소칙§58)

① 의료기관 또는 약국에 지급한 의료비 : 국민건강보험요양급여의기준에관한규칙 제7조의 규정에 의한 영수증

② 안경 또는 콘택트렌즈 구입비용 : 사용자의 성명 및 시력교정용임을 안경사가 확인한 영수증

③ 보청기 또는 장애인보장구 구입비용 : 사용자의 성명을 판매자가 확인한 영수증

④ 의료장비 임차·구입시 의료비 증빙서류 : 의사의 처방전(환자명, 의료장비명 명시), 임차·구입 영수증

☑ 의료비공제 유의사항

- ○ 사내근로복지기금으로부터 지급받은 의료비는 공제대상 의료비에 포함되지 않음
- ○ 근로자가 당해연도에 지급한 의료비 중 근로자가 가입한 상해보험 등에 의하여 보험회사에서 수령한 보험금으로 지급한 의료비는 공제대상에 해당하지 않음
- ○ 실제 부양하지 아니하는 직계존속이나 생계를 같이하지 아니하는 형제자매를 위해 지출한 의료비는 공제대상 아님

(다) 교육비 세액공제(소법§59의4③)

1) 공제대상 교육비

근로자가 본인 또는 기본공제대상자(연령제한 없음. 장애인 특수교육비 적용대상 장애인인 경우 소득금액 제한도 없음)인 배우자·직계비속·형제자매·입양자 및 위탁아동을 위하여 지급한 수업료·입학금·보육비용·수강료, 학자금 대출의 원리금 상환 및 그 밖의 공납금(방과후 학교수강료, 급식비, 학교에서 구입한 교과서대금, 1인당 50만원 한도의 교복구입비포함)

- 「평생교육법」에 따른 원격대학형태의 평생교육시설에 대해서는 과세기간 종료일 현재 18세 미만인 사람만 해당

다만, 소득세 또는 증여세가 비과세되는 다음의 장학금 또는 학자금 등을 받은 경우에는 당해금액을 차감한 금액을 공제액으로 함

① 「사내근로복지기금법」에 의한 사내근로복지기금으로부터 받은 장학금 등

② 재학중인 학교로부터 받은 장학금 등

③ 근로자인 학생이 직장으로부터 받은 장학금 등

④ 국외근무공무원에게 지급되는 자녀 등에 대한 장학금 등

⑤ 그 밖에 각종 단체로부터 받은 장학금 등

2) 공제대상 교육기관

① 「유아교육법」, 「초·중등교육법」, 「고등교육법」 및 특별법에 따른 학교

② 국외에 소재하는 교육기관으로서 우리나라의 「유아교육법」에 의한 유치원, 「초·중등교육법」 또는 「고등교육법」에 의한 학교에 해당하는 것
③ 초등학교 취학전 아동을 위한 「영유아보육법」에 따른 어린이집
④ 「사회복지사업법」에 의한 사회복지시설 및 「민법」에 의하여 설립된 비영리법인으로서 보건복지부장관이 장애인재활교육을 실시하는 기관으로 인정한 법인과 이와 유사한 것으로서 외국에 있는 시설 또는 법인(장애인 특수교육비 대상 교육기관)
⑤ 「근로자직업훈련촉진법」 제2조의 규정에 의한 직업능력개발훈련 시설 등

3) 세액공제액
세액공제대상 교육비 × 15%

4) 세액공제대상 교육비 한도
① 근로자 본인 : 전액
○ 이 경우 대학(원격대학 및 학위취득과정을 포함) 또는 대학원의 1학기 이상에 상당하는 교육과정과 「고등교육법」 제36조에 따른 시간제 과정에 등록하여 지급하는 수업료 등을 포함
② 부양가족(대학원생 제외)
㉮ 유치원아·보육시설의 영유아 또는 취학전아동 : 1인당 연 300만원
㉯ 초·중·고등학생 : 1인당 연 300만원(체험학습비 포함, 학생 1인당 연 30만원)
㉰ 대학생 : 1인당 연 900만원
㉱ 장애인 재활교육을 위한 특수교육비 : 전액

☑ 교육비 공제 유의사항

- 초등학교에서 실시하는 방과 후 과정의 일환으로 교육과학기술부장관 고시에 의해 실시하고 있는 돌봄교실 수강료는 교육비 공제대상임(서면법규-933, 2013.08.29.)
- 대학교에 납부하는 석사·박사 학위논문 심사료는 교육비공제 대상 교육비에 해당하지 않는 것임(서면법규-1267, 2013.11.19.)
- 해당 과세기간에 재학중인 대학으로부터 지급받은 미입사 기간의 기숙사비 상당액의 장학금은 「소득세법」 제59조의4 제3항의 교육비세액공제 대상에 해당하는 아니함(사전-2020-법령해석소득-0812, 2020.11.23.)

(라) 기부금 세액공제(소법§59의4④)

① 공제대상자
거주자(배우자 포함)와 생계를 같이하는 부양가족이 당해연도에 특정의 기부금을 지출한 때에는 기부금공제를 받을 수 있다. 다만, 사업소득금액을 계산할 때 필요경비

에 산입한 기부금은 기부금대상에서 제외한다.
※다른 거주자의 기본공제를 적용받는 사람은 제외

② 세액공제액

기부금의 15%(1천만원 초과분 30%, 3천만원 초과분 40%)은 해당 과세기간의 합산과세되는 종합소득산출세액에서 공제한다. 단, 정치자금기부금의 경우 10만원 이하분은 해당 과세기간에 지급한 기부금의 100/110에 해당하는 금액을, 10만원 초과분은 15%, 3천만원 초과분은 25%를 해당 과세기간의 합산과세되는 종합소득산출세액에서 공제하고, 고향사랑기부금의 경우 10만원 이하분은 해당 과세기간에 지급한 기부금의 100/110에 해당하는 금액을, 10만원 초과분은 15/100에 해당하는 금액을 공제한다.

☑ 고향사랑기부금

기부자의 주민등록상 주소지의 자치단체에 제외한 모든 지자체에 기부할 수 있는 제도로 기부금세액공제 뿐만 아니라 지역 답례품을 받을 수 있다.

③ 세액공제대상 기부금

구 분	세액공제대상 기부금
정치자금기부금	Min[정치자금기부금(단, 10만원 초과분이 있는 경우 초과분, 종합소득금액]
법정기부금	Min[법정기부금 해당액, 종합소득금액-정치자금기부금]
우리사주조합기부금	Min[우리사주조합기부금 해당액, (종합소득금액-정치자금기부금 · 법정기부금 공제액)×30%]
지정기부금	Min[지정기부금 해당액, 한도액*] * 한도액 가. 종교단체기부금이 있는 경우 소득금액**×10%+Min[소득금액×20%, 종교단체 외 지정기부금] 나. 종교단체기부금이 없는 경우 소득금액**×30% ** 소득금액 : 종합소득금액 - 정치자금 · 법정 · 우리사주조합기부금 공제액

④ 기부금품의 평가

기부금을 금전으로 지급한 경우에는 그 지급액이며 기부금을 물품으로 지급한 경우에는

㉮ 물품을 매입하여 지급한 경우에는 그 매입가액
㉯ 물품급여를 지급받아 기부한 경우에는 급여액으로 평가한 때의 금액으로 한다.

⑤ 제출서류

기부금명세서(소칙 별지 제45호 서식) 및 기부금영수증(소칙 별지 제45호의2 서식), 특별재해(재난)지역자원봉사용역 등에 대한 기부금확인서(소칙 별지 제36호의2 서식)

⑥ 기부금명세서 전산제출 의무화(소령§118의7②)

원천징수의무자는 연말정산시 세액공제대상이 되는 기부금이 있는 근로자에 대하여는 근로소득 지급명세서를 제출하는 때에 당해 근로자의 기부금명세서가 전산처리된 테이프 또는 디스켓을 관할세무서장에게 제출하여야 한다.(단 2017년 귀속분부터 근로소득 지급명세서 제출시 기부금명세서가 자동으로 제출됨)

(마) 표준세액공제(소법§59의4⑨)

근로소득이 있는 거주자로서 원천징수의무자에게 특별소득공제, 특별세액공제 및 월세액 세액공제 신청을 하지 아니한 자에 대하여는 연 12만원(근로소득이 없는 거주자로서 종합소득이 있는 자에 대하여는 연 7만원)을 종합소득산출세액에서 공제한다. 다만, 해당 과세기간의 합산과세되는 종합소득산출세액이 공제액에 미달하는 경우에는 그 종합소득산출세액을 공제액으로 한다.

(5) 주택자금이자세액공제(조특법 부칙§12⑤)

(가) 공제요건(다음 ①,②,③요건 모두 갖추어야 함)

① 무주택세대주 또는 1주택만을 소유하는 세대주인 거주자일 것
- 무주택세대주 등의 해당여부는 미분양주택 취득시기를 기준으로 판단

② '95.11.1～'97.12.31까지 (구)｢조감법｣ 제67조의2의 규정에 의한 미분양주택을 취득할 것 ('97.12.31까지 매매계약을 체결하고 계약금을 납부한 경우 포함)
- 1주택만을 소유하는 세대주는 대체취득(미분양주택의 취득일부터 1년 이내에 종전주택을 양도하는 경우)에 한함

③ 당해 주택의 취득과 직접 관련한 '95.11.1이후 차입한 차입금에 대한 이자상환액일 것

(나) 세액공제액 : 주택자금차입금에 대한 이자상환액의 30%(근로소득산출세액 한도)

(6) 월세액 세액공제(조특법§95의2)

무주택 세대의 세대주로서 총급여액이 8천만원 이하인 근로소득이 있는 거주자가 국민주택규모의 주택 또는 기준시가 4억원 이하 주택을 임차하기 위하여 지급하는 월세액(연 1,000만원 한도)의 15%(17%)에 해당하는 금액을 해당 과세기간의 종합소득산출세액에서 공제한다.

① 공제대상자

과세기간 종료일 현재 주택을 소유하지 아니한 세대의 세대주(세대주가 월세액 세액공제, 주택마련저축, 주택임차차입금 원리금상환액 및 장기주택저당차입금 이자상환액 공제를 받지 아니한 경우에는 세대의 구성원을 말하며, 대통령령으로 정하는 외국인*을 포함한다)로서 해당 과세기간의 총급여액이 8천만원 이하인 근로자(해당 과세기간의 종합소득금액이 7천만원을 초과하는 사람은 제외)

② 세액공제액 공제율

○ 총급여액 5,500만원 초과 8천만원 이하자(종합소득금액 7천만원 이하자) : 15%

○ 총급여액 5,500만원 이하자(종합소득금액 4,500만원 이하 자) : 17%

③ 월세액 세액공제 요건

국민주택규모의 주택 또는 기준시가가 4억원 이하인 주택[임대차계약증서의 주소지와 주민등록표 등본의 주소지

④ 세액공제 대상금액 한도

해당 과세기간에 지급한 월세액이 1,000만원을 초과하는 경우에는 그 초과하는 금액은 없는 것으로 한다.

⑤ 공제증명서류

○ 근로자의 주민등록표등본

○ 임대차계약증서 사본, 계좌이체 영수증, 무통장입금증 등 주택 임대인에게 월세액을 지급하였음을 증명할 수 있는 서류

☞ **요약정리【 종합소득공제 체계 】**

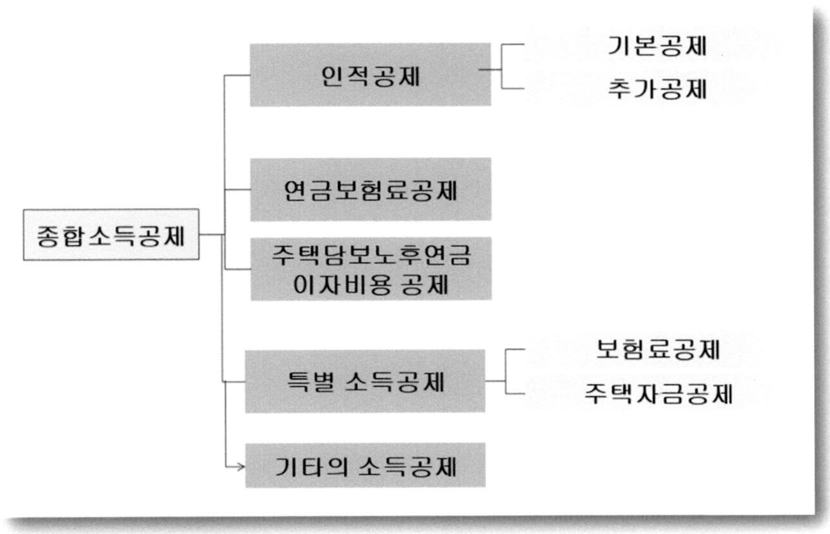

☞ **요약정리【 종합소득 납부세액 계산 체계 】**

1. 종합소득금액= 6가지 수입금액 – 각 필요경비 공제
2. 종합소득과세표준= 종합소득금액 – **종합소득공제**
3. 산출세액 = 종합소득과세표준 * 세율
4. 결정세액 = 산출세액 – 세액공제/감면세액
5. 납부할세액= 결정세액 - 기납부세액

제 7 절 퇴직소득 지급시 원천징수

1. 퇴직소득의 구분

퇴직소득은 당해연도에 발생한 다음 각 호의 소득으로 거주자·비거주자 또는 법인의 종업원이 현실적으로 퇴직함으로 인하여 받는 소득으로 한다.

오랜 재직기간에 걸쳐 누적적으로 발생된 소득을 퇴직하는 시점에서 한꺼번에 종합과세하게 되면 각 연도별로 계산하여 합계한 세액보다 부당하게 높아지는 모순을 해소하기 위하여 종합소득과 분류하여 과세하고 있다.

(1) 공적연금 관련법에 따라 받는 일시금

(2) 사용자 부담금을 기초로 하여 현실적인 퇴직을 원인으로 지급하는 소득

(3) 그 밖에 기타소득

① 공적연금 관련법에 따른 퇴직소득을 지급하는 자가 퇴직소득의 일부 또는 전부를 지연하여 지급하면서 지연지급에 대한 이자를 함께 지급하는 경우 해당 이자

② 「과학기술인공제회법」 제16조 제1항 제3호에 따라 지급받는 과학기술발전장려금

③ 「건설근로자의 고용개선 등에 관한 법률」 제14조에 따라 지급받는 퇴직공제금

* 명칭여하에 관계없이 퇴직을 원인으로 지급받는 대가는 원칙적으로 퇴직소득

2. 퇴직의 범위

퇴직소득은 근로자가 현실적으로 퇴직함으로 인하여 지급받는 소득에 한하므로, 세법상 현실적으로 퇴직한 것으로 보지 않는 근로자에 대하여는 비록 퇴직금 명목으로 지급한 금액이라 하더라도 이는 퇴직소득에 해당하는 것이 아니라 자금의 대여로 보아 국세청장이 고시하는 인정이자율로 계산한 금액을 근로소득으로 원천징수한다.

예를 들어 조합장 임기만료 전에 퇴직금을 미리 정산하여 지급하는 금액은 「근로기준법」 제34조 제3항의 규정이 적용되지 않아 현실적인 퇴직으로 볼 수 없으므로 퇴직소득으로 원천징수하지 아니하고 자금의 대여로 보아 인정이자를 계산(연말정산시 이자상당액을 근로소득에 합산)하여야 하며, 조합장 최종 퇴직 시 퇴직소득에 포함하여 원천징수하여야 한다.

가. 현실적인 퇴직으로 보는 경우(소기통 22-0…1, 소득세법 집행기준 22-43-1)

다음 각호의 1에 해당하는 사유로 퇴직급여지급규정·취업규칙 또는 노사합의에 의하여 퇴직금을 실제로 받는 경우에는 현실적으로 퇴직한 것으로 본다.

(1) 종업원이 임원이 된 경우

(2) 법인의 합병·분할 등 조직변경 또는 사업양도가 이루어진 경우

(3) 법인의 상근임원이 비상근임원이 된 경우

(4) 종업원이 「근로자퇴직급여보장법」 제8조 제2항에 따라 계속 근로한 기간에 대한 퇴직금을 미리 정산하여 받는 경우

(5) 법인의 임원이 정관 또는 정관에서 위임된 퇴직급여지급규정에 따라 무주택자의 주택구입 자금마련 등의 사유로 그 때까지의 퇴직금을 정산하여 받은 경우(중간정산시점부터 새로 근무연수를 기산하여 퇴직금을 계산하는 경우만 해당)

(6) 법인의 직영차량 운전기사가 법인소속 지입차량의 운전기사로 전직하는 경우

(7) 근로자가 사규 또는 근로계약에 의하여 정년퇴직을 한 후 다음날 해당 사용자의 별정직 사원(촉탁)으로 채용된 경우

(8) 합병으로 소멸하는 피합병법인의 임원이 퇴직급여지급규정에 따라 퇴직급여를 실제로 지급받고 합병법인의 임원이 된 경우

나. 현실적인 퇴직으로 보지 아니하는 경우

(1) 임원이 연임된 경우

(2) 법인의 대주주 변동으로 인하여 계산의 편의, 기타 사유로 전근로자에게 퇴직금을 지급한 경우

(3) 기업의 제도, 기타 사정 등을 이유로 퇴직금을 1년 기준으로 매년 지급하는 경우(위 가.(4) 제외)

(4) 비거주자의 국내사업장 또는 외국법인의 국내지점의 근로자가 본점(본국)으로 전출하는 경우

(5) 정부 또는 산업은행 관리기업체가 민영화됨에 따라 전 근로자의 사표를 일단 수리한 후 재 채용한 경우

(6) 근로자가 한 사업장에서 다른 사업장으로 전출하는 경우

(7) 법인이 「근로자퇴직급여보장법」 제8조 제2항에 따라 사용인의 퇴직금을 사업연도 종료일을 기준을 중간정산하기로 하였으나 그 지급시기와 방법이 구체적으로 확정되지 아니하여 해당 퇴직금을 실제로 지급하지 않은 경우

3. 퇴직소득 원천징수방법

가. 퇴직소득세액의 계산구조

퇴직소득금액	→	퇴직급여금	○ 2016년 이후 퇴직소득(비과세 소득제외)

(−)

퇴직소득 공 제	→	① 근속연수 공제	다. 퇴직소득공제 참조	
	→	② 환산급여액에 따른 공제	○ 환산급여액 = $\frac{\text{(퇴직소득금액-근속연수에 따른 공제)}}{\text{근속연수}} \times 12$	
			○ 환산급여액에 따른 공제액	
			환산급여액	**공제액**
			800만원 이하	환산급여액의 100%
			800만원 초과~7,000만원 이하	800만원+(800만원 초과분×60%)
			7,000만원 초과~1억원 이하	4,520만원+(7,000만원 초과분×55%)
			1억원 초과~3억원 이하	6,170만원+(1억원 초과분×45%)
			3억원 초과	1억5,170만원+(3억원 초과분×35%)

(=)

퇴직소득과세표준	→	(퇴직소득금액-퇴직소득공제)

(=)

(=) 퇴직소득산출세액 (퇴직소득결정세액)	→	① 기본세율 적용 세액	= 과세표준×기본세율
			○ 1천200만원 이하 : 6% ○ 1천200만원 초과 4천600만원 이하 : 72만원+1천200만원 초과금액의 15% ○ 4천600만원 초과 8천800만원 이하 : 582만원+4천600만원 초과금액의 24% ○ 8천800만원 초과 : 1천590만원+8천800만원 초과금액의 35% ○ 1억5천만원 초과 : 3천760만원+1억5천만원 초과금액의 38%
	→	② 산출세액	= (기본세율 적용 세액)÷12×근속연수

나. 퇴직소득 귀속시기(소령§50)

퇴직소득의 귀속시기는 현실적으로 퇴직한 날이다. 다만, 「근로자퇴직급여보장법」 제8조 제2항에 의한 퇴직금 중간정산을 실시함에 따라 퇴직으로 보는 경우에는 중간정산퇴직금의 최초 지급약정일(지급약정일이 없는 경우에는 최초 지급일)이다.

예를 들어 중간정산 퇴직금을 별도의 지급약정일 없이 '14.12.31기준으로 하여 '15.1.31에 지급한 경우 퇴직금 귀속시기는 '15.1월이 되며, '15년 적용세법에 따라 원천징수하여야 한다.

다. 퇴직소득공제(소법§48)

퇴직소득이 있는 거주자에 대하여는 당해연도의 퇴직급여액에서 다음 각호의 금액을 순차로 공제한다. 이 경우 당해연도의 퇴직급여액이 퇴직소득공제액에 미달하는 경우에는 퇴직급여액을 퇴직소득공제액으로 한다.

(1) 2016.1.1. 이후 퇴직소득에 대한 퇴직소득공제 : 환산급여액에 따른 공제

(2) 근속연수공제

근 속 연 수	공 제 액
5년 이하	100만원 × 근속연수
5년 초과 10년 이하	500만원 + 200만원 × (근속연수 - 5년)
10년 초과 20년 이하	1,500만원 + 250만원 × (근속연수 - 10년)
20년 초과	4,000만원 + 300만원 × (근속연수 - 20년)

라. 퇴직소득 산출세액

① 과세표준 × 기본세율 = 기본세율 적용 세액

② (기본세율 적용 세액) ÷ 12 × 근속연수 = 퇴직소득산출세액

4. 퇴직소득의 원천징수시기 및 신고납부

퇴직소득의 원천징수시기는 퇴직소득을 실제로 지급하는 때이다. 다만, 사용주의 퇴직소득 지급이 지연되는 경우에는 실제로 퇴직소득을 지급하지 아니하였더라도 퇴직소득을 지급한 것으로 보고 그날(원천징수시기에 대한 특례일)에 원천징수를 하여야 하며, 원천징수한 소득세 및 지방소득세는 징수일이 속하는 달의 다음달 10일(공휴일인 경우는 그 익일)까지 관할세무서 및 시군구청에 신고하고, 국고대리점 및 시군금고로 납부하여야 한다.

CHAPTER

3 금융사업관련 세무실무

제 1 절 금융소득 종합과세와 이자소득 원천징수

제 2 절 비영리법인과의 예금거래시 원천징수

제 3 절 법인 이자소득 원천징수

제 4 절 연금소득 원천징수

제 1 절 금융소득 종합과세와 이자소득 원천징수

1. 이자소득 원천징수세율 및 과세방법(소법§129, 법법§73)

구 분		개 인					법인이자 소득세
		소득세	주민세	농특세	계	과세방법	
2013.1.1. 이후	일반세율	14%	1.4%	-	15.4%	-개인별 2,000만원 초과시 초과분만 다른 종합소득과 합산과세 -2,000만원 이하 분리과세	14%
	우대세율	9%	-	0.5%	9.5%		
	비 과 세	-	-	1.4%	1.4%		

2. 금융소득 비과세

다음과 같은 금융소득은 전액 비과세되어 원천징수 의무를 지지 않는다.

구 분	한 도	조 문
노인 장애인 등 비과세종합저축	5,000만원	조특법 제88조의2 1항
농·수·신협 등의 조합원·회원 등 예탁금*	3,000만원	조특법 제89조의3 1항
농·수·신협 등의 조합원·회원 등 출자금*	2,000만원	조특법 제88조의5
농어가목돈마련저축	240만원	조특법 제87조의2
ISA(종합자산관리계좌) 이자·배당	200만원 (또는 400만원)	조특법 제91조의18

* 2025년까지 비과세 적용

3. 금융소득 종합과세

현행 소득세법에서는 구체적으로 열거된 소득만을 과세하는 열거주의를 채택하면서 그 과세대상 소득을 이자소득, 배당소득, 사업소득, 근로소득, 연금소득, 기타소득, 퇴직소득, 양도소득으로 구분하고 있다(총 8개). 이 중 퇴직소득, 양도소득은 따로 구분하여 각각의 세율을 적용하여 과세되며(이를 분류과세라 함), 나머지 6가지의 소득은 전부 합산하여 합산한 금액에 대하여 별도의 누진세율이 적용된다. 이 6가지의 소득을 종합소득이라 하고 6가지의 소득을 합산하여 누진과세하는 것을 종합과세라 한다.

【 종합과세 대상 (종합소득금액) 】

수입금액	조정금액		소득금액	
이자수입		=	이자소득	연간 2,000만원 초과금액
배당수입	+ Gross Up	=	배당소득	
임금수입	- 근로소득공제	=	근로소득	
연금수입	- 연금소득공제	=	연금소득(연1,500만원 이하: 분리과세 가능)	
사업수입	- 필요경비	=	사업소득	
기타수입	- 필요경비	=	기타소득(연300만원 이하: 분리과세 가능)	
			합 계 (→ 종합소득금액)	

(1) 연간 2,000만원 초과 금융소득만 종합과세(소법§14)

개인별 금융소득이 연간 2,000만원 초과하는 경우 : 2,000만원까지는 분리과세로 납세의무가 종결되며, 2,000만원 초과금액만 금융소득 종합과세 대상에 포함됨

※ 무조건 분리과세되는 금융상품의 이자·배당소득 : 금융소득 종합과세 대상에서 제외

구 분	분리과세 대상	세 율
비실명금융소득(소법14조 3항)	실지명의가 확인되지 않은 금융소득	90%
법원보증금 이자(소법 129조2항)	법원보증금과 경락대금 이자	14%
ISA(종합자산관리계좌) 이자·배당 (조특법 91조18)	비과세 한도 초과 금액	9%
개인투자용국채의 이자소득 (조특법 91조의13)	만기일 10년 이상의 개인투자용국채를 매입하고 보유하는 국채 이자소득	14%

(2) 다른 소득과 금융소득을 합산(소법§14)

① 개인별 금융소득이 연간 2,000만원을 초과하는 경우 초과된 금융소득은 다른 종합과세 대상인 사업소득·근로소득·연금소득·기타소득과 합산하여 과세됨

② 퇴직소득·양도소득 등 분류과세 대상소득과는 합산되지 않음

(3) 비교과세(소법§62)

비교과세란 금융소득 종합과세시 산출세액이 원천징수세액보다 적어지는 것을 방지하기 위한 제도로서 금융소득이 2,000만원 초과시 종합소득산출세액은 다음 ①과 ②로 계산한 금액 중 큰 것으로 한다.

① (2,000만원 × 14%) + {(2,000만원초과 금융소득 + 다른 종합소득금액)×기본세율}

② (금융소득 × 적용세율[주]) + (다른 종합소득금액 × 기본세율)

- (주) 적용세율 : • 분리과세를 신청한 장기채권이자와 할인액 : 30%
  • 비영업대금의 이익 : 25%
  • 기타의 이자소득 및 배당금액 : 14%

구 분	원천징수당한 세액	종합소득 과세시
2,000만원 이하분	2,000만원×14% = 2,800,000원	2,000만원×14% = 2,800,000원
2,000만원 초과분	55,500,000원×14% = 7,770,000원	(1,500,000원 ⇒ 소득공제) 1,200만원× 6% = 720,000원 3,400만원×15% = 5,100,000원 800만원×24% = 1,920,000원 (소계 : 7,740,000원)
계	10,570,000	10,540,000

(주) 소득공제액 : 기본공제 1,500,000원 적용

4. 이자소득의 원천징수 시기(소법§130)

이자소득에 대한 원천징수시기는 당해 이자소득금액을 지급하는 때로 하며, 또한 이자소득을 실제 지급하지 않더라도 원천징수시기에 대한 특례에 해당하는 때에는 그 특례시기를 지급하는 때로 보아 원천징수하여야 한다.

제 2 절 비영리법인과의 예금거래시 원천징수

1. 원천징수 여부 구분

이자소득에 대하여는 영리법인뿐만 아니라 비영리법인에 대하여도 원천징수를 하여야 한다.

【법인별 원천징수 여부 구분】

구 분	예금이자	채권, 증권등 이자	비 고
국가, 지방자치단체	×	×	정부기금도 국가에 해당
금 융 기 관	×	×	
영 리 법 인	○	○	
비영리 법인	○	○	

※ 채권·증권 등 이자 : 채권·증권·무기명정기예금·CD·표지어음 등의 이익

다만, 비영리법인은 이자소득에 대한 법인세 납부를 원천징수로 납세의무를 종결하는 방법과 법인세 신고납부 방법 중 선택할 수 있는데, 비영리법인이 이자소득 해당액을 당해 비영리법인의 고유목적사업을 위한 준비금으로 계상한 후 법인세 신고납부 방법을 선택하는 경우에는 법인세 신고납부시 원천징수 당한 세액을 공제받거나 환급받게 된다.

2. 비영리법인과의 예금거래시 유의사항

가. 신규거래시

○ 비영리법인과의 예금거래시 과세코드를 정확히 입력하여야 한다.
- 개인과 법인에 대한 원천징수 세목이 서로 상이하고(소득세와 법인세), 원천징수세율도 각각 별도로 규정하고 있어 세율이 일치하지 않을 수 있음.

나. 원천징수영수증 교부

○ 법인에게 이자소득을 지급하고 원천징수한 경우는 법인세법상 원천징수영수증을 당해 법인에게 반드시 교부하여야 한다.(법법§74①)

○ 특히, 비영리법인이 법인세 신고납부방법에 의하여 원천징수 당한 법인세를 공제 또는 환급받고자 할 때에는 반드시 원천징수영수증에 의한 원천납부세액명세서를 제출하여야 한다.

제 3 절 법인 이자소득 원천징수

1. 법인에 대한 원천징수대상 소득의 종류

법인에게 지급하는 소득은 이자소득, 투자신탁의 이익에 대하여만 원천징수한다.

2. 원천징수세율

○ 이자소득・투자신탁의 이익 : 14%('05.1.1 이후 최초로 발생하여 지급하는 분부터는 적용, 종전 15%)

○ 비영업대금 이익 : 25%

3. 원천징수하지 않는 법인 이자소득(법법§73①, 법령§111①, ③)

다음에 해당하는 법인의 소득에 대하여는 법인세가 부과되지 아니하거나 면제된다.

○ 국가, 지방자치단체(시, 구, 읍, 면 등), 국・공립학교의 이자소득

○ 정부가 관리하는 기금 명의로 예치한 이자소득

- 정부가 관리하는 기금은 예산회계법상 국가 또는 지방자치단체의 직접 소유기금으로 보므로 당해 기금의 예금으로 인한 이자소득에 대하여는 원천징수하지 아니한다.

제 4 절 연금소득 원천징수

1. 연금소득의 종류(소법§20의3)

(1) 공적연금 : 「국민연금법」, 「공무원연금법」, 「군인연금법」, 「사립학교교직원연금법」, 「별정우체국법」에 의하여 지급받는 각종 연금

(2) 공적연금소득 외 연금소득 (일반적인 경우)
① 연금저축계좌　② 퇴직연금계좌

2. 연금소득 과세방법(소법§14③9)

가. 연금소득 과세 체계

(1) 공적연금 외 연금소득액이 1,200만원을 초과하는 경우
연금소득 지급시 원천징수 후, 다른 종합소득과 합산하여 종합과세

(2) 공적연금 외 연금소득액이 1,200만원 이하인 경우
원천징수로 납세의무를 종결하는 분리과세 방법과 종합과세 방법 중 선택 가능

【 연금소득 세액 산출 】

- ○ 연금소득 수입금액-비과세소득 = 총연금억
- ○ 총연금액 - 연금소득공제 = 연금소득금액
- ○ 연금소득금액 - 종합소득공제(기본공제, 추가공제) = 과세표준
- ○ 과세표준 × 적용세율 = 산출세액
- ○ 산출세액 - 기납부세액 = 추가징수(환급)세액

【 연금소득 공제 】(소법§47의2)

총 연 금 액	공 제 액
350만원 이하 350만원 초과 700만원 이하 700만원 초과 1,400만원 이하 1,400만원 초과	총연금액 350만원 + 350만원 초과금액의 40% 490만원 + 700만원 초과금액의 20% 630만원 + 1,400만원 초과금액의 10% ☞ **총 공제한도 : 900만원**

나. 연금소득 원천징수(공적연금 소득 외 소득)

(1) 원천징수의무자

거주자나 비거주자에게 연금소득을 지급하는 자는 소득세를 원천징수하여야 한다.(소법§127)

(2) 2015.1.1. 이후 지급분 기준 원천징수 세율(소법§129) : 3%~5%

① 연금소득자의 나이에 따른 다음의 세율

나 이	세 율
70세 미만 70세 이상 80세 미만 80세 이상	100분의 5 100분의 4 100분의 3

② 사망할 때까지 연금수령하는 종신계약에 따라 받는 연금소득 : 100분의 4

③ 과세이연된 퇴직소득을 연금수령하는 연금소득에 대해서는 연금외수령 원천징수세율의 100분의 70

부가가치세법 및 부동산 취득

PART Ⅱ

제 4 장　부가가치세법 개론

제 5 장　부동산 등의 취득 · 보유관련 세무

CHAPTER

4 부가가치세법 개론

제 1 절 법인의 부가가치세 과세범위

제 2 절 부가가치세 개요

제 3 절 부가가치세 과세표준의 계산

제 4 절 세금계산서 작성 · 발급

제 5 절 영세율 · 사후환급 기자재 관련 부가가치세

제 6 절 부가가치세 면세사업 관련 세무

제 7 절 식품가공사업 및 수출업무 관련 부가가치세

제 8 절 부가가치세 신고 · 납부

제 1 절 법인의 부가가치세 과세범위

1. 과세사업 · 면세사업 구분

가. 당연 과세부문

다음 사업부문에서 재화나 용역을 공급하는 경우에는 해당 법인의 고유목적사업 여부에 불구하고 부가가치세가 과세된다.

① 소매업 ② 음식점업 ③ 숙박업 ④ 욕탕업, 예식장업

⑤ 부동산임대업・중개업 및 부동산매매업 ⑥ 골프장・스키장 및 기타 운동시설 운영업

⑦ 수상오락서비스업 및 유원지・테마파크 운영업 ⑧ 주차장운영업 및 자동차견인업

⑨ 식품가공사업(「식품위생법시행령」에 의한 식품제조・가공업 및 식품첨가물제조업을 말함)

⑩ 인삼제조업(백삼제조업 제외) ⑪ 인삼・홍삼제품 제조업

⑫ 사료제조사업 및 사료포장재사업

⑬ 도축업(「농수산물유통 및 가격안정에 관한 법률」에 따른 수탁판매를 위한 도축업 제외)

⑭ 농업용자재제조업(농업용필름, 골판지포장상자, 폴리프로필렌포대, 종이포대제조업을 말함

⑮ 도매업(농산물수탁판매업 및 그 부수업무를 제외함 ⑯ **금융기관의 부수업무**

⑰ 조합원의 노동력 또는 농촌의 부존자원을 활용한 가공사업・관광사업 등 농외소득 증대사업 ⑱ 농촌형 주택보급 등 농촌주택사업 ⑲ **상품권 발행사업**

⑳ 보관사업(「농업・농촌 및 식품산업 기본법」에 따른 농업인과 「농업협동조합법」에 따른 조합・중앙회・조합원・준조합원에게 제공하는 보관사업, 「농수산물유통 및 가격안정에 관한 법률」 제13조 제4항에 따라 농림축산식품부장관의 위탁을 받아 수행하는 농산물 비축사업 및 같은법 제2조 제9호에 따른 중도매인에게 제공하는 보관사업은 제외)

㉑ 보호예수업무

【참고】 부가가치세가 과세되는 금융기관의 부수업무

㉠ 복권・입장권・상품권 등에 관한 대행용역
다만, 수익증권 등 금융업자의 금융상품판매대행용역, 유가증권의 명의개서대행용역, 수납・지급대행용역 및 국가・지방자치단체의 금고대행용역은 제외

ⓛ 지금형주화(금화 및 금화모양 메달)의 수탁판매, 금지금의 판매대행
ⓒ 은행업과 관련된 전산시스템 및 소프트웨어의 판매 또는 대여
ⓓ 신용정보 서비스
ⓜ 기업합병 및 매수(M&A)의 중개·주선 또는 대리
ⓑ 감가상각자산의 대여 용역

나. 당연 면세부문

「부가가치세법」 제26조에서 규정한 면세 재화 또는 용역의 공급 및 재화의 수입에 대하여는 해당 법인의 고유목적사업 여부에 불구하고 부가가치세가 면제된다.

(예 : 미가공식료품, 의료보건용역, 교육용역, 금융보험용역 등)

다. 선택적 과세부문

위 '당연 과세부문' 및 '당연 면세부문' 이외의 사업부문에서 재화나 용역을 공급할 경우에는 해당 사업이 해당 법인의 설립에 관한 법률상 고유목적사업에 해당할 경우에는 부가가치세가 면제되고, 고유목적사업에 해당하지 않은 경우에는 부가가치세가 과세된다.

2. 과세 · 면세사업별 업무처리 절차

가. 과세사업을 영위하는 경우

1) 사업자등록은 과세사업자로 등록하여야 한다.
   - 미등록시 매입세액 불공제 및 가산세 부과 대상이 된다.
2) 재화나 용역을 공급할 때는 세금계산서를 발급(단, 소매업 등 영수증 발급 사업을 영위하는 경우에는 영수증 발급 가능)하면서 부가가치세를 거래 징수하여야 한다.
3) 과세사업과 관련된 매입세액(토지, 기업업무추진비 관련분 등은 제외)은 매출세액에서 공제받을 수 있다.
4) 부가가치세 신고서를 제출하고 부가가치세를 납부(환급)하며, 매출·매입처별세금계산서합계표를 제출하여야 한다.
5) 수취한 계산서에 대하여 매입처별계산서합계표를 제출하여야 한다.

나. 면세사업을 영위하는 경우

1) 사업자등록은 면세사업자로 등록하여야 한다.
2) 재화나 용역을 공급할 때는 계산서를 발급한다.(단, 소매업 등 영수증 발급 사업을 영위하는 경우에는 영수증 발급 가능)
3) 거래상대방에게 지급한 매입세액은 환급받지 못하므로 취득재화의 매입원가 또는 지급비용에 포함하여 기표하여야 하며, 면세사업자는 부가가치세신고서를 제출하지 않으므로 납부 또는 환급세액이 발생하지 않음
4) 수취한 세금계산서에 대하여 매입처별세금계산서합계표를 제출하여야 한다.
5) 발급 또는 수취한 계산서에 대하여 매출·매입처별계산서합계표를 제출하여야 한다.

다. 과세사업과 면세사업을 겸영하는 경우 실무처리 사항

1) 사업자등록은 과세사업자로 등록하여야 한다.
2) 과세재화나 과세용역을 공급하는 사업부문(과세사업)에 대하여는 위 '가'항의 과세사업을 영위한 경우의 업무처리를 해야 하고, 면세재화나 면세용역을 공급하는 사업부문(면세사업)에 대하여는 위 '나'항의 면세사업을 영위한 경우의 업무처리를 하여야 한다.
3) 과세사업과 면세사업에 공통으로 사용하던 재화를 공급할 경우에는 직전 과세기간의 과세사업과 면세사업의 공급가액 비율(사용면적 비율에 따라 안분계산한 건물은 사용면적 비율)에 따라 안분계산한 후, 과세비율에 상당하는 금액은 과세로 공급하면서 세금계산서를 발급하고, 면세비율에 상당하는 금액은 면세로 공급하면서 계산서를 발급하여야 한다.
4) 과세사업뿐만 아니라 면세사업에도 함께 사용하기 위하여 취득한 재화나 용역에 부가가치세액(=공통매입세액)은 부가가치세 신고납부시 해당 과세기간의 과세사업과 면세사업의 공급가액 비율(신규 취득 건물은 사용면적 비율)에 따라 안분계산한 후, 면세공급가액 비율에 상당하는 금액은 '공제받지 못할 매입세액'으로 처리하고 과세공급가액 비율에 상당하는 금액은 공제받는 매입세액으로 처리하여야 한다.
5) 과세 재화·용역과 면세 재화·용역을 함께 공급하거나, 면세 농산물을 공급받아 의제매입세액을 공제받을 경우에는 과세되는 공급과 면세되는 공급 및 면세농산물 등을 공급받은 사실을 각각 구분하여 장부에 기록하여야 한다.(부법§71②)

제 2 절 부가가치세 개요

1. 부가가치세(V.A.T : Value Added Tax)란?

부가가치세는 재화나 용역이 생산되거나 유통되는 모든 거래단계에서 사업자가 창출하는 부가가치를 과세대상으로 하여 과세하는 조세이며, 부가가치세는 생산·유통의 각 단계별 사업자에게 납세의무를 지우고 있으나 실질 세부담은 최종소비자가 부담하는 조세로서(간접세), 사업자는 판매처 또는 소비자로부터 세액을 징수하여 납부하는 역할을 담당한다.

2. 부가가치세 계산 방식

부가가치세 계산 방식에는 가산법, 전단계거래액공제법 및 전단계세액공제법 3가지가 있으나, 현행 부가가치세법에서는 전단계세액공제법에 의하도록 하고 있다. 전단계세액공제법은 '매출시 징수한 세액'(매출세액)에서 '매입시 거래징수 당한 세액'(매입세액)을 공제하여 계산하는 방식이다.

☞ 부가가치세(납부세액) = 매출세액 - 매입세액(수취 세금계산서상 세액)

【 거래단계별 부가가치세 계산 방식 】

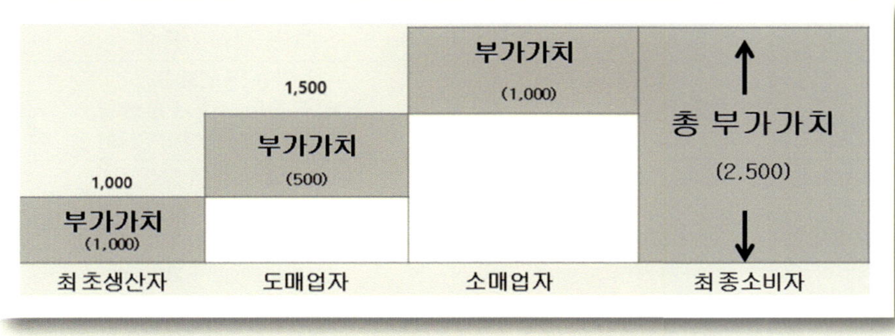

* 단계별 부가가치세 납부액

최초생산자 100 (1,000의 10%), 도매업자 50 (150-100), 소매업자 100 (250-150)

3. 부가가치세의 과세 유형

부가가치세에는 과세・면세제도뿐만 아니라 여타 세목에는 없는 영세율・사후환급제도가 있다. 면세제도는 특정한 재화나 용역의 공급 등에 대하여 해당 사업자가 창출한 부가가치에 대한 부가가치세의 납세의무를 면제함으로써 부가가치세를 거래징수하지 않되, 재화・용역을 공급받을 때 부담한 매입세액은 환급받지 못하는 제도인 반면, 영세율제도는 과세되는 재화・용역을 영(0)의 세율을 적용하여 공급하도록 함으로써 창출한 부가가치에 대한 부가가치세를 거래징수하지 않고 재화・용역을 공급받을 때 부담한 매입세액은 환급하여 주는 제도이다.

따라서 영세율제도는 전단계에서 이미 발생한 부가가치세까지 모두 환급하여 줌에 따라 완전 면세의 효과가 있으나, 면세제도는 재화나 용역을 공급받을 때 부담한 매입세액을 매출세액에서 공제받지 못하고 원가에 더하여 상대방에게 전가하게 되는 제도로서 자기단계에서 창출한 부가가치(마진)에 대한 부가가치세만 면제되는 부분적인 면세효과가 있다.

한편, 사후환급제도는 일단 최종소비자에게 이르기까지는 부가가치세 과세거래로 한 후, 농업인 등 최종소비자가 부담한 부가가치세를 사후에 환급하여 주는 것으로서, 그 효과면에서는 영세율제도와 동일하다.(부가가치세 완전 면세 효과)

【 영세율과 면세의 비교 】

구 분	영 세 율	면 세
취지	소비지국과세원칙의 구현	부가가치세의 역진성 완화
대상	수출하는재화 등 특정거래	기초생활 필수재화· 용역 등 특정 재화· 용역
면세 정도	완전면세제도 (영세율 적용단계 및 그 전단계의 부가가치 전체에 대하여 면제)	부분면세제도 (면세 적용단계에서 창출되는 부가가치에 대하여 면제)
과세표준 및 매출세액	과세표준에는 포함되나, 영의 세율이 적용되므로 거래징수할 매출세액은 없음	납세의무가 없으므로 과세표준에 포함되지 아니하며, 거래 징수할 매출세액도 없음
매입세액	매입세액이 전액 환급되어 최종 소비자에게 전가되지 않음	매입세액이 공제되지 아니하므로 재화의 공급가액에 포함되어 최종소비자에게 전가

≪ 부가가치세 과세, 영세율, 면세 거래흐름 예시≫

① 과세거래의 흐름

(단위 : 원)

구 분		제조업(과세)	도매업(과세)	소매업(과세)	소비자 부담액
공급가액	매입원가	100	110	120	143 (공급가액130 +부가세13)
	마 진	10	10	10	
	(계)	110	120	130	
매출부가세(a)		11	12	13	
매입부가세(b)		-	11	12	
납부세액(a-b)		11	1	1	

② 영세율거래의 흐름

(단위 : 원)

구 분		제조업(과세)	도매업(과세)	소매업(영세)	소비자 부담액
공급가액	매입원가	100	110	120	130 (공급가액130 +부가세0)
	마 진	10	10	10	
	(계)	110	120	130	
매출부가세(a)		11	12	-	
매입부가세(b)		-	11	12	
납부세액(a-b)		11	1	△12	

③ 면세거래의 흐름

(단위 : 원)

구 분		제조업(과세)	도매업(과세)	소매업(면세)	소비자 부담액
공급가액	매입원가	100	110	132	142 (공급가액130 +부가세12)
	마 진	10	10	10	
	(계)	110	120	142	
매출부가세(a)		11	12	-	
매입부가세(b)		-	11	-	
납부세액(a-b)		11	1	(신고없음)	

4. 부가가치세 과세대상(부법§4)

가. 과세대상

‘과세대상’이라 함은 조세법률관계의 성립에 필요한 물적요소로 과세의 목적물로 정하는 일정한 물건·행위 또는 사실 등을 말하는 것으로 ‘과세객체’ 또는 ‘과세물건’이라고도 한다. 부가가치세 과세대상은 재화 또는 용역이 아니라, 부가가치가 창출되는 유통적 상태, 즉 동적 형태로서의 ‘공급’이라는 거래와 ‘수입’이라는 거래를 그 대상으로 하고 있다.

부가가치세는 재화 또는 용역의 공급, 재화의 수입에 대하여 과세한다.

【과세대상의 종류】

1. **재화의 공급**
2. **용역의 공급**

→ 납세의무자인 사업자가 재화나 용역을 공급하는 경우에 과세!

3. **재화의 수입**
   - 구조 : 공급자(국외) ➪ 세관장 ➪ 수입자(공급 받는 자)
   - 징수 : 세관장이 국외의 공급자를 대신해서 부가가치세 징수
   - 과세여부 : 재화 수입자가 사업자인지 여부에 무관

나. 재화 및 용역의 범위

(1) 재화의 범위(부법§2, 부령§2①)

'**재화**'라 함은 **재산적 가치**가 있는 물건 및 권리를 말한다. 물건은 상품・제품・원료・기계・건물 등 모든 유체물 및 전기, 가스, 열 등 관리할 수 있는 자연력을 의미하며, 권리는 광업권, 특허권, 저작권 등 물건 외 재산적 가치가 있는 모든 것을 의미한다. 특히 전기・가스・열 등과 같은 에너지 관련 재화뿐만 아니라 영업권・공업소유권・특허권・광업권・어업권・지상권 등의 권리도 무체물의 범위에 포함시켜 과세대상인 재화로 하고 있다.

(2) 용역의 범위(부법§2, 부령§3①)

'용역'이라 함은 재화 외에 재산 가치가 있는 모든 역무와 그 밖의 행위로서 다음에 규정하는 사업에 해당하는 모든 **역무** 및 그 밖의 **행위**로 한다.

① 건설업, ② 숙박 및 음식점업, ③ 운수업, ④ 방송통신 및 정보서비스업, ⑤ 금융 및 보험업, ⑥ 부동산업 및 임대업(다만, 전・답・과수원・목장용지・임야 또는 염전임대업을 제외한다.), ⑦ 전문, 과학 및 기술서비스업, 사업시설관리 및 사업지원서비스업 등

(3) 부수재화 및 부수용역의 범위(부법§14)

주된 거래인 **재화의 공급에 필수적으로 부수**되는 재화 또는 용역의 공급은 **주된** 거래인 재화의 공급에 **포함**되고, 주된 거래인 **용역의 공급에 필수적으로 부수**되는 재화 또는 용역의 공급은 **주된** 거래인 용역의 공급에 **포함**되는 것으로 본다.

【 부수되는 재화나 용역에 대한 과세여부 】

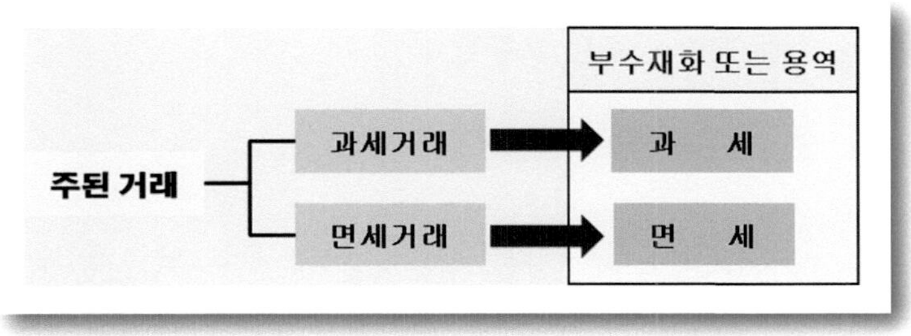

다. 재화의 수입(부법§13)

부가가치세법은 재화 또는 용역의 공급뿐만 아니라 수입되는 재화에 대하여도 과세대상으로 하고 있다. 이는 GATT의 **소비지국 과세원칙**에 따라 수입하는 재화에 대하여도 국내 생산 재화와 동일한 세부담이 되도록 하여 국내산업과 외국산업간의 경쟁상의 형평을 기하고자 한 것이다. 수입되는 재화의 공급자는 우리나라의 과세권이 미치지 아니하므로 세관장은 수입재화의 수입자가 사업자이거나 소비자인지를 구분하지 않고 관세 징수의 예에 따라 부가가치세를 징수한다.

5. 납세의무자(부법§3, 4)

가. 납세의무 성립요건

납세의무자란 '세법에 의하여 **국세를 납부할 의무가 있는 자**'를 말한다. 부가가치세의 납세의무자는 사업목적이 영리이든 비영리이든 관계없이 사업상 독립적으로 재화나 용역을 공급하는 자, 즉 **사업자**는 부가가치세를 납부할 의무가 있다. 부가가치세 납세의무는 ① **영리목적 유무**에 불구하고 ② **사업상**, 즉 사업과 관련하여 ③ **독립적**, 즉 다른 사람에게 종속되어 있지 아니하고 ④ 재화나 용역을 **공급**할 때 구체적으로 성립된다.

나. 납세의무자의 범위 및 구분

(1) 납세의무자의 범위

부가가치세의 납세의무자에는 **개인・법인**(여기에는 국가・지방자치단체 및 현행 민법상 법인격이 없는 사단, 재단, 기타단체도 포함된다. 예를 들면 종중, 학술단체 등을 들 수 있다.)과 법인격 없는 사단・재단 기타 단체를 포함한다.

(2) 납세의무자의 구분

사업상 독립적으로 부가가치세 과세대상인 재화 또는 용역을 공급하는 자(과세사업자)는 납세의무가 있으며, 부가가치세 면세 재화 또는 용역을 공급하는 자(면세사업자)는 납세의무가 없으며, 한 사업자가 과세사업과 면세사업을 결합하여 수행하는 경우에는 주된 산업에 의하여 하나의 사업으로 분류하는 것이 아니라 이를 각각 별개의 사업을 영위하는 것으로 보아 과세사업과 면세사업을 겸영하는 것으로 하고 있다.

【 사업자의 유형 】

(1) 면세사업자: 국내에서 생산된 농축산물 등을 공급하는 자 **(국민 기초생활 보장과 관련)** -> 계산서 발행 * **부가가치세 신고의무 면제**
(2) 과세사업자 **-간이과세사업자**: 연간 공급가액이 1억 400만원미만 **-일반과세사업자**: 연간공급가액이 1억 400만원 이상 (제조, 도매는 무조건 일반과세) **-영세율과세사업자**: 수출재화 등을 공급하는 일반과세사업자

(3) 납세의무 면제

전・답・과수원・목장용지・임야 또는 염전 임대업과 농가부업은 납세의무를 면제한다. (단, 민박・음식물 판매・특산물 제조・전통차 제조 및 그 밖에 이와 유사한 활동은 제외)

6. 사업장(부법§6②, 부령§8①)

'사업장'이라 함은 사업자 또는 그 사용인이 상시 주재하여 거래의 전부 또는 일부를 행하는 장소를 말한다.

- 상시주재란 사업활동을 하는 사회통념상 인정되는 시간에 사업자 또는 그 사용인이 동일한 장소에 상시 주재하는 것을 말한다.
- 거래라 함은 부가가치세가 과세되는 재화 또는 용역의 공급, 즉 과세거래를 말한다.

7. 사업자등록(부법§8)

'사업자등록'이란 부가가치세 납세의무자인 사업자의 사업에 관한 일련의 사항을 사업장관할 세무서의 공부에 등재하는 것을 말한다. 신규로 사업을 개시한 사업자는 사업장마다 법정기한 내에 사업자의 인적사항, 사업현황 등 사업내용의 주요사항을 적은 '사업자등록신청서'에 의해 사업장 관할 세무서장에게 등록하여야 한다.

둘 이상의 사업장이 있는 사업자는 사업자단위로 해당 사업자의 본점 또는 주사무소 관할 세무서장에게 등록할 수 있다. 사업자등록을 하지 않으면 미등록가산세가 부과될 뿐만 아니라, 매입세액도 공제받지 못하여 이중의 불이익을 받게 된다.

- 미등록가산세 : 공급가액의 1%(사업자등록 신청기한이 지난 후 1개월 이내에 신청하는 경우 해당 가산세의 50%를 감면한다)

가. 등록의 신청

부가가치세 과세사업자 중 사업자단위 과세사업자가 아닌 자는 사업장마다, 사업자단위 과세사업자는 해당 사업자의 본점 또는 주사무소에 대하여 사업개시일부터 20일 이내에 사업장 관할 세무서장에게 등록을 하여야 한다. 다만, 신규로 사업을 개시하고자 하는 자는 사업개시일 전이라도 등록할 수 있으며(부법§8①), 사업자 등록의 신청은 2010.7.1부터 전국 모든 세무서나 국세청 시스템을 통해 온라인으로 신청할 수 있다.(부령§11)

사업장별로 등록한 사업자가 사업자단위로 등록하려면 '사업자단위과세사업자'로 적용받으려는 **과세기간 개시 20일 전까지 등록**하여야 한다. 법인세법에 의한 사업자등록을 한 면세사업자가 추가로 과세사업을 영위하는 경우에는 『사업자등록정정신고서』를 제출하면 된다. 이 경우 부가가치세법상 과세업자로 사업자등록을 신청한 것으로 본다.

나. 사업 형태별 사업자등록

사업자등록 의무는 법인세법(소득세법)과 부가가치세법에서 각각 규정하고 있는데, 부가가치세법에 따라 사업자등록을 한 경우에는 법인세법(소득세법)에 의한 사업자등록 의무를 이행한 것으로 본다. 따라서 부가가치세 과세사업자는 부가가치세법에 의한 사업자등록을 해야 하고, 부가가치세 면세사업자는 부가가치세법에 의한 사업자등록 의무가 없기 때문에 법인세법에 의한 사업자등록을 해야 한다.

【 사업형태별사업자등록 】

구 분	사업자 등록	
	부가가치세법	소득세법 및 법인세법
부가가치세 과세사업자	○	×
과세・면세 겸영사업자	○	×
부가가치세 면세사업자	×	○

다. 등록신청 서류

사업자등록 신청시 제출할 서류는 다음과 같다.

① 사업자등록신청서(또는 정정신청서)

② 법인등기부등본(미등기 지점의 경우 본점 등기부등본)
- 본점 법인등기부에 등재되어 있지 않은 지점은 지점설치 사실을 확인할 수 있는 이사회 회의록 사본 등 첨부

③ 사업허가증 사본(식품가공사업 등 허가사업인 경우)
- 사업허가 전 등록시는 사업허가신청서 사본이나 사업계획서를 첨부

④ 임대차계약서 사본(사업장을 임차한 경우)

⑤ 상가건물을 임차한 경우 해당 부분의 도면(상가건물의 일부분 임차에 한함)

라. 공동사업장의 사업자등록

법인과 법인이 동업계약에 의하여 공동사업을 영위하는 경우 해당 공동사업과 관련된 사업자등록은 각 참여 법인과는 별개의 사업체로 하되, 그 인격에 따라 법인 또는 개인으로 사업자등록을 할 수 있다.(법인 46012-1578, 1995.6.9.) 그러나 공동사업체의 소득에 대한 세무처리 등을 감안할 때, 소득세법상의 공동사업자로 사업자등록을 하는 것이 유리하다. 공동사업체에서 발생한 수익과 비용은 동업계약에 의한 지분비율에 의하여 각 참여법인에 배분하게 되며, 각 참여조합은 이를 자체 수익·비용과 합산하여 법인세를 부담하게 된다.

따라서 공동사업체에 대한 사업자등록 신청시 공동사업자중 1인을 대표자로 하여 법인 명의로 신청하되, 사업자등록신청서(별지 제4호) 작성시 '공동사업자 명세'(별지 제4호 서식 부표1)에 공동사업자를 전부 기재하여 제출한다. 공동사업자가 사업자등록을 신청할 때에는 일반 사업자등록 신청서류 이외에 공동사업자별 지분, 손익분배의 비율, 대표자 기타 필요한 사항이 기재된 동업계약서도 함께 제출하여야 한다.

마. 사업자등록증의 발급(부령§11)

사업자가 신규 사업자등록을 신청하면 관할세무서장은 신청 후 3일(토요일, 공휴일, 근로자의날 제외)내에 사업자등록증을 발급한다. 다만, 필요하다고 인정한 경우에는 5일 이내에서 연장 발급할 수 있으며 등록신청의 내용을 보정할 필요가 있다고 인정되는 때에는 10일 이내의 기간(발급의무기간에서 제외)을 정하여 보정을 요구할 수 있다.

바. 사업자등록 사항의 변경(부령§14)

사업자는 다음과 같은 변동사항이 있는 경우 지체 없이 사업자의 인적사항, 사업자등록의 정정사항과 그 밖의 필요한 사항을 기재한 사업자등록정정신고서에 사업자등록증 및 임차한 상가건물의 해당 부분의 도면(제7호에 해당하는 경우로서 임대차의 목적물 또는 그 면적의 변경이 있거나 「상가건물 임대차보호법」 제2조 제1항에 따른 상가건물의 일부분을 새로 임차하는 경우에 한정한다)을 첨부하여 관할세무서장에게 제출하여야 한다. 다만, 제7호는 「상가건물 임대차보호법」 제2조 제1항에 따른 상가건물의 임차인이 사업자등록정정신고를 하고자 하는 경우, 임차인이 동법 제5조 제2항에 따른 확정일자를 신청하고자 하는 경우 및 확정일자를 받은 임차인에게 제8호의 변경 등이 있는 경우에 한정한다.

① 상호를 변경하는 경우
② 법인의 대표자를 변경하는 경우
③ 사업의 종류에 변경이 있는 경우
④ 사업장(사업자단위과세사업자의 경우는 사업자단위과세적용사업장)을 이전하는 경우(이전한 후의 사업장 관할세무서장에게 신고)
⑤ 상속으로 인하여 사업자의 명의가 변경되는 경우
⑥ 공동사업자의 구성원 또는 출자지분의 변경이 있는 경우
⑦ 임대인, 임대차목적물·그 면적, 보증금, 임차료 또는 임대차기간의 변경이 있거나 새로이 상가건물을 임차한 경우
⑧ 사업자단위과세사업자가 사업자단위과세적용사업장을 변경하는 경우
⑨ 사업자단위과세사업자가 종된 사업장을 신설하거나 이전하는 경우
⑩ 사업자단위과세사업자가 종된 사업장의 사업을 휴업하거나 폐업하는 경우
⑪ 통신판매업자가 사이버몰의 명칭 또는 「인터넷주소자원에 관한 법률」에 따른 인터넷 도메인이름을 변경하는 경우

사. 휴업·폐업신고(부령§13)

사업장을 휴업·폐업하거나 사업개시일 전에 등록한 후 사실상 사업을 개시하지 않게 되는 때에는 지체 없이 세무서장(관할 또는 그 밖의 모든 세무서장)에 휴업(폐업)신고를 하여야 하며, 법인사업자가 합병으로 소멸한 때에는 합병 후 존속 또는 설립된 법인은 폐업신고서 대신 '법인합병신고서'에 사업자등록증을 첨부하여 소멸한 법인의 관할세무서장에게 신고하여야 한다.

8. 납세지

가. 신고 · 납세지

'납세지'라 함은 납세의무자가 부가가치세의 납세의무를 이행하여야 하는 장소이며, 정부의 조세부과징수권이 행사되는 장소이다. 부가가치세는 사업장마다 신고 · 납부하도록 하고 있으므로(부법§6①), 각 사업장이 신고 · 납세지가 된다. 신고 · 납세지를 사업장 기준으로 하는 이유는 재화 또는 용역의 공급에 대하여 부가가치세를 과세하기 때문에 그 공급이 이루어지는 사업장의 관할 세무서장이 이를 관리하고 지도하기 적합하기 때문이다.

나. 주사업장 총괄납부(부법§51②)

2개 이상의 사업장을 가진 사업자가 정부에 신청하여 각 사업장의 납부세액 및 환급세액을 통산하여 주된 사업장에서 총괄하여 납부할 수 있다.(이를 '주사업장 총괄납부'라 한다)

- 총괄납부를 담당할 주사업장은 법인의 경우 본점이나 지점 중 선택 가능
- 주사업장 총괄납부는 특정 사업자에 속하는 전체사업장을 대상으로 함을 원칙으로 하나, 일부 사업장만의 총괄납부도 가능함

주사업장 총괄납부제도는 '납부'만 총괄하는 것이므로 기타의 의무는 각 사업장별로 하여야 한다. 부가가치세 신고나 세금계산서합계표 제출뿐만 아니라, 수정신고 · 경정청구 · 기한 후 신고 등도 그 원인이 발생한 각 사업장별로 하여야 한다. 주사업장 총괄납부를 신청한 사업자가 총괄납부를 하는 과세기간에 반출하는 자기의 사업장간의 재화의 거래에 대하여는 재화의 공급으로 보지 아니한다.

- 다만, 해당 사업자가 세금계산서를 발급하여 예정 · 확정신고를 관할세무서장에게 신고한 경우에는 정상적인 재화의 공급으로 본다.

≪총괄납부의 신청과 효력≫

- 총괄납부를 하고자 하는 경우에는 총괄납부 적용 과세기간의 개시 20일 전에 주된 사업장이 관할세무서장에 주사업장 총괄납부 승인신청서를 제출하여야 한다.
- 신규로 사업을 개시하는 자가 주된 사업장에서 총괄납부하고자 하는 경우에는 주된 사업장의 사업자등록증을 받은 날부터 20일 이내에 주사업장총괄납부승인신청서를 관할세무서장에게 제출해야 함
- 기존사업자가 총괄납부승인을 얻은 경우는 총괄납부승인서에 기재된 적용일자 이후 거래분부터 적용되고, 신규로 사업을 개시하는 자가 총괄납부승인을 얻은 경우에는 해당

승인을 얻는 날이 속하는 과세기간부터 적용됨
- 사업장이 하나인 사업장 단위 과세자가 신규사업장을 개설하는 경우에는 즉시 가능하며, 신청일이 속하는 과세기간부터 적용함

다. 사업자단위 과세제도

2 이상의 사업장이 있는 사업자가 '사업자단위 과세사업자'로 등록한 경우에는 그 사업자의 본점 또는 주사무소에서 총괄하여 신고·납부할 수 있다. 이 경우 그 사업자의 본점 또는 주사무소는 신고·납부와 관련하여 각 사업장으로 본다. 각 사업장별 신고·납부 제도를 적용하던 사업자가 사업자단위과세 제도를 적용받고자 할 경우에는 본점(주사무소) 이외 기존 사업장에 대한 사업자등록은 모두 말소하여야 한다.
- 사업자등록은 사업자당 1개(본점 또는 주사무소분)만 존재하게 됨

9. 과세기간(부법§5)

부가가치세 과세기간은 6월 단위로 하여 각각 1기와 2기로 구분(이를 '확정신고기간'이라 함)하되 이를 다시 3월 단위의 '예정신고기간'으로 정함에 따라, 사업자는 확정신고기간뿐만 아니라 예정신고기간에 대하여도 신고·납부 등을 하여야 한다.

【과세기간 흐름도】

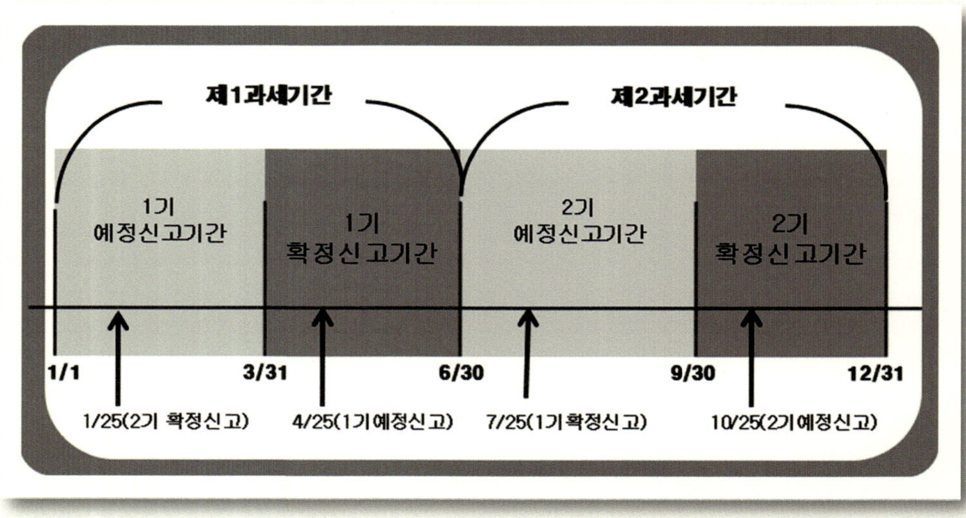

신규사업자는 사업개시일(사업개시일전 등록한 경우 등록일)부터 그날이 속하는 과세기간의 종료일까지를 과세기간으로 하여 해당 과세기간별로 신고·납부를 하며, 사업을 폐쇄하는 사업자는 폐업일이 속하는 과세기간의 개시일부터 폐업일까지를 과세기간으로 하여 폐업일이 속하는 달의 말일로부터 25일 이내에 부가가치세 신고·납부를 하여야 한다.

10. 과세대상 거래

가. 재화의 공급(부법§9,10 부령§18,19,20)

(1) 일반적 공급

'재화의 공급'이란 계약상 또는 법률상의 모든 원인에 의하여 재화를 인도 또는 양도하는 것을 말한다. 재화의 인도란 재화의 사실상의 지배인 점유를 이전하는 것이고, 재화의 양도란 재화에 대한 법률상의 지위를 이전하는 것(소유권 이전)을 의미한다.

【재화 공급의 유형】

· 매매계약에 의한 재화의 인도 또는 양도
⇨ 현금판매, 외상판매, 할부판매, 위탁판매 등

· 가공계약에 의한 재화의 인도
① 주요자재의 전부 또는 일부를 부담할 때에만 재화의 공급
② 주요 자재를 부담하지 아니하고 가공계약에 따라 재화를 가공하여 인도하는 것은 용역의 공급

· 교환계약에 의한 재화의 인도 또는 양도

(2) 주된 거래에 부수되어 공급하는 재화 · 용역

주된 거래인 재화·용역의 공급에 필수적으로 부수되는 재화·용역의 공급은 주된 거래인 재화·용역의 공급에 포함되는 것으로 보아 주된 거래의 과세·면세 여부에 따른다.

(3) 재화의 공급으로 보지 아니하는 경우

① 사업의 포괄 양도

사업장별로 그 사업에 관한 모든 권리와 의무를 포괄적으로 승계시키는 방식을 말한다.(그 사업에 관한 권리와 의무 중 ㉠ 미수금에 관한 것, ㉡ 미지급금에 관한 것, ㉢ 해당 사업과 직접 관련이 없는 토지·건물 등 기획재정부령이 정한 것은 제외 가능)

② 하치장 반출

사업자가 물품의 단순한 보관·관리시설만을 갖추고 하치장을 둔 날로부터 10일 이내에 하치장설치신고서를 관할세무서장에게 제출한 하치장에서의 반출을 말한다.

※ 하치장은 직매장과는 달리 사업장으로 보지 아니함

③ 담보제공

질권, 저당권 또는 양도담보 등 담보의 목적으로 동산, 부동산 및 부동산상의 권리를 제공하는 것을 말한다.

(4) 위탁매매거래의 경우 거래 당사자

위탁매매(또는 대리인에 의한 매매)는 위탁자가 거래 상대방과 직접 거래한 것으로 본다. 다만 위탁자를 알 수 없는 익명거래의 경우에는 위탁자와 수탁자 사이에, 그리고 대리인과 그 거래상대방 사이에 각각 물품의 매매가 있는 것으로 본다.

【재화의 분류】

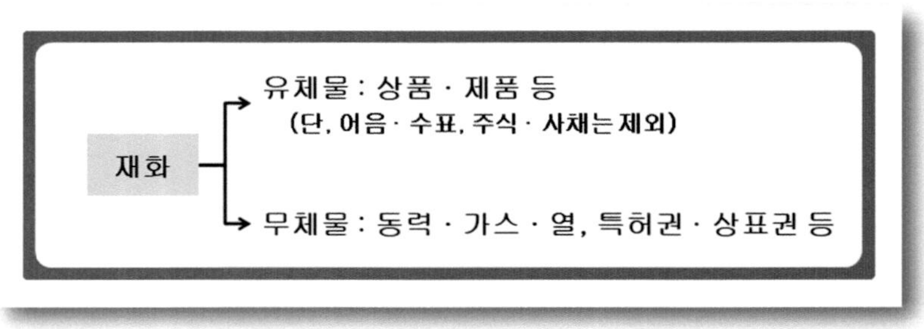

나. 용역의 공급

(1) 용역공급의 범위

'용역의 공급'이란 계약상 또는 법률상의 모든 원인에 의하여 역무를 제공하거나 재화 · 시설물 또는 권리를 사용하게 하는 것을 말한다.(재화 이외의 재산적 가치가 있는 모든 역무 및 기타 행위) 부가가치세의 과세대상이 되는 용역의 공급은 사업자가 자기의 사업과 관련하여 공급하는 것이므로 재화의 공급의 경우와 같이 사업자가 아닌 경우에는 납세의무가 없다.

① 역무의 제공 : 금융 및 보험업, 음식점업, 숙박업 등
② 재화 · 시설물을 사용하게 하는 것 : 장비 임대, 테니스장 임대 등
③ 권리를 사용케 하는 것 : 공업소유권 · 특허권 · 광업권 대여 등

【용역의 공급】

▪ 용역의 범위

계약상 또는 법률상의 모든 원인에 의하여 역무를 제공하거나
재화•시설물 또는 권리를 사용하게 되는 것

▪ 용역의 공급으로 보지 아니하는 거래

용역의 무상공급

⇨ 단, 사업자가 특수관계에 있는 자에게 사업용 부동산의 임대용역 등 일부 용역을 무상으로 공급하는 경우 과세함

고용관계에 의한 근로제공

(2) 용역의 공급으로 보지 않는 경우(과세되지 않음)

① 자기 사업을 위하여 직접 용역을 무상으로 공급하는 경우(용역의 자가공급)

② 대가를 받지 아니하고 타인에게 공급하는 용역(단, 특수관계인에게 사업용 부동산의 임대용역을 무상으로 제공하는 경우에는 용역의 공급으로 봄)

③ 고용관계에 의하여 제공하는 근로용역

④ 전 · 답 · 과수원, 목장용지, 임야 또는 염전의 임대용역

다. 재화의 수입(부법§13)

재화의 수입에 대하여는 그 수입자가 사업자·비사업자 여부에 불문하고 부가가치세가 과세된다. '재화의 수입'이라 함은 다음에 해당하는 물품을 우리나라에 인취(引取)하는 것을 말한다.(보세구역을 경유하는 경우는 보세구역으로부터 인취하는 것을 말함)

- 외국으로부터 우리나라에 도착된 물품
- 수출신고가 수리된 물품.(단, 수출신고가 수리된 재화로서 선적(船積) 또는 기적(機積)되지 아니한 것을 보세구역으로부터 인취하는 것은 제외)

이 경우 공급자인 외국의 사업자에게는 우리나라의 과세권이 미치지 아니하므로 세관장이 외국의 공급자를 대신하여 관세징수의 예에 의하여 부가가치세를 징수하도록 하고 있다.

【 과세대상 거래의 유형 】

▪ 재화의 공급

의의	상품을 구입하여 보관하다가 판매하는 경우(유통업)나 생산자가 물건을 생산하여 판매하는 경우(제조업)

▪ 용역의 공급

의의	용역공급은 계약상 또는 법률상의 모든 원인에 의하여 역무를 제공하거나 재화 · 시설물 또는 권리를 사용하게 하는 것

▪ 재화의 수입

의의	외국에서 창출된 부가가치를 우리나라로 가져오는 것이며, 새로운 가치의 창출이라는 측면에서 볼 때 국내에서 생산하는 것과 동일

11. 거래시기

거래시기는 재화·용역의 공급이 어느 과세기간에 귀속되는가를 결정하는 시간적 기준이다. 공급시기가 도래하면 거래상대방에게 세금계산서를 발급하여야 하므로 세금계산서 발급시기를 결정하는 중요한 요소일 뿐만 아니라, 공급시기가 속한 과세기간의 거래에 대하여 부가가치세 과세표준 신고 및 납부의무를 이행하여야 하는 기준이 된다.

가. 재화의 공급시기

(1) 일반적인 공급시기

1 재화의 이동이 필요한 경우 : 재화가 인도되는 때

ex) 일반적인 상품 및 제품

2 재화의 이동이 필요 없는 경우 : 재화가 이용 가능하게 되는 때

ex) 부동산, 무체물

3 위 두 가지 기준을 적용할 수 없는 경우 : 재화의 공급이 확정되는 때

(2) 거래형태별 공급시기

① 현금판매·외상판매 또는 할부판매 : 재화가 인도되거나 이용가능하게 되는 때

구 분	재화의 공급시기
현금판매•외상판매•단기할부판매	재화가 인도되거나 이용가능하게 되는 때
장기할부판매	대가의 각 부분을 받기로 한 때
완성도기준지급 또는 중간지급조건부판매 및 계속적 공급	대가의 각 부분을 받기로 한 때
수출재화	수출재화의 선적일

② 장기할부판매 : 대가의 각 부분을 받기로 한 때

※ 장기할부판매 : 재화를 공급하고 그 대가를 월부·연부 기타 부불방법에 따라 받는 것 중 2회 이상으로 분할하여 대가를 받는 것이면서 해당 재화의 인도일의 다음날부터 최종 할부금 지급기일까지의 기간이 1년 이상인 것

③ 완성도기준지급 또는 중간지급조건부로 재화를 공급하거나 전력 기타 공급단위를 구획할 수 없는 재화를 계속적으로 공급하는 경우 : 대가의 각 부분을 받기로 한 때

① 완성도기준지급
재화 완성비율에 따라 대금을 지급받는 경우

② 중간지급조건부판매
재화가 인도되기 전 계약금 이외의 대가를 분할하여 지급하는 경우
(계약금지급약정일로부터 재화 인도일까지의 기간이 6개월 이상인 경우)

③ 계속적 공급
전기나 가스처럼 공급이 계속적으로 이루어지는 경우

④ 자가공급(판매목적 타사업장 반출 제외)·개인적공급 : 재화를 사용하거나 소비하는 때

⑤ 판매목적 타사업장 반출 : 재화를 반출하는 때

⑥ 사업상증여 : 재화를 증여하는 때

⑦ 사업자가 사업을 폐업하는 경우 : 폐업일

나. 용역의 공급시기(부법§16②, 부령§29)

① 일반적 공급시기 : 역무가 제공되거나 재화·시설물·권리가 사용되는 때

② 완성도지급기준·중간지급·장기할부 또는 공급단위를 구획할 수 없는 용역을 계속적으로 공급하는 경우 : 대가의 각 부분을 받기로 한 때

③ 위 ① 및 ②의 규정을 적용할 수 없는 경우
: 역무의 제공이 완료되고 그 공급가액이 확정되는 때

▪ 거래형태별 용역의 공급시기

1. 통상적인 용역공급 : 역무 제공이 완료되거나 재화, 시설물 또는 권리가 사용되는 시기
2. 완성도기준지급, 중간지급, 장기할부 또는 기타 조건부용역공급 : 대가의 각 부분을 받기로 한 때

   ex) 건설도급공사의 경우 공급시기는 공사발주가가 공사 진척도를 확인하여 지급대가를 확정하는 때
3. 상기 외의 경우 : 역무 제공이 완료되고 그 공급가액이 확정되는 때

다. 공급시기의 특례(부법§17)

① 통상적인 공급시기 이전에 대가(대가의 일부로 받는 계약금, 선수금 포함)를 미리 받고 그 대가에 대하여 세금계산서나 영수증을 발급하는 경우

: 세금계산서 등을 발급하는 때에 그 대가만큼은 재화 또는 용역의 공급시기로 본다.

② 통상적인 공급시기 이전에 세금계산서를 발급하고 발급일로부터 7일 이내 대가를 받는 경우 : 세금계산서를 발급한 때를 재화 또는 용역의 공급시기로 본다.

③ 통상적인 공급시기 이전에 세금계산서를 발급하고 발급일로부터 7일이 지난 후 대가를 받더라도 아래 ㈀, ㈁의 요건을 모두 충족하는 경우

㈀ 거래 당사자 간의 계약서・약정서 등에 대금 청구시기와 지급시기를 따로 적을 것

㈁ 대금 청구시기와 지급시기 사이의 기간이 30일 이내이거나 세금계산서 발급일이 속하는 과세기간(공급받는자가 조기환급을 받은 경우 세금계산서 발급일로부터 30일 이내)에 세금계산서에 적힌 대금을 지급받은 것이 확인되는 경우일 것

: 세금계산서를 발급한 때를 재화 또는 용역의 공급시기로 본다.

제 3 절 부가가치세 과세표준의 계산

1. 과세표준

(1) 의 의 : '과세표준'이라 함은 납세의무자에게 구체적인 납세의무를 부과할 때 세액계산의 기준이 되는 과세객체의 수량 또는 금액을 말하는데, 부가가치세의 과세표준은 '공급가액'(부가가치세를 포함하지 아니한 금액)으로 한다.

구 분	공 급 가 액
금전으로 대가를 받는 경우	그 대가
금전 이외의 대가를 받는 경우	공급한 재화 또는 용역의 시가

(2) 과세표준의 범위

부가가치세의 공급가액에는 거래상대자로부터 받은 대금·요금·수수료 기타 명목 여하에 불구하고 재화 또는 용역과 대가관계에 있는 모든 금전적 가치가 있는 것을 말한다.

- 금전으로 대가를 받는 경우 : 그 대가
- 금전 이외의 대가를 받는 경우 : 자기가 공급한 재화 또는 용역의 시가
- 폐업한 경우의 잔존재화 : 시가

【 과세표준에 포함되지 않는 금액 】

① 매출에누리

: 품질, 수량 및 인도 등에 따라 통상의 공급가액에서 공제

② 매출환입

③ 공급받는 자에게 도달하기 전에 파손, 훼손 또는 멸실된 재화의 가액

④ 공급대가의 지급지연으로 인하여 지급받는 연체이자

⑤ 매출할인액

(3) 거래형태별 과세표준

구 분	과 세 표 준
현금 및 외상판매 또는 단기할부판매	공급한 재화의 총가액
장기할부판매	계약에 따라 받기로 한 대가의 각 부분
완성도기준지급, 중간지급 조건부, 계속적으로 재화 · 용역 공급	계약에 따라 받기로 한 대가의 각 부분

(4) 부가가치세액이 별도로 표시되지 아니한 경우의 과세표준 및 세액의 계산

사업자가 재화 또는 용역을 공급하고 그 대가로 받은 금액에 공급가액과 세액이 별도로 표시되어 있지 아니한 경우 또는 부가가치세가 포함되어 있는지 불분명한 경우에는 거래금액 또는 영수할 금액의 110분의 100에 해당하는 금액을 과세표준으로 본다.

(5) 과세표준 및 세액의 단수처리

① 과세표준 및 매출세액 계산시 : 예정신고 또는 확정신고시 신고서상 기재하여야 할 과세표준과 세액은 원단위까지 기재하여야 하며, 원단위 미만은 절사한다.

② 세금계산서는 원단위까지 기재하여 발급한다.

③ 납세고지서 • 납부서는 10원 미만의 단수를 절사하여 기재 • 납부한다.

2. 과세표준과 세액의 계산

가. 부동산 임대용역에 대한 과세표준(부령§65①)

1) 부동산 임대시의 과세표준은 과세기간 동안의 임대료와 전세금(또는 임대보증금)에 대하여 일정한 이자율(기획재정부령 고시)을 적용하여 산출한 간주임대료의 합계금액으로 한다.

- 과세표준 = 임대료 + 간주임대료

2) 사업자가 부동산을 임차하여 다시 임대용역을 제공하는 경우(전전세 또는 전대의 경우)

- 당초 임차시 지불한 임대보증금·전세금 중 직접 자기의 사업에 사용하는 면적에 해당하는 금액을 재임대시 수취한 임대보증금·전세금에서 차감한 금액을 간주임대료 계산대상 임대보증금·전세금으로 한다.

$$\text{* 간주임대료 계산 대상 전세금(또는 임대보증금)} = \text{재임대시 수취한 전세금} - \text{당초 임차시 지불한 전세금(또는 임대보증금)} \times \frac{\text{자기사업에 사용하는 면적}}{\text{임차한 부동산 면적}}$$

3) 임대료를 선불 또는 후불로 받는 경우의 과세표준

사업자가 2과세기간 이상에 걸쳐 부동산임대용역을 공급하고 그 대가를 선불 또는 후불로 받는 경우에는 해당 금액을 계약기간의 월수로 나눈 금액의 각 과세대상기간의 임대료 합계액을 과세표준으로 한다. 이 경우 월수의 계산에 관하여는 해당 계약기간의 개시일이 속하는 달이 1개월 미만인 경우에는 1개월로 하고, 해당계약기간의 종료일이 속하는 달이 1개월 미만인 경우에는 산입하지 않는다. 단, 선불임대료의 경우 선불받은 임대료에 대하여 세금계산서를 교부한 경우 교부한 시점에 과세표준에 산입 가능하다.

$$\text{- 과세표준} = \text{선불·후불로 받는 임대료} \times \frac{\text{각 과세 대상기간의 해당월수}}{\text{계약기간의 월수}}$$

【간주임대료 계산】

• 전세금 등에 대한 간주임대료 계산

$$\text{당해 과세기간 전세금 또는 임대보증금} \times \text{정기예금이자율} \times \frac{\text{과세대상기간의 일수}}{\text{365(윤년은 366)}}$$

나. 과세·면세사업에 공통으로 사용하던 재화를 공급하는 경우의 과세표준

일반적으로 과세사업에 사용하는 재화를 일시적으로 판매한 경우에는 주된 과세사업에 포함되어 부가가치세가 과세되고, 면세사업에 사용한 재화를 일시적으로 판매하는 경우에는 주된 면세사업에 포함되어 면세되나, 과세사업과 면세사업을 겸영하는 사업자가 과세사업과 면세사업에 공통적으로 사용되는 재화를 공급하는 경우 그 대가로 받는 금액 중 과세공급분에 대하여는 부가가치세를 거래징수하여야 하므로, 당해 공통재화의 과세분에 대한 과세표준을 안분하여 계산하도록 하고 있다.

다. 과세재화인 건물과 면세재화인 토지를 일괄 양도하는 경우의 과세표준

토지는 부가가치세 면세대상이나 건물은 과세대상이므로 토지와 건물을 일괄 양도할 때에는 총 양도가액을 토지가액과 건물가액으로 구분한 후 건물가액에 대하여만 부가가치세를 신고·납부하여야 한다. 따라서 토지와 건물을 일괄 양도하는 경우 계약서 등에서 토지가액과 건물 등의 가액을 별도로 구분 표시하여 거래하는 것이 편리하다.

3. 매입세액 공제

가. 매입세액의 종류

부가가치세를 산출함에 있어 매출세액에서 공제되는 매입세액은 다음과 같이 구분할 수 있다.

(1) 일반 매입세액(세금계산서 수취분)

과세사업을 위하여 사용되었거나 사용될 재화·용역을 공급(또는 수입)받을 때 세금계산서를 발급받고 거래징수당한 매입세액을 말한다.

(2) 신용카드매출전표에 의한 매입세액

과세사업을 위하여 사용되었거나 사용될 재화·용역을 공급받으면서 일반과세자인 공급자로부터 세금계산서 대신 부가가치세액이 별도로 구분 가능한 신용카드매출전표 등을 발급받고 '신용카드매출전표 등 수령명세서'를 제출하는 경우의 매입세액을 말한다.

※ 간이과세자나 매입세액불공제 대상 일반과세자로부터 발급받은 신용카드 매출전표 등은 비록 과세사업과 관련이 있다 하더라도 환급(매입세액공제)받지 못하므로, "면세"로 구분하여야 하며, 간이과세자 여부 확인에도 철저를 기해야 함

(3) 공통매입세액

과세·면세사업에 공통으로 사용되는 재화·용역을 공급받으면서 거래징수 당한 매입세액을 말하며, 과세사업 부분에 해당하는 금액(안분계산한 금액)에 한하여 매입세액 공제가 가능하다.

(4) 대손세액

외상매출 등으로 이미 매출세액을 산출하여 납부하였으나 동 매출채권의 전부 또는 일부를 회수할 수 없는 경우 회수할 수 없는 금액에서 발생한 부가가치세 매출세액 해당액을 말한다.

(5) 의제매입세액(부법§42)

의제매입세액이라 함은 농산물 등을 구매하여 가공·제조하는 사업자가 농산물 등의 재배과정에 투입된 부가가치세 매입세액을 공제받지 못함에 따라 농산물 등에 대한 면세 효과가 반감되는 것을 방지하고자 농산물 등을 구매하는 사업자에게 그 구입가액의 일정률에 해당하는 금액을 공제하도록 허용한 세액을 말한다.

나. 매입세액을 공제받지 못하는 경우

(1) 매입처별세금계산서합계표의 미제출 · 부실기재분 매입세액

① 매입처별세금계산서합계표를 예정·확정신고시 제출하지 아니한 경우
단, 예정신고시 미제출분을 확정신고시 제출하는 경우에는 가능함

② 매입처별세금계산서합계표에 거래처별 등록번호 또는 공급가액이 미기재 또는 사실과 다르게 기재된 경우

(2) 세금계산서 미수취 또는 부실기재분 매입세액

① 세금계산서를 발급받지 않은 경우

② 세금계산서를 부실기재한 경우

(3) 사업과 직접 관련이 없는 지출에 대한 매입세액

- 일반사업자가 컴퓨터를 구입하여 가정용으로 사용하는 경우 : 매입세액 공제 불가
- 일반사업자가 컴퓨터를 구입하여 사무실에서 과세사업용으로 사용시 : 매입세액 공제
  ※ 공동경비 중 분담금액 초과비용에 대한 매입세액은 공제불가

(4) 「개별소비세법」 제1조 제2항 제3호에 따른 자동차(단, 운수업, 자동차판매업, 자동차임대업, 운전학원업, 기계경비업무를 하는 경비업 및 이와 유사한 업종 제외)의 구입과 임차 및 유지에 관련된 매입세액

- 배기량이 2천cc를 초과하는 승용자동차와 캠핑용 자동차
- 배기량이 2천cc 이하인 승용자동차(배기량 1천cc 이하인 것으로서 길이가 3.6m 이하이고, 폭이 1.6m 이하인 것은 제외)와 이륜자동차
- 전기승용자동차(길이가 3.6m 이하이고, 폭이 1.6m 이하인 것은 제외)

(5) 기업업무추진비 및 이와 유사한 비용에 관련된 매입세액

(6) 면세사업에 관련된 매입세액(투자관련매입세액 포함)

(7) 토지 관련 매입세액

토지는 면세재화이므로 토지의 조성 등 자본적 지출에 해당되는 지출에 대한 매입세액은 당해 토지의 용도・사업성 여부에 불구하고 매출세액에서 공제되지 아니한다.

(8) 사업자등록 신청 이전의 매입세액

다만, 사업개시 후에 등록한 사업자의 등록하기 전의 매입세액으로서 공급시기가 속하는 과세기간이 끝난 후 20일 이내에 등록 신청한 경우 그 과세기간 내 매입세액은 공제 가능함 (2013.2.15. 이후 신고하는 분부터 적용)

【 부가가치세신고서상의 매입세액 신고양식 】

구분				금 액	세 율	세 액
매입세액	세금계산서 수취분	일 반 매 입	(10)			
		고정자산 매입	(11)			
	예 정 신 고 누 락 분		(12)			
	매 입 자 발 행 세 금 계 산 서		(13)			
	기 타 공 제 매 입 세 액		(14)			
	합 계 (10)+(11)+(12)+(13)+(14)		(15)			
	공제받지 못할 매입세액		(16)			
	차 감 계 (15)-(16)		(17)			

다. 공통매입세액의 안분계산

과세·면세사업에 공통으로 사용되는 재화나 용역을 공급받는 경우에 매출세액에서 공제받을 수 있는 매입세액은 원칙적으로 그 실지귀속에 따라 판단하지만 그 실지귀속을 구분할 수 없는 경우에는 일정한 안분계산방법에 따라 매입세액이 공제되는 과세분과 매입세액이 불공제되는 면세사업분을 안분하여 계산할 수 있도록 하고 있다.

* 공통매입세액의(예) : 과세사업과 면세사업에 공통으로 사용된 하나로마트의 전기료, 광고비, 수선비, 고정자산 매입분 등

[예외] 면세유를 취급하는 주유소의 경우 당초 세무처리방식에서는 면세재화로 간주되어 주유소 운영과 관련된 매입세액에 대하여 공통매입세액 안분계산대상이 되었으나, 현행 세무처리방식에서는 면세유를 취급하기 위해 매입하는 유류 전체에 대하여 매입세액공제를 받고 있으므로 공통매입세액 안분계산 대상이 되지 않는다는 해석이 있음.

(1) 일반적인 안분계산(비용이나 건물이외의 기타감가상각자산의 안분계산시 적용)

1) 과세사업과 면세사업을 겸영하는 경우 과세사업과 면세사업에 공통으로 사용되어 실지귀속을 구분할 수 없는 매입세액(이하 "공통매입세액"이라 한다)은 다음 산식에 의하여 계산한다.

다만, 예정신고기간에는 예정신고기간분으로 총공급가액에 대한 면세공급가액의 비율에 의하여 안분계산하고, 확정신고하는 때에 정산한다(부가령§81①).

$$[\text{면세사업관련 매입세액}] = \text{공통매입세액} \times \frac{\text{면세공급가액(해당과세기간)}}{\text{총공급가액(해당과세기간)}}$$

※ 공통매입세액은 해당 과세기간의 공급가액을 기준으로 안분계산하며, 면세비율에 상당하는 세액은 부가세 신고서에 '공제받지 못할 매입세액'으로 기재한다.

① 단, 과세·면세 공급가액의 전부·일부가 없는 경우에는 다음의 순서대로 안분계산하여 적용한다.(다만, 건물을 신축 또는 취득하여 과세사업과 면세사업에 제공할 예정면적을 구분할 수 있는 경우에는 'ⓒ'을 'ⓐ' 및 'ⓑ'에 우선하여 적용한다.)

㉠ 총매입가액에 대한 면세사업에 관련된 매입가액의 비율

㉡ 총예정공급가액에 대한 면세사업에 관련된 예정공급가액의 비율

㉢ 총예정사용면적에 대한 면세사업에 관련된 예정사용면적의 비율

② 위 '①의 단서'에 따라 매입세액을 안분계산한 경우에는 해당 재화의 취득으로 과세·면세사업의 공급가액 또는 사용면적이 확정되는 과세기간에 다음 산식에 의하여 정산하여야 한다.

– 위 '①'의 '㉠' 또는 '㉡' 기준으로 공통매입세액을 안분계산한 경우

[가산 또는 공제되는 세액]

$$= 총공통매입세액 \times \left(1 - \frac{면세공급가액(확정되는\ 과세기간)}{총공급가액(확정되는\ 과세기간)}\right) - 기공제세액$$

– 위 '①'의 '㉢' 기준으로 공통매입세액을 안분계산한 경우

[가산 또는 공제되는 세액]

$$= 총공통매입세액 \times \left(1 - \frac{면세사용면적(확정되는\ 과세기간)}{총사용면적(확정되는\ 과세기간)}\right) - 기공제세액$$

③ 일반적으로 비용이나, 즉시 취득하는 감가상각자산 등은 다음과 같이 정산하면 된다.

- 예정신고기간에는 예정신고기간분으로 예정신고기간에 있어서 총공급가액에 대한 면세공급가액의 비율 또는 총사용면적에 대한 면세사용 면적의 비율에 의하여 안분계산하고, 확정신고하는 때에 정산하여야 한다.

  즉, 예정신고시 안분하여 공제받은 공통매입세액은 확정신고시에 해당 과세기간(6개월)을 통산하여 재계산한 후 추가 납부하거나 공제받아야 한다.

[가산 또는 공제되는 세액]

= 해당 과세기간의 총 공급가액(6개월분)을 기준으로 한 공통매입세액 과세사업분

- 예정신고시의 공급가액(3개월분)을 기준으로 한 공통매입세액 과세사업분

2) 공통사용 재화를 동일 과세기간에 매입하여 매출(공급)하는 경우에는 직전 과세기간의 공급가액을 기준으로 안분하여 공제받지 못할 면세사업 관련 매입세액을 계산한다.

$$[면세사업관련\ 매입세액] = 공통매입세액 \times \frac{면세공급가액(직전\ 과세기간)}{총공급가액(직전\ 과세기간)}$$

사 례 공통매입세액의 안분계산 및 확정신고시 정산

마트 건물 내에서 농산물 판매와 공산품 판매를 겸하고 있는 A하나로클럽은 20×1년도 제1기 예정신고기간 중 전기료 11,000,000원(부가세 1,000,000원 포함)을 지급하였다. A하나로클럽의 공급가액(손익내역표상 금액)이 다음과 같을 때 20×1년도 제1기 예정신고시 매입세액 불공제분(면세사업분)과 20×1년도 제1기 확정신고시 정산할 금액은?

구 분	과세(공산품)	면세(농산물)	계
20×1.1.1~3.31	4억	6억	10억
20×1.4.1~6.30	2억	8억	10억
계	6억	14억	20억

◈ 해 설

○ 20×1년도 제1기 예정신고시 매입세액 불공제분 :
  - 1,000,000 × 6억원/10억원 = 600,000원
○ 20×1년도 제1기 확정신고시 매입세액 정산할 금액 :
  - (1,000,000 × 14억원/20억원) - 600,000 = 100,000원(추가 납부)

(2) 건물 또는 구축물의 경우

건물 또는 구축물을 신규로 취득하여 과세사업과 면세사업에 공통으로 사용하여 실지귀속을 구분할 수 없는 공통매입세액의 경우에도 '(1)일반적인 안분계산'을 적용하여 공급가액기준으로 안분계산 및 정산하는 것이 원칙이나 대부분 건물을 취득할 때는 건물매입 보다는 신축을 하기 때문에 취득하는데 수개월의 기간이 소요되며 대금청구도 여러 번 일어나고 또한 신축중에는 공급가액이 없는 곳이 많다.

- 따라서 공급가액이 없는 경우에는 '(1) 일반적인 안분계산 1) ①'을 적용하되, 예정사용면적을 구분할 수 있는 경우에는 예정사용면적 기준을 우선 적용하여 공통매입세액을 안분계산하고, 과세·면세 사용면적이 확정되는 과세기간의 확정신고시 확정된 사용면적에 의하여 정산을 하여야 한다.

  ※ 예정사용면적을 구분할 수 있는 경우에도 공급가액이 있으면 반드시 공급가액기준을 우선 적용하여야 한다.

※ 참고 사항

[가산 또는 공제되는 세액]

$$= 총공통매입세액 \times \left(1 - \frac{면세사용면적(확정되는\ 과세기간)}{총사용면적(확정되는\ 과세기간)}\right) - 기공제세액$$

$$= 총공통매입세액 \times \frac{과세사용면적(확정되는\ 과세기간)}{총사용면적(확정되는\ 과세기간)} - 기공제세액$$

* 총공통매입세액 : 과세사업과 면세사업에 공통으로 사용할 건물을 취득하기 위하여 수취한 매입세금계산서의 총세액 부분(과세·면세사업의 사용면적이 확정되기 전 안분계산하여 공제받았던 세금계산서도 모두 포함됨)

* 기공제세액 : 과세사업과 면세사업의 사용면적이 확정되기 전 부가가치세신고·납부시 예정사용면적 비율에 의해 안분계산하여 기 공제받은 세액

* 확정되는 과세기간 : 해당 건물에서 실제 사업을 개시하여 과세사업과 면세사업의 사용면적이 확정되는 과세기간

(3) 납부세액 또는 환급세액의 재계산(부가령§83)

1) 감가상각자산의 경우에는 과세기간에만 사용하는 것이 아니라 이후 과세기간에도 사용하므로 면세공급가액이 총공급가액에서 차지하는 비율 등이 증가되거나 감소되는 때에는 당초 계산한 면세사업에 관련된 매입세액으로서 계산한 금액이 과다계산되거나 과소계산된 것이므로 이를 조정할 필요가 생겨 납부세액 또는 환급세액의 재계산이라는 규정을 두고 있다.

2) 건물이나 구축물은 10년 동안, 기타의 감가상각자산은 2년 동안 감가상각(매기 균등액이 상각되는 것으로 간주)후의 잔존가액에 대하여 매 과세기간 확정신고시마다 공통매입세액을 다음 산식으로 재계산하여 추가 납부하거나 공제받아야 한다.

- 단, 2001.1.1 이후 매입세액을 공제받거나 정산하는 분부터는 ① 증가 또는 감소된 면세비율이 5% 이상인 경우에만 재계산하고, ② 면세비율이 감소되는 경우는 재계산하여 매입세액을 추가로 공제받게 됨.

〈건물 또는 구축물〉

가산(또는 공제)되는 매입세액

- 2002.1.1 이후 취득분
  = 총매입세액 × {1 - (5/100 × 경과된 과세기간의 수)} × 증가(또는 감소)된 면세비율
- 2001.12.31 이전 취득분 : 환급세액 재계산대상 아님

〈기타 감가상각자산〉

가산(또는 공제)되는 매입세액

= 총매입세액 × {1 - (25/100 × 경과된 과세기간의 수)} × 증가(또는 감소)된 면세 비율

* 경과된 과세기간의 수는 과세기간 단위로 계산하되, 건물 또는 구축물의 경과된 과세기간의 수가 20을 초과하는 때에는 20으로 계산하고, 기타의 감가상각자산의 경우에는 경과된 과세기간의 수가 4를 초과하는 때에는 4로 한다(부가령§66②).

* 경과된 과세기간의 수를 계산함에 있어서 과세기간의 개시일 후에 감가상각자산을 취득하거나 공급으로 보게 되는 경우에는 그 과세기간의 개시일에 취득하거나 공급된 것으로 보아 과세기간 개시일 후에 감가상각자산을 취득한 경우라도 경과된 과세기간의 수를 계산함에 있어서는 1과세기간으로 계산한다(부가령§66⑤).

(4) 안분계산의 생략(부가령§81②)

다음의 경우에는 공통매입세액 전액을 매입세액으로 공제한다.

① 해당 과세기간의 총공급가액 중 면세공급가액이 100분의 5 미만인 경우의 공통매입세액 다만, 공통매입세액이 500만원 이상인 경우 제외.

② 해당 과세기간의 공통 매입세액이 5만원 미만인 경우의 매입세액

③ 재화를 공급한 날이 속하는 과세기간에 신규로 사업을 개시하여 직전 과세기간이 없는 경우의 해당 재화에 대한 매입세액

※ 면세비율이 5% 미만에 해당되어 전액 공제받은 후 재계산 방법

과세사업과 면세사업을 겸영하는 사업자가 해당 사업에 공통으로 사용되어 실지귀속을 구분할 수 없는 감가상각자산의 매입세액을 취득일이 속하는 과세기간의 총공급가액 중 면세공급가액이 100분의 5 미만에 해당하여 전액 공제받은 후, 그 다음 과세기간의 총공급가액에 대한 면세공급가액의 비율과 해당 취득일이 속하는 과세기간에 적용하였던 비율 간의 차이가 100분의 5 이상이 되어 부가가치세법 시행령 제63조의 규정에 따라 납부세액을 재계산하는 경우 그 금액은 해당 취득일이 속하는 과세기간의 면세공급가액 적용비율이 0%인 것으로 보아 증가된 면세공급가액 비율

사 례 **건물신축시 공통매입세액의 안분계산 및 정산**

A하나로클럽의 종합건물신축 관련사항이 다음과 같을 경우 A하나로클럽이 건물신축과 관련하여 공제받을 수 있는 매입세액은?

> ○ 공사기간 : 20×1.1.1 ~ 9.30
> ○ 공사기간중 소요비용
>   – 토지정지비용 1억원(부가가치세 별도)
>   – 건축물신축관련 비용 10억원(부가가치세 별도)
> ○ 건물신축현황 : 지하 1층(200평), 지상 4층(800평)
> ○ 건물예정사용면적
>   – 지하1층, 지상1층 : 하나로마트(과세·면세 취급예정면적 비율 50:50)
>   – 지상2층 : 사무실, – 지상 3, 4층 : 임대

◈ 해 설

① 과세사업과 면세사업구분
 – 지하 1층, 지상 1층 → 과세(소매업), 단, 면세재화 취급분 제외
 – 지상 2층 → 공통(나머지 층의 과·면세 비율로 안분계산)
 – 지상 3, 4층 → 과세(부동산임대사업)

② 공통매입세액 안분계산 대상
 – 토지정지비용관련 매입세액 1천만원 → 면세사업관련 매입세액으로 안분계산 제외 (공제받지 못할 매입세액)
 – 건축물관련 매입세액 1억원(10억의 10%) → 공통매입세액계산대상

③ 공통매입세액 안분계산 방법
 – 과세·면세공급가액이 없고 건물신축 중이므로 예정사용면적 기준으로 계산

④ 면세사업관련 매입세액
 1억원(공통매입세액)×면세250/총1,000 = 2.5천만원(공제받지 못하는 매입세액)
 * 면세 예정사용면적(500) : 지하1층 200(200× 50%) + 지상 2층 50(200×25%)
 * 총예정사용면적(1,000)
  ⇒ 따라서 공제받을 수 있는 매입세액
   : 1억원(공통매입세액)–5천만원(공제받지 못할 매입세액) = 5천만원

라. 대손세액공제

사업자가 부가가치세가 과세되는 재화·용역을 공급하였으나, 공급받는 자의 파산 등의 사유로 매출채권(부가가치세 포함)의 전부 또는 일부를 회수할 수 없는 경우에는 대금을 회수하지 못한 매출액에 대하여 부가가치세액만 납부하는 경우가 발생하게 된다. 따라서 회수하지 못한 매출채권에 대한 세액을 이미 신고한 경우에는 그 대손이 확정된 날이 속하는 과세기간의 매출세액에서 이를 차감하여 신고할 수 있다.

(1) 대손사유(부령§87①, 소령§55②, 법령§19의2①)

1. 파산, 강제집행, 회사정리계획인가의 결정
2. 사망, 실종선고
3. 상법상의 소멸시효가 완성된 경우 * 소멸시효: 상사 5년, 대여금 10년
4. 수표 또는 어음의 부도발생일부터 6월이 된 경우.
   다만, 채무자의 재산에 대하여 저당권을 설정하고 있는 경우는 제외
5. 화의인가의 결정으로 회수불능이 확정된 경우
6. 회수기일을 6월 이상 경과한 20만원 이하의 채권으로 회수의 실익이 없다고 인정되는 경우

(2) 대손세액의 범위

사업자가 부가가치세가 과세되는 재화 또는 용역을 공급한 후 그 공급일부터 5년이 경과된 날이 속하는 과세기간에 대한 확정신고기한까지 확정되는 대손세액(부령§87②)

(3) 대손세액의 처리방법

구 분	대손이 확정된 경우	대손금을 변제한 경우
공급자	대손세액을 매출세액에서 차감	대손세액을 매출세액에 가산
공급받는자	대손세액을 매입세액에서 차감	대손세액을 매입세액에 가산

(4) 대손세액의 공제시기

① 대손세액을 공제할 수 있는 과세표준 확정신고시에 대손세액공제를 하지 않는 경우 경정청구를 해야 하며 그 시기를 달리하여 대손세액공제를 할 수 없다.

② 어음의 부도발생일로부터 6월이 경과되기 전 폐업한 경우에는 대손세액공제를 받을 수 없다.(부가46015-2222, 1999.7.30)

【부가가치세 계산구조】

	구분	내용
	매 출 세 액	매출액 × 10%
(-)	매 입 세 액	① 세금계산서 수취분 : 공통분은 안분계산 ② 신용카드 매출전표 수취명세서 제출분 ③ 변제대손세액 : 대손세액 회수시 (-) 공통매입세액 면세분 (-) 공제받지 못할 매입세액
(=)	납부(환급)세액	

제 4 절 세금계산서 작성 · 발급

1. 세금계산서 작성 방법

가. 세금계산서 의의

1) '세금계산서(tax invoice)'란 부가가치세가 과세되는 재화 또는 용역을 공급한 사업자가 이를 공급받는자로부터 부가가치세를 거래징수하고, 그 거래내용과 거래징수 사실을 증명하기 위하여 발급하는 세금영수증을 말한다.

2) 과세당국에서는 세원 확보의 필요성 때문에 각 거래 단계시마다 재화·용역의 이동경로를 추적할 수 있도록 세금계산서(과세 재화·용역 공급시) 또는 계산서(면세 재화·용역 공급시)를 발급하도록 강제하고 있다.

3) 부가가치세법에 의하여 당사자 간에 수수한 세금계산서는 매입세액을 공제받기 위한 가장 중요한 서류이다.

나. 세금계산서 작성

(1) 일반적인 경우

세금계산서 법정서식에 다음의 필요적 기재사항과 임의적 기재사항을 기재하여 작성한다. 필요적 기재사항은 반드시 모두 기재되어야 하며, 만일 전부 또는 일부가 누락된 경우에는 매입세액이 공제되지 않을 뿐만 아니라 가산세가 부과된다.

- 필요적 기재사항(세금계산서 양식에서 진한 테두리 부분)
  - ㉮ 공급하는 사업자의 등록번호와 성명 또는 명칭
  - ㉯ 공급받는 자의 등록번호
    (공급받는 자가 사업자가 아닌 경우에는 고유번호 또는 주민등록번호)
  - ㉰ 공급가액과 부가가치세액
  - ㉱ 작성연월일
- 임의적 기재사항
  - ㉮ 공급하는 자의 주소 ㉯ 공급받는 자의 상호·성명·주소
  - ㉰ 공급하는 자와 공급받는 자의 업태와 종목 ㉱ 공급 품목
  - ㉲ 단가와 수량 ㉳ 공급연월일 ㉴ 거래의 종류

※ 재화 또는 용역을 공급받는 자가 사업자가 아닌 경우에는 등록번호에 갈음하여 고유번호 또는 공급받는 자의 주민등록번호를 기재하여야 한다.

【 세금계산서 양식 】

세금계산서(공급자보관용)

책 번 호	권	호	
일 련 번 호		-	

공급자	등록번호	- -			공급받는자	등록번호			
	상 호 (법인명)		성 명 (대표자)			상 호 (법인명)		성 명 (대표자)	
	사업장 주 소					사업장주소			
	업 태		종 목			업 태		종 목	

작 성			공 급 가 액												세 액										비 고
연	월	일	공란수	조	천	백	십	억	천	백	십	만	천	백	십	일	천	백	십	억	천	백	십	만	천	백	십	일	

월	일	품 목	규 격	수 량	단 가	공 급 가 액	세 액	비 고

합 계 금 액	현 금	수 표	어 음	외 상 미 수 금	이 금액을 영수/청구 함

2. 세금계산서 발급 방법

가. 세금계산서, 계산서 및 영수증 발급 체계

모든 법인은 소매업 등과 같이 세금계산서나 계산서 발급을 생략할 수 있도록 예외적으로 허용한 경우(영수증 발급대상)를 제외하고는 반드시 세금계산서나 계산서를 발급하고, 동 내역을 일정 주기별로 관할 세무서에 제출하여야 한다.

2011.1.1부터 법인사업자는 반드시 전자적 방법에 의하여 세금계산서('전자세금계산서'라 한다)를 발행하고, 세금계산서 발급명세를 발급일(세금계산서 특례규정이 적용되는 경우에는 발행일)의 다음날까지 국세청 전자세금계산서시스템으로 전송하며, 이 경우 세금계산서를 발급한 것으로 본다.

세금계산서 또는 계산서 발급대상임에도 ① 이를 발급하지 아니하거나 ② 거래내용을 부실하게 기재하는 경우 또는 ③ 발급 후 그 내역(세금계산서합계표 또는 계산서합계표)을 관할 세무서에 제출하지 않는 경우 ④ 세금계산서 발급명세를 국세청에 전송하지 않은 경우에는 공급가액의 1%(①은 2%)가 가산세로 부과된다.

【영수증 발급대상 업종】

소매업, 음식점업, 숙박업, 미용・욕탕 및 유사서비스업 / 여객운송업, 운수업, 주차장운영업, 변호사업, 법무사업, 회계사업 등 / 도정업, 떡방앗간, 양복・양장・양화점업, 주거용 건물 공급업, 부동산중개업 / 사회서비스업, 개인서비스업, 가사서비스업 등

나. 통상적인 세금계산서 발급 방법

(1) 일반적인 경우

○ 발급의무자 : 일반과세자

※ 간이과세자는 과세사업자에 포함되지만 원칙적으로 세금계산서 발급 불가

○ 발급대상 : 부가가치세 과세대상인 재화 또는 용역을 공급하는 경우

○ 발급시기 : 부가가치세법에 정한 재화 또는 용역의 공급시기

(2) 세금계산서 발급특례 – 월합계세금계산서(부법§34③)

사업자가 다음에 해당하는 경우는 재화 또는 용역의 공급일이 속하는 달의 다음달 10일(다음달 10일이 공휴일 또는 토요일인 때에는 해당일의 다음날을 말한다)까지 세금계산서를 발급할 수 있다.

㉮ 거래처별로 1역월의 공급가액을 합계하여 해당 월의 말일자를 작성연월일로 하여 세금계산서를 발급하는 경우

㉯ 거래처별로 1역월 이내에서 사업자가 임의로 정한 기간의 공급가액을 합계하여 그 기간의 종료일자를 작성연월일로 하여 세금계산서를 발급하는 경우

- 1역월 이내에서 거래처별로 임의로 정한 기간 내, 즉 임의로 정한 기간이 15일 또는 1주일 단위로 정산하기로 한 경우 15일 또는 1주일의 말일을 작성연월일로 하여 세금계산서를 다음달의 10일까지 발급 가능

㉰ 관계증빙서류 등에 의하여 실제거래사실이 확인되는 경우로서 해당 거래일자를 작성연월일로 하여 세금계산서를 발급하는 경우

(3) 공급시기 이전 세금계산서 발급

일반적인 공급시기 이전에 미리 세금계산서를 발급하고 「7일 이내」 에 대가를 지급받은 경우에도 발급한 때를 공급시기로 보아 적법한 세금계산서로 인정한다.

다만, 대가를 지급하는 사업자가 아래 요건을 모두 갖춘 경우에는 공급하는 자가 7일 경과 후 대가를 지급받더라도 적법한 세금계산서로 인정한다.

㉮ 거래 당사자간의 계약서 • 약정서 등에 대금 청구시기와 지급시기를 따로 적을 것

㉯ 대금 청구시기와 대금지급시기 사이의 기간이 30일 이내이거나 세금계산서 발급일이 속하는 과세기간(공급받는자가 조기환급을 받은 경우 세금계산서 발급일로부터 30일 이내)에 세금계산서에 적힌 대금을 지급받은 것이 확인되는 경우일 것

(4) 전자세금계산서 발급

2010.1.1 이후 법인사업자는 재화나 용역을 공급한 경우 '전자세금계산서'를 발행하고 세금계산서 발급명세를 국세청에 전송하면 세금계산서를 발급한 것으로 인정한다. 전자세금계산서 발행은 민간시스템 활용 모형 혹은 국세청 온라인(세금)계산서 발행 모형 중 법인이 선택하여 적용할 수 있다.

다. 위탁매매거래, 공동매입 등의 세금계산서 발급 방법

(1) 위탁판매의 경우

① 수탁자가 위탁자(또는 본인)를 공급자로 하여 세금계산서를 발급하되, 세금계산서의 『비고』란에 수탁자의 등록번호를 부기하여야 한다.

② 위탁자(또는 본인)가 직접 재화를 인도하는 경우에는 위탁자가 세금계산서를 직접 발급할 수 있다.(이 경우도 세금계산서의 『비고』란에 수탁자의 등록번호를 부기)

(2) 위탁매입의 경우

○ 공급자가 위탁자(또는 본인)를 공급받는자로 하여 세금계산서를 발급하되, 세금계산서의 『비고』란에 수탁자(또는 대리인)의 등록번호를 부기하여야 한다.

(3) 공동매입 등의 경우

① 전력 및 도시가스를 공급받는 명의자와 실지로 소비하는 자가 서로 다른 경우

해당 명의자는 발급받은 세금계산서에 기재된 공급가액의 범위 안에서 전력 및 도시가스를 실지로 소비하는 자를 공급받는자로 하여 세금계산서를 발급할 수 있다.

- 이 경우 간이과세자나 면세사업자, 고유번호를 부여받은 자도 세금계산서를 발급할 수 있으며, 이때 세금계산서상의 작성일자는 전기사업자나 도시가스사업자로부터 발급받은 세금계산서의 작성일자로 하여야 하며, 비고란에 '전력' 또는 '도시가스'라고 부기함

② 조합 등이 재화를 공급받거나 공급하는 경우

동업자가 조직한 조합 또는 이와 유사한 단체가 그 조합원 기타 구성원을 위하여 재화 또는 용역을 공급하거나 공급받는 경우 위 '①'을 준용. 이 경우 조합 등은 발급받는 세금계산서 공급가액의 범위 내에서 재화 또는 용역을 실지로 사용·소비하는 조합원 등을 공급받는자로 하여 1역월 이내에서 임의로 정한 기간의 공급가액을 합계하여 세금계산서를 발급할 수 있다.

라. 매입자발행 세금계산서

세금계산서 발급의무가 있는 일반과세자로부터 재화 또는 용역을 공급받았으나 공급한 사업자가 거래시기(공급받은 날)에 세금계산서를 발급해주지 않는 경우(사업자의 부도, 폐업 등으로 사업자가 수정세금계산서를 발행하지 않는 경우 포함) 그 재화 또는 용역을 공급받은 자는 관할세무서장의 확인을 받아 세금계산서(매입자발행세금계산서)를 발행할 수 있다.

마. 세금계산서 발급의무 면제

① 택시운송사업자, 노점·행상을 하는 사람, 무인자동판매기를 이용하여 재화나 용역을 공급하는 자, 전력이나 도시가스를 실제로 소비하는 자(사업자가 아닌 자에 한함)를 위하여 전기사업법에 의한 전기사업자 또는 도시가스사업법에 의한 도시가스사업자로부터 전력이나 도시가스를 공급받는 명의자

② 소매업 또는 미용, 욕탕 및 유사서비스업을 경영하는 자
다만, 소매업의 경우 공급받는자가 세금계산서를 요구하지 아니하는 경우에 한함

③ 간주공급에 해당되는 재화

㉮ 자가공급(판매목적 타사업장 반출은 제외) ㉯ 개인적 공급
㉰ 사업상 증여 ㉱ 폐업시 잔존재화

※ 사업자가 자기의 사업과 관련하여 생산하거나 취득한 재화를 자기의 다른 면세사업장에 사용·소비하기 위하여 반출하는 경우 재화의 공급으로 보고 세금계산서를 교부해야 함

④ 부동산임대용역 중 간주임대료

⑤ 다음의 영세율 적용대상 재화 또는 용역
㉮ 수출하는 재화 ㉯ 국외에서 제공하는 용역
㉰ 선박 또는 항공기의 외국항행용역 ㉱ 기타 외화획득사업

⑥ 국내사업장이 없는 비거주자 또는 외국법인에게 공급하는 재화 • 용역
다만, 해당 비거주자 또는 외국법인이 해당 외국의 개인사업자 또는 법인사업자임을 증명하는 서류를 제시하고 세금계산서의 발급을 요구하는 경우 제외

⑦ 다음 각 호의 어느 하나에 해당하지 아니하는 사업을 영위하는 사업자(일반과세자)가 신용카드매출전표 등을 발급한 경우
㉮ 목욕 • 이발 • 미용업
㉯ 여객운송업(「여객자동차운수사업법 시행령」 제3조의 규정에 따른 전세버스운송사업을 제외한다)
㉰ 입장권을 발행하여 경영하는 사업

바. 영수증

부가가치세법 제32조의 규정에 불구하고 대통령령이 정하는 사업자가 재화 또는 용역을 공급하는 때에는 대통령령이 정하는 바에 의하여 영수증을 발급한다(소매업 등 주로 최종소비자에게 재화 또는 용역을 공급하는 사업자가 해당됨). 영수증 발급 대상 업종은 다음과 같다.

① 소매업 ② 음식점업(다과점업 포함) ③ 숙박업
④ 미용, 욕탕 및 유사서비스업 ⑤ 여객운송업
⑥ 입장권을 발행하여 영위하는 사업 ⑦ 공인인증서를 발급하는 사업
⑧ 간편사업자등록을 한 국외사업자가 국내에 공급하는 전자적 용역
⑨ 주로 사업자가 아닌 소비자에게 재화 또는 용역을 공급하는 사업(도정업, 떡류 제조업 중 떡방앗간, 양복점업, 양장점업, 양화점업 등)

사. 수정 세금계산서

(1) 발급사유 및 절차

수정세금계산서는 세금계산서를 발급한 후 다음과 같은 사유가 발생한 경우 발급할 수 있다.

① 당초 공급한 재화가 환입된 경우 : 재화가 환입된 날을 작성일자로 적고 비고란에 당초 세금계산서 작성일자를 부기한 후 주서 또는 부(-)의 표시를 하여 발급

② 계약의 해제로 인하여 재화 또는 용역이 공급되지 아니한 경우 : 계약이 해제된 때에 그 작성일은 계약해제일로 적고 비고란에 처음 세금계산서 작성일을 덧붙여 적은

후 붉은색 글씨로 쓰거나 부(-)의 표시를 하여 발급

③ 계약의 해지 등에 따라 공급가액에 추가 또는 차감되는 금액이 발생한 경우 : 증감사유가 발생한 날을 작성일자로 적고 추가되는 금액은 흑서로, 차감되는 금액은 주서 또는 부(-)의 표시를 하여 발급

④ 재화 또는 용역을 공급한 후 공급시기가 속하는 과세기간 종료후 25일 이내에 내국신용장이 개설되었거나 구매확인서가 발급된 경우 : 내국신용장 등이 개설된 때에 그 작성일자는 당초 세금계산서 작성일자를 적고 비고란에 내국신용장 개설일 등을 부기하여 영세율 적용분은 흑서로, 당초 세금계산서는 주서 또는 부(-)의 표시를 하여 각각 발급

⑤ 필요적 기재사항 등이 착오로 잘못 적힌 경우 등

(2) 수정세금계산서 작성 및 발급방법

① 필요적 기재사항 등이 착오로 잘못 적힌 경우

당초에 발급한 세금계산서와 동일한 내용을 붉은색 글씨로 쓰거나 부(負)의 표시를 한 세금계산서와 정당한 내용을 검정색글씨로 작성한 세금계산서를 각 1조씩 작성하여 함께 발급하되, 수정세금계산서(주서 및 흑서)의 『작성연월일』란에는 당초 세금계산서의 발급일자를 적고, 『비고』란에 수정세금계산서를 실제로 작성하는 일자와 발급사유를 기재

② 공급가액에 추가 또는 차감되는 금액이 발생한 경우

공급가액이 추가되는 경우에는 추가되는 공급가액과 세액을 흑서(黑書)로, 공급가액이 차감되는 경우에는 차감되는 공급가액과 세액을 주서(朱書)로 기재하여 발급(주서분이나 흑서분 중 1조만 작성)

- 『작성연월일』란에는 그 증감사유가 발생한 일자를 적고, 『비고』란에는 당초 세금계산서의 발급일자와 공급가액의 증감사유를 기재

제 5 절 영세율 · 사후환급 기자재 관련 부가가치세

1. 영세율 적용 특례

가. 개 요

부가가치세 영세율이란 과세대상이 되는 재화 또는 용역의 공급가액에 영(0)의 세율을 적용함으로써 매출세액은 영(0)이 되게 하면서 사업자가 재화나 용역을 공급받을 때 거래징수당한 매입세액도 환급해 주는 완전 면세제도이다.

나. 영세율 적용 절차

(1) 업무 흐름도

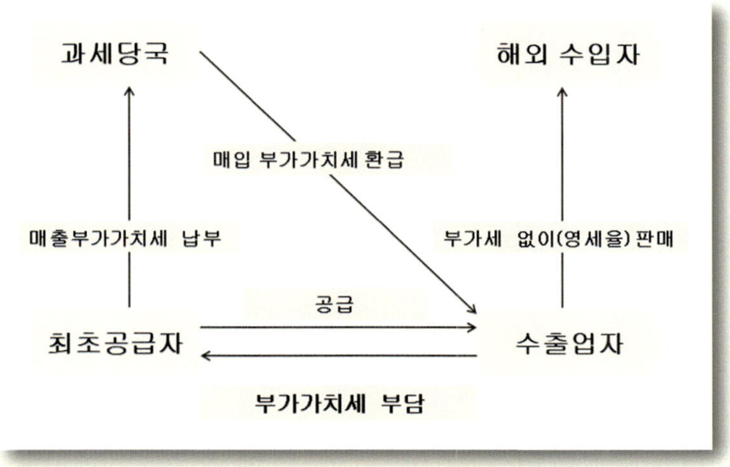

(2) 영세율 자재를 취급하는 법인의 업무처리

「부가가치세법」과 「조세특례제한법」에 따라 영세율을 적용하여 재화 또는 용역을 공급한 경우 영세율 매출명세서를 제출하여야 하며, 영세율이 적용되는 기자재 등을 농민에게 공급하는 경우에는 '판매기록표'를 작성 · 비치하고, 부가가치세 신고 · 납부시 '월별판매액합계표'를 제출하여야 한다.

다. 영세율 적용시 세금계산서 발급

구 분	영세율 적용대상
세금계산서 발급	내국신용장 또는 구매확인서에 의한 수출재화 (간접수출)
세금계산서 발급의무 면제	① 직수출하는 재화 ② 국외에서 제공하는 용역 ③ 항공기의 외국항행 용역 등 ④ 기타 외화획득 사업

【영세율 재화공급시 부가세 납부액 계산】

영세율 재화만을 공급하는 경우 부가가치세 납부액

= 매출세액 − 매입세액

= (매출액 X 0%) − (매입액 X 0%)

= 0 원 − 매입세액 = (−) 납부액 (환급)

라. 영세율 적용대상 기자재

(1) 「부가가치세법」상 영세율 적용대상

① 수출하는 재화　② 국외에서 제공하는 용역(용역의 수출)

③ 선박 또는 항공기의 외국항행용역 ④ 기타 외화를 획득하는 재화・용역

(2) 조세특례제한법상 영세율 적용대상

사업자가 농업 등 또는 임업에 종사하는 자에게 직접 공급하거나, 국가 및 지방자치단체와 「농업협동조합법」에 의하여 설립된 농・축협과 중앙회, 농협경제지주회사 및 그 자회사를 통하여 공급하는 '농・축산업용기자재'에 대하여는 영세율이 적용된다.(조특법§105①5)

※ 영세율 적용 대상 재화(예 : 비료, 농약, 농기계, 배합사료 등)를 관공서, 학교 등 농민이 아닌 자에게 공급하는 경우 영세율 적용 불가

2. 영세율 사후환급 적용 특례

가. 개 요

부가가치세사후환급제도는 비료・농약・농기계・배합사료 등에 대한 영세율 적용 제도와는 달리, 농어민이 사후환급대상 농업용 기자재를 구입 또는 수입한 때에 부담한 부가가치세를 매분기 단위로 관련 증빙에 의하여 사후에 환급해 주는 제도를 말한다.

나. 환급대상 농민・농업용기자재의 범위

1. 농업・임업용 필름[비닐하우스용, 보온못자리용, 작물피복용, 과수 또는 수실류(樹實類) 재배용에 한정한다]과 그 부속자재(비닐 고정용 패드 및 클립, 파이프조리개, 고정구 및 연결핀, 파이프꽂이에 한정한다)
2. 농업・임업용 파이프(작물재배용 및 축산업용 비닐하우스와 과수 또는 수실류 재배용에 한정한다)
3. 농업・임업용 포장상자(종이재질의 농산물・임산물・축산물 포장용에 한정한다)
4. 농업・임업용 폴리프로필렌 포대(곡물 포장용에 한정한다)

5.~55. 생략

56. 소문망
57. 조사료 생산용 종자류
58. 점적(點滴)호스(점적테이프 및 분수호스를 포함한다)
59. 농업용수 처리기
60. 농업용 제습기
61. 농산물 건조기
62. 농산물 선별기 및 정선기
63. 개량 물꼬(논물의 수위를 조절하는 장치를 말한다)
64. 농업용 관비기
65. 농업용 양액기
66. 스마트팜용 센서류(온실이나 축사의 온도, 습도, 이산화탄소, 악취 등을 감지하여 환경을 조절하는 것을 말한다)・구동기류(驅動機類)・복합환경제어기
67. 스마트팜용 LED조명 및 인삼재배용 거적(2025년부터)

다. 사후환급대상 기자재의 매입·매출시 유의사항

① 매입시 : 세금계산서를 수취하고 관련 거래징수 당한 세액은 부가가치세선급금으로 기표

② 매출시 : 과세가격으로 공급하고, 부가가치세예수금으로 기표하며, 농업인이 사후 환급 증빙자료로 활용할 수 있도록 세금계산서를 발급

③ 신고·납부시 : 부가가치세신고서상 과세거래분 중 세금계산서발급분①에 포함하여 과세표준 및 세액을 신고·납부하고, 수수한 세금계산서는 매입·매출처별세금계산서합계표를 작성하여 신고

※ 사후 환급되는 기자재는 일반과세로 공급하므로 영세율 첨부서류(월별판매액합계표) 제출 대상이 아님

제 6 절 부가가치세 면세사업 관련 세무

1. 면세의 개요

면세란 특정한 재화나 용역의 공급 및 재화의 수입에 대하여 해당 사업자에게 부가가치세 납세의무가 면제되는 것을 말한다. 면세사업자는 납세의무가 없기 때문에 재화나 용역을 공급할 때 상대방으로부터 부가가치세를 거래징수하지 않으며, 재화·용역을 공급받을 때 거래징수당한 부가가치세는 매입세액으로 공제(환급)받지 못하기 때문에 해당 거래의 취득원가 또는 지급비용에 더하여 거래상대방에게 전가하게 된다.

면세제도는 해당 재화나 용역을 공급받을 때 부담한 매입세액을 매출세액에서 공제(환급)받지 못하기 때문에 그 매입세액을 원가에 더하여 상대방에게 전가하게 되므로, 면세는 자기단계에서 창출한 부가가치(마진)에 대한 부가가치세가 면제되는 것으로 부분적인 면세효과가 있다. 영세율제도는 과세되는 재화·용역의 공급시에 영(0)의 세율을 적용함으로써 부가가치세를 거래징수하지 않고 재화·용역을 공급받을 때 부담한 매입세액을 환급하여 주기 때문에 완전면세의 효과가 있다.

【 영세율과 면세의 차이점 】

구 분	영 세 율	면 세
취지	소비지국과세원칙의 구현	부가가치세의 역진성 완화
대상	수출하는 재화 등 특정 거래	기초생활 필수재화·용역 등 특정 재화·용역
면세정도	완전면세제도(영세율 적용단계 및 그 전단계의 부가가치 전체에 대하여 면제)	부분면세제도(면세 적용단계에서 창출되는 부가가치에 대하여 면제)
과세표준 및 매출세액	과세표준에는 포함되나, 영의 세율이 적용되므로 거래징수할 매출세액은 없음	납세의무가 없으므로 과세표준에 포함되지 아니하며, 거래 징수할 매출세액도 없음
매입세액	매입세액이 전액 환급되어 최종 소비자에게 전가되지 않음	매입세액이 공제되지 아니하므로 재화의 공급가액에 포함되어 최종소비자에게 전가
사업자 여부	부가가치세법상의 사업자임	부가가치세법상의 사업자가 아님
의 무	부가가치세법상 사업자로서의 제반의무 이행	부가가치세법상 사업자가 아니므로 원칙적으로는 제반의무를 이행할 필요가 없음

2. 면세대상 재화 또는 용역

(1) 부가가치세법상 면세대상이 되는 재화 또는 용역의 공급(부법§26)

구 분	면 세 대 상
기초생활 필수품	① **가공되지 아니한 식료품(식용에 제공되는 농·축·수·임산물을 포함)** ② 우리나라에서 생산된 식용에 쓰이지 아니하는 농·축·수·임산물 ③ 수돗물 ④ 연탄과 무연탄 ⑤ 여성용 생리처리 위생용품 ⑥ 여객운송용역(다만, 항공기, 고속버스, 전세버스, 택시, 특수자동차 또는 고속철도에 의하여 제공되는 여객운송용역은 제외) ⑦ 주택과 이에 부수되는 토지의 임대용역 - 주택과 이에 부수되는 토지의 임대는 상시 주거용(사업을 위한 주거용의 경우를 제외한다)으로 사용하는 건물(이하 "주택"이라 한다)과 이에 부수되는 토지로서 그 면적이 건물이 정착된 면적의 5배(도시지역외의 지역에 있는 토지의 경우에는 10배)를 초과하지 아니하는 것의 임대를 말하며, 이를 초과하는 부분은 토지의 임대로 본다.
국민후생 용역	① 의료보건용역(**인간의 질병치료 의료용역에 한하여 면세**)과 혈액 ② 교육용역(**「체육시설설치·이용법」상 무도학원(11.7.1 이후), 「도로교통법」상 자동차운전학원(12.7.1 이후) 과세전환)**
문화관련 재화·용역	① 도서(도서대여용역 포함), 신문, 잡지, 관보, 통신 및 방송(다만, 광고는 제외) 등 ② 예술창작품, 예술행사, 문화행사와 비직업운동경기 ③ 도서관, 과학관, 박물관, 미술관, 동물원 또는 식물원의 입장
부가가치 생산요소	① **토지** ② **금융·보험용역**
근로 유사 인적용역	① **개인이 '물적시설 없이 근로자를 고용하지 않고' 독립된 자격으로 공급하는 인적용역**(즉 인적·물적 설비를 갖춘 사업자의 인적용역은 과세) ② 개인·법인 등이 독립된 자격으로 공급하는 인적용역
기타재화·용역	① 우표(수집용 우표는 제외), 인지, 증지, 복권과 공중전화 ② 제조담배(판매가격 200원 이하) ③ 종교, 자선, 학술, 구호 기타 공익단체가 공급하는 재화 또는 용역으로서 세법에서 정하는 것 ④ 국가, 지방자치단체, 지방자치단체조합이 공급하는 재화·용역. 다만, 택배용역, 고속철도 여객운송용역, 부동산 임대업, 도·소매업, 음식·숙박업, 골프장·키장운영업, 기타 운동시설 운영업 등은 제외한다. ⑤ 국가, 지방자치단체, 지방자치단체조합 또는 세법에서 정하는 공익단체에 무상으로 공급하는 재화 또는 용역

☑ 면세대상 개정 필요

기초생활필수품은 생존을 위해 필수불가결한 재화와 용역을 의미하는데, 현재 부가가치세법에 반영된 기초생활필수품은 실제와 차이를 보이고 있다. 예를 들어, 현 시점에서 생활필수품에는 휴대폰, 공적 마스크, 저출산 고령화 시대에 필요한 물품 등이 포함되어야 할 것이다.

(2) 「조세특례제한법」상 면세대상이 되는 재화 · 용역의 공급

① 정부업무대행단체가 공급하는 재화 또는 용역

② 농 · 어업용 석유류, 연안여객선박용 석유류

㉮ 적용시한(조특법§106조의2)

농 · 어민이 농업 또는 어업에 사용하기 위한 농업용 석유류와 어업용 석유류 및 연안여객 선박용 석유류에 대하여는 2015.12.31까지 공급하는 것에 대한 부가가치세 전액 면제

㉯ 농 · 어업용 면세 석유류 적용대상 농 · 어민의 범위

한국표준산업분류표상의 농업 중 작물재배업 · 축산업 · 작물재배 및 축산복합농업 또는 농산물건조장운영업에 종사하는 다음 각목의 1에 해당하는 자(콩나물재배업자는 제외)

- 개인(「농어업경영체 육성 및 지원에 관한 법률」제4조제1항에 따라 농어업경영정보를 등록한자)
- 「농어업경영체 육성 및 지원에 관한 법률」에 따라 설립된 영농조합법인과 농업회사법인
- 「농업협동조합법」에 따른 조합, 조합공동사업법인 및 경제사업

㉰ 농 · 어업용 면세 석유류의 범위

부가가치세가 면세되는 농업용 석유류는 다음의 [별표2]에서 규정하는 농업용기계로서 「농업협동조합법」에 의한 조합 · 경제사업에 신고된 것에 사용할 목적으로 공급하는 석유류를 말한다(「농 · 축산 · 임 · 어업용기자재 및 석유류에 대한 부가가치세영세율 및 면세적용 등에 관한 특례규정」§15).

㉱ 면세유전용구매카드제

모든 농민은 면세유를 공급받고자 하는 경우는 면세유 취급기관인 농 · 축협으로부터 면세유전용카드를 발급받고 구입시마다 유류 판매사업자에게 전용구매카드를 제시해야 한다.

㉲ 면세유전용구매카드 사용지역 제한

농민은 면세유전용구매카드를 주소지 시 · 군 또는 경작지 시 · 군 관할지역에서만 사용할 수 있으며, 이외 지역에서는 사용할 수 없다.

㉥ 면세유에 대한 부가가치세 매입세액 및 개별소비세 등 환급방법

- 과세로 공급받은 면세유의 부가가치세 매입세액은 부가가치세 신고시 매출세액에서 공제하는 방법으로 환급한다.(세금계산서를 발급받아야 함)
- 과세로 공급받은 면세유에 부가된 개별소비세, 교통·에너지·환경세, 교육세 및 주행세는 기획재정부령으로 정하는 신청서에 '면세유류공급명세서'를 첨부하여 공급받은 다음달 10일까지 관할세무서장에게 제출하는 방법으로 환급받아야 하며, 이 경우 신청서에는 농·어민 등에게 매월 공급한 면세유의 석유제품별 수량 및 환급세액 등을 기재하여야 한다.

㉦ 농업용난방기의 사용유종

농업용난방기에 사용할 수 있는 면세유 유종에 대하여는 제한이 없으나, 2010.1.1이후 출고되는 농업용난방기의 '경유'공급분에 대하여는 면세유 적용을 배제한다.

㉧ 계측기 부착대상 농업기계의 범위

농업기계 중 트랙터, 콤바인, 10톤 이상의 농선, 농업용난방기, 버섯재배소독기, 곡물건조기 및 농산물건조기는 면세유 사용실적을 확인할 수 있는 계측기를 반드시 부착하여야 한다.

③ 농·어업 경영 및 농·어작업의 대행용역:「농어업경영체 육성 및 지원에 관한 법률」 제16조에 따라 설립된 영농조합법인 및 같은법 제19조에 따라 설립된 농업회사법인이 공급하는 농업경영 및 농작업의 대행용역

④ 도서지방의 자가발전에 사용할 목적으로 수협경제사업에 직접 공급하는 석유류

⑤ 구내식당 및 위탁급식에 의하여 공급하는 음식용역: 공장, 광산, 건설사업현장, 노선여객자동차 운송사업자의 사업장과 「초·중등교육법」 제2조 및 「고등교육법」 제2조에 따른 학교의 경영자가 그 종업원 또는 학생의 복리후생 목적으로 해당 사업장 등의 구내에서 식당을 직접 경영하여 공급하거나 「학교급식법」 제4조 각 호의 어느 하나에 해당하는 학교의 장의 위탁을 받은 학교급식공급업자가 같은법 제15조에 따른 위탁급식의 방법으로 해당 학교에 직접 공급하는 음식용역

⑥ 대통령령으로 정하는 국민주택 및 그 주택의 건설용역·리모델링용역

⑦ 공동주택 중 국민주택을 제외한 주택에 공급하는 대통령령으로 정하는 일반관리용역·경비용역 및 청소용역

⑧ 천연가스사용 시내버스

⑨ 영유아용 기저귀와 분유

3. 면세사업 영위시 세무처리

가. 사업자등록(또는 법인설립신고)

① 사업장마다 사업개시일로부터 20일 이내에 사업자등록을 하여야 한다. 이 경우 부가가치세법에 의하여 과세사업자로 등록한 경우에는 법인세법에 의하여 등록한 것으로 간주된다.

② 「법인세법」에 의하여 법인설립신고(본점, 지점 또는 출장소)를 한 때에는 사업자등록을 한 것으로 보며, 사업자등록을 한 때에는 법인설립신고를 한 것으로 본다.

나. 계산서 발급

(1) 계산서의 의의

면세사업자가 재화 또는 용역을 공급한 경우에는 그 공급한 사실 및 공급가액 등을 기재한 계산서(또는 영수증)를 작성・발급

(2) 계산서 발급의무자

법인 중 영수증 발급의무자 이외의 자(개인 면세사업자는 소득세법에 규정함)

(3) 계산서 발급시기

① 원칙적인 경우 : 거래시기
② 합계계산서 발급특례 : 세금계산서와 동일함(p, 143 참조)

(4) 영수증 발급의무자

○ 소매업자
○ 금전등록기를 설치하고 재화 또는 용역을 공급하는 사업자
○ 주로 사업자가 아닌 소비자에게 재화 또는 용역을 공급하는 사업자로서 국세청장이 정하는 사업을 영위하는 자

4. 면세포기

면세포기라 함은 부가가치세가 면제되는 재화 또는 용역을 공급하는 자가 해당 면세재화 또는 용역의 공급에 대하여 면세적용을 받는 것을 포기하고 과세로 적용받는 것을 말한다.

① 면세사업자는 부가가치세 신고·납부의무 등이 면제되지만 매입세액을 공제받지 못하기 때문에 자금부담 측면에서는 과세사업자에 비해 불리한 점도 있음. 따라서 다음의 경우에는 면세를 포기하고 과세를 적용받을 수 있도록 예외를 인정하고 있음

② 면세포기의 대상(부가가치세법상)

㉮ 면세되는 재화 또는 용역으로서 영세율 적용의 대상이 되는 것

㉯ 면세되는 주택과 부속토지의 임대용역

㉰ 면세되는 인적용역

㉱ 종교·학술·자선단체 등 공익단체가 공급하는 재화 또는 용역

③ 부가가치세가 면제되는 재화를 수출하는 경우에는 면세를 포기하고 영세율 적용을 받게 되면 공급받는 단계에서 부담한 매입세액을 환급받을 수 있게 되어 자금부담 측면에서 면세에 비해 유리(예 : 면세되는 김치 등)

④ 한번 면세포기를 하게 되면 신고한 날로 부터 3년간은 부가가치세의 면제를 적용받지 못함. 면세포기 신고를 한 사업자가 신고한 날로부터 3년이 경과하여 다시 부가가치세의 면제를 받고자 하는 경우에는 면세적용신고서와 함께 발급받은 사업자등록증을 제출하여야 함

5. 계산서 관련 가산세

① 계산서를 발급하지 아니하거나, 가공 및 위장계산서 수수하는 경우 : 공급가액의 2%(가공 3%) (단, 전자계산서를 발급하지 아니하였으나 전자계산서 외의 계산서를 발급한 경우는 공급가액의 1% 적용)

② 발급한 계산서에 기재하여야 할 사항의 전부 또는 일부가 기재되지 아니하거나 사실과 다르게 기재된 경우, 계산서를 지연발급한 경우 : 공급가액의 1%

③ 매출·매입처별계산서합계표를 기한 내에 제출하지 아니하거나, 제출한 경우로서 기재하여야 할 사항의 전부 또는 일부가 기재되지 아니하거나 사실과 다르게 기재된 경우 : 공급가액의 0.5%

④ 면세사업자가 매입처별 세금계산서 합계표를 기한 내에 제출하지 아니하거나, 제출한 경우로서 기재하여야 할 사항의 전부 또는 일부가 기재되지 아니하거나 사실과 다르게 기재된 경우 : 공급가액의 0.5%

제 7 절 식품가공사업 및 수출업무 관련 부가가치세

1. 식품가공사업 관련 부가가치세 세무

가. 과세대상인 식품가공사업의 범위

식품가공사업은 부가가치세가 과세된다. 여기서 식품가공사업이라 함은 식품위생법시행령에서 규정하고 있는 식품제조·가공업과 첨가물제조업을 말한다. 그러나 식품가공사업부문에서 공급하는 제품이 부가가치세법상 가공되지 아니한 식료품(미가공식료품)이거나 농·축·수·임산물에 해당하는 경우에는 부가가치세가 면제된다.

나. 면제대상인 미가공식료품 및 농·축·수·임산물의 범위

(1) 미가공식료품

① 미가공식료품의 범위(부령§34)

부가가치세가 면제되는 미가공식료품의 범위는 우리가 일반적으로 생각하는 식료품이 아니라 '[별표1] 미가공식료품분류표'상에 열거된 것에 한한다.

※ 면세되는 미가공식료품에는 다음을 포함한다.

- 데친채소류·김치·두부·단무지·장아찌·젓갈류·게장·간장·된장·고추장·메주 등 기획재정부령이 정하는 단순 가공식료품
  다만, 단순하게 운반편의를 위하여 일시적으로 관입·병입 등의 포장을 하는 경우에는 면세되나 제조시설을 갖추고 판매목적으로 독립된 거래단위로 관입·병입 기타 이와 유사한 형태로 포장하여 공급하는 것은 과세됨. 따라서 슈퍼 등에서 병입 형태 등으로 포장되어 판매되는 된장·김치·두부 등은 과세됨
- 원생산물의 본래의 성질이 변하지 아니하는 정도로 1차 가공하는 과정에서 필수적으로 발생하는 부산물
  즉, 면세농산물의 원시가공과정에서 필수적으로 발생되는 부산물(곡물배아, 쌀겨, 밀기울 등)에 대하여는 모든 유통과정에서 면세됨
- 미가공식료품을 단순이 혼합한 것(면세+면세, 해산물+고추장 등)
- 쌀에 식품첨가물 등을 첨가 또는 코팅하거나 버섯균 등을 배양시킨 것으로서 기획재정부령이 정하는 것

② 가공 상태

가공되지 아니한 식료품이라 함은 다음에 규정하는 것으로서 가공되지 아니하거나, 탈곡・정미・정맥・제분・정육・건조・냉동・염장・포장 기타 원생산물의 본래의 성질이 변하지 아니하는 정도의 1차 가공을 거쳐 식용에 공하는 것을 말한다(부령§34①, 부칙 §24).

☞ 곡류・서류・특용작물류・과실류・채소류・수축류・수육류・유란류(우유 및 분유 포함)・생선류(고래 포함)・패류・해조류・이외에 식용에 공하는 농산물・축산물・수산물・임산물・소금(「식품위생법」제7조제1항에 따라 식품으로 정해진 것에 한함) 등

(2) 농 · 축 · 수 · 임산물

식용에 쓰이는 농・축・수・임산물에 대하여는 국내산 또는 외국산을 불문하고 면세한다. 그러나 식용에 쓰이지 않는 농・축・수・임산물에 대하여는 국내산에 한하여 면세한다. 따라서 외국에서 묘목을 수입하여 그대로 판매하는 것은 과세되지만, 수입 후 국내에서 재배하여 판매하는 경우에는 면세되는 것이다. 또한 식용에 쓰이지 않는 농・축・수・임산물이 면세되기 위해서는 원생산물 본래의 성상(성질과 상태)이 변하지 아니하는 정도의 원시가공을 한 것으로 한다. 따라서 공예품을 생산하여 판매하는 것은 과세되는 것이다.

다. 사업자등록

부가가치세가 과세되는 식품가공사업을 영위하는 경우에는 부가가치세법에 의한 과세사업자 등록을 하여야 한다.

(1) 과세사업자로 기등록된 경우

신규로 식품가공사업을 영위하게 되는 경우 가공공장이 기존 과세사업장과 동일한 또는 연접한 필지에 있는 경우에는 기존 사업자등록을 정정(업종 및 종목 추가)하여야 한다.

(2) 면세사업자로 등록된 경우

부가가치세 면세사업만을 영위하는 법인이 신규로 식품가공사업을 영위코자 하는 경우 기존의 사업자등록은 법인세법에 의한 것이므로 이를 반납하고, 부가가치세법에 의한 사업자등록으로 정정 신고하여야 한다.

※ 식품위생법시행령에서 규정한 식품제조・가공업을 영위하고자 하는 자는 관할 시, 군, 구청장의 영업허가를 받아 사업허가증 사본을 첨부하여야 한다.

라. 의제매입세액공제(부법§42①,②)

의제매입세액은 부가가치세가 면제되는 농산물・축산물・수산물・임산물의 생산과정에 투입된 농어민 등이 부담한 부가가치 상당액을 농산물・축산물・수산물・임산물을 구매하는 사업자에게 그 구입가액의 일정률에 해당하는 금액을 매입세액으로 의제하여 공제하여 주는 제도이다.

이 제도는 면세로 공급받은 재화에 포함된 부가가치세에 대한 일정액을 공제하여 줌으로써 판매가격 인하에 따른 소비자 부담의 경감을 도모코자 함에 그 취지가 있다.

(1) 의제매입세액 공제요건

1) 사업자등록을 한 사업자이며, 모든 업종을 대상으로 하고 있다.

① 사업자라 함은 부가가치세법 제8조의 규정에 의하여 사업자등록을 한 일반과세자와 대통령령이 정하는 간이과세자를 말한다. 그러므로 사업자등록을 하지 아니한 사업자는 의제매입세액을 공제받을 수 없다.

② 의제매입세액공제대상 업종은 면세농산물 등을 원재료로 하여 제조・가공한 재화 또는 창출한 용역을 공급하는 모든 업종을 그 대상으로 하고 있다.

※ 제조업뿐만 아니라 음식점업・숙박업, 건설업 등 농・축・수・임산물을 원료로 하여 재화・용역을 공급하는 모든 업종이 해당됨

2) 농산물・축산물・수산물 또는 임산물을 면세로 공급받아야 한다.

의제매입세액공제대상 품목은 사업자가 부가가치세 면세로 공급받는 『농산물・축산물・수산물 또는 임산물』이다. 여기서 부가가치세를 면제받아 공급받은 농산물 등은 부가가치세법 제12조의 규정에 의하여 면세되는 농산물을 말하는 것으로 이를 구분하면 다음과 같다.

① 국내산

㉮ 시행규칙 [별표1]의 미가공식료품 중 농・축・수・임산물(단순 가공식품인 김치・간장・단무지・두부 등과 소금은 2002년 공급받는 분부터, 게장은 2004.7월 공급받는 분부터, 데친채소류는 2005.7월 공급받는 분부터 포함)

㉯ 국내에서 생산된 [별표1]에서 열거한 미가공식료품뿐만 아니라 열거하지 않고 농・축・수・임산물

㉰ 위 ㉮・㉯와 관련하여 필수적으로 부수되는 재화(예: 포장상자 등)

② 수입산

㉮ 시행규칙 [별표1]의 미가공식료품 중 농・축・수・임산물

㉯ 위 ㉮와 관련하여 필수적으로 부수되는 재화

3) 농산물 등을 원재료로 하여 제조 또는 가공하여야 한다.
면세로 공급받아 농산물 등을 『원재료로 하여』란 면세농산물 등을 재화의 생산에 직접 사용・소비하는 것을 말한다. 따라서 사업을 위하여 타인에게 면세농산물을 사용 소비하게 하는 사업상 증여는 포함되지 아니한다.

4) 제조・가공한 재화 또는 창출한 용역의 공급이 과세되어야 한다.
부가가치세의 면제를 받아 공급받은 농산물・축산물・수산물 또는 임산물을 원재료로 하여 제조・가공한 재화 또는 창출한 용역의 공급이 과세되어야 한다.

5) 의제매입세액 공제신청을 하여야 한다.
면세농산물 등을 공급받은 사실을 증명할 수 있는 서류, 즉 계산서, 영수증 및 제조업자로서 농어민으로부터 직접 공급받은 때에는 부가가치세(예정)확정신고시 신고서와 함께 의제매입세액공제신고서를 제출하는 경우에 한하여 의제매입세액을 공제받을 수 있다.

6) 겸업사업자인 경우
과세사업과 면세사업을 겸영하는 사업자가 면세농산물 등을 공급받는 경우에는 해당 원재료의 실지 귀속에 따라 의제매입세액 대상 여부를 구분한다. 이 경우 실지 귀속이 불분명한 경우에는(차기이월 원재료는 귀속이 불분명한 것으로 봄) 해당 과세기간의 과세 공급가액 비율을 적용하여 의제매입세액을 계산한다.(부칙§56)

(2) 의제매입세액의 공제시기

의제매입세액의 공제시기는 사업자가 면세농산물 등을 구입한 날이 속하는 예정신고기간 또는 과세기간이다. 여기서 “면세농산물을 구입한 날”이라 함은 해당 재화의 매입가액이 확정되고 그 소유권이 이전되는 때를 말하는 것이다(부가 1265-1109,1982.5.3).

※ 예정신고기간에 공급받았으나 예정신고시 공제하지 못한 경우에는 확정신고시 공제할 수 있다. 그러나 확정신고시 공제하지 못한 경우에는 국세기본법에 의한 수정신고 또는 경정청구를 통하여 공제할 수 있다.

☑ 의제매입세액 공제한도

– 제조업을 영위하는 법인은 면세농산물 가액의 2/102(중소기업은 4/104)만큼 공제받을 수 있으나, 2025년 12월 31일까지는 과세표준에 100분의 50을 곱하여 계산한 금액에 공제율을 곱한 금액을 한도로 한다.

2. 수출시 부가가치세 세무

가. 수 출

부가가치세법상 다음의 수출하는 재화에 대하여는 영세율을 적용한다.(부법§21,부령§31)

① 내국물품을 외국으로 반출하는 것

② 국내의 사업장에서 계약과 대가수령 등 거래가 이루어지는 것으로서 다음에 해당하는 것

㉮ 「대외무역법」에 의한 중계무역방식의 수출

㉯ 「대외무역법」에 의한 위탁판매수출

㉰ 「대외무역법」에 의한 외국인도수출

㉱ 「대외무역법」에 의한 위탁가공무역방식의 수출

③ 내국신용장 또는 대외무역법에서 정하는 구매확인서에 의하여 재화를 공급하는 경우

④ 한국국제협력단에 외국무상반출용으로 공급하는 재화

⑤ 수탁가공무역수출용으로 반출하는 재화(2002.1.1 이후 공급분부터 적용)

나. 직접 수출하는 경우

(1) 사업자가 자기명의로 생산하거나 취득한 내국물품을 외국으로 직접 반출하는 것을 말하며 영세율이 적용된다. 즉, 내국물품을 유상으로 반출하든 무상으로 반출하든 외국으로 반출하는 재화는 모두 영세율 적용대상이다.

- 영세율 적용시기(공급시기) : 수출재화 선적일
- 영세율 적용범위(과세표준) : 수출가액(신용장상의 금액에 관계없이 실제 수출금액)

(2) 세금계산서 발급의무 : 면제

(3) 부가가치세 신고시 영세율 적용 첨부서류

- 일반적인 수출의 경우 : 수출실적명세서

  ※ 수출대금입금증명서 또는 수출신고필증

  : 수출대금입금증명서는 증서의 명칭에도 불구하고 수출대금의 입금사실을 증명하면 됨(재무부 조법 1265-2065, 1982.7.26).

- 소포우편에 의한 수출의 경우 : 우체국장 발행 소포 수령증

다. 대행수출하는 경우

(1) 무역업등록이 없는 자가 수출을 하려고 할 때 무역업자인 수출업자와 수출대행계약에 의해 대행·위탁하여 무역업자의 명의로 수출하는 것을 말하며, 이에 대하여도 재화의 수출로 보아 영세율을 적용한다.

※ 대행수출의 종류 : 단순수출대행, 내국신용장 개설방식의 수출대행, 수출업무대행방식, 금융 제공 수출대행방식

- 영세율 적용시기(공급시기) : 수출재화의 선적일(기적일)
- 영세율 적용범위(과세표준) : 수출가액(신용장상의 금액에 관계없이 실제 수출금액)
- 수출대행업자인 수출업자의 과세표준 : 수출대행용역 수수료(영세율 적용 안됨)

(2) 세금계산서 발급

- 수출품생산업자 : 면제
- 수출대행업자인 수출업자 : 수출대행 수수료에 대하여 발급(수출업자→수출품생산업자)

(3) 신고시 영세율 적용 첨부서류

- 수출대행계약서 사본과 수출신고필증 또는 수출대금입금증명서 사본. 다만, 수출신고필증상에 수출위탁자(수출품생산업자)가 표시된 경우에는 수출신고필증만 제출하여도 된다.
- 수출실적명세서

라. 내국신용장 또는 구매확인서에 의한 재화의 공급

영세율이 적용되는 수출하는 재화의 범위에는 내국신용장 또는 대외무역법에서 정하는 구매확인서에 의하여 공급하는 재화를 포함한다. 내국신용장과 구매확인서에 의한 공급은 재화를 국외로 반출하는 것이 아닌 국내사업자간의 거래이지만 외국으로 수출할 것을 전제로 하는 것이기 때문에 수출업자를 지원하기 위하여 부가가치세 영세율 적용대상인 수출에 포함시키고 있다.

○ 내국신용장(Local L/C)

수출업자가 수취한 수출신용장, 선수출계약서 및 외화표시물품공급계약서, 원내국신용장 등을 담보로 수출이행에 필요한 원자재 또는 완제품을 국내에서 원활히 조달하기 위하여 국내공급자(제조업자)를 수혜자로 하여 개설된 국내에서 통용되는 신용장(信用狀)을 말한다.

○ 구매확인서

수출금융 한도부족이나 단순송금방식에 의한 수출 등 내국신용장의 개설이 어려운 상황에서 국내에서 생산된 물품이나 수입된 물품을 외화획득용 원료 또는 물품으로 사용하기 위하여 외국환은행의 장이 내국신용장에 준하여 발급해 주는 증서를 말한다.

(1) 공급시기

재화 또는 용역의 공급시기에 내국신용장 또는 구매확인서가 개설되거나 발급되어 있는 경우에는 영세율이 적용된다. 재화 또는 용역의 공급 후 내국신용장 또는 구매확인서가 개설되거나 발급된 경우에는 그 공급시기가 속하는 과세기간 종료 후 25일 이내에 이루어진 경우에는 기공급한 재화 또는 용역에 대하여는 영세율이 적용되고, 당초에 재화 또는 용역의 공급에 대하여 발급하였던 일반세율이 적용된 세금계산서를 영세율이 적용되는 세금계산서로 수정하여 발급하는 것이며, 수정세금계산서의 작성연월일은 당초 세금계산서 발급일이 되는 것이다.

(2) 영세율 적용 범위

① 사업자가 영세율이 적용되는 내국신용장 또는 구매확인서에 의해 재화를 공급하는 경우의 과세표준은 해당 재화의 공급가액이 되는 것이고, 내국신용장 · 구매확인서에 의하여 공급된 재화는 공급된 이후 해당 재화를 공급받는자가 수출용도에 사용하였는지 여부에 불구하고 영세율이 된다.

② 내국신용장에 의하여 재화를 공급하고 그 대가의 일부(관세환급금 등)를 내국신용장상 금액에 포함하지 아니하고 별도로 받는 경우, 해당 금액이 대가의 일부로 확인되는 때에는 영세율을 적용한다(부기통21-31-8).

③ 사업자가 내국신용장에 의하여 수출업자 또는 수출품생산업자에게 재화를 공급하고 해당 수출업자 또는 수출품생산업자로부터 그 대가의 일부로 받는 관세환급금은 영의 세율을 적용한다. 다만, 수출업자 또는 내국신용장에 의하여 완제품을 수출업자에게 공급하는 자가 세관장으로부터 직접 받는 관세환급금과 수출품생산업자가 수출대행자로부터 받는 관세환급금은 대가의 일부로 받는 것이 아니기 때문에 과세하지 아니한다(부기통21-31-9).

(3) 신고시 영세율 신고서류

① 내국신용장 또는 대외무역법에서 정하는 구매확인서 사본 또는 외국환은행이 발급하는 수출대금입금증명서

② 관세환급금 등에 대한 첨부서류 : 관세환급금 등 명세서(내국신용장에 포함되지 않은 관세환급금에 한함)

(4) 농업인이 내국신용장 · 구매확인서에 의하여 재화를 공급하는 경우의 세무처리

농업인은 면세품인 농축산물을 생산하여 판매하므로 부가가치세법상 사업자가 아니나, 농축산물을 수출제품의 원료로 제공하는 경우에는 면세포기를 하여 과세사업자가 될 수 있다. 면세포기하여 과세사업자로 전환된 농민은 면세포기 전과는 달리 부가가치세법상 일반과세사업자가 되는 것이며, 부가가치세법상 제의무(사업자등록, 부가가치세 신고납부 등)를 이행하여야 하는 것이며, 동 의무 이행을 통하여 농업생산에 투입된 재화(농약, 비료, 사료, 기자재 등)를 구입하면서 부담한 매입세액을 환급받을 수 있다.

제 8 절 부가가치세 신고 · 납부

1. 일반적인 신고 · 납부(기한 내 신고 · 납부)

부가가치세는 원칙적으로 납세의무자가 스스로 과세표준과 납부하여야 할 세액을 자기계산하에 신고·납부함으로써 납세의무가 확정되는 자기결정제도를 택하고 있다.

가. 신고 · 납부 주체(부법§6)

부가가치세는 **사업장마다 신고·납부**하여야 한다. 다만, 총괄납부 신청기간 중에는 각 사업장의 납부세액 또는 환급세액은 주된 사업장에서 총괄납부한다.(이 경우에도 신고는 각 사업장별로 하여야 함) 사업자단위과세자로 등록한 경우에는 본점에서 총괄 신고·납부한다.

나. 신고 · 납부시기(부법§48, 49)

1) 부가가치세의 신고·납부시기는 예정신고와 확정신고로 구분되며, 각각의 과세기간 및 신고·납부기한은 다음과 같다.

구 분		과세기간	신고·납부기한
제1기	예정신고	1. 1 ~ 3. 31	4. 25
	확정신고	4. 1 ~ 6. 30	7. 25
제2기	예정신고	7. 1 ~ 9. 30	10. 25
	확정신고	10. 1 ~ 12. 31	익년 1. 25

2) 예정신고시에 누락된 부가가치세 매출세액은 확정신고시에 포함하여 신고·납부할 수 있으나, 가산세 등은 배제되지 않는다.

- 예정신고시 누락분을 확정신고에 포함하여 신고·납부하는 경우 적용되는 가산세

☞ 신고납부 불성실 가산세 : 과소납부세액의10% + 지연이자상당액(납부세액 × 1일 25/100,000 적용)

☞ 매출처별세금계산서합계표 지연제출 가산세 : 공급가액의 0.3%

* 매출처별세금계산서합계표를 확정신고시까지도 제출하지 아니한 경우에는 공급가액의 0.5%를 가산세로 부담하여야 함

3) 신규사업자는 사업개시일(사업개시일전 등록한 경우 등록일)부터 그날이 속하는 과세기간의 종료일까지를 과세기간으로 하고, 사업을 폐쇄하는 사업자는 폐업일이 속하는 과세기간의 개시일부터 폐업일까지를 과세기간으로 한다.

다. 매출/매입세액 신고 및 납부/환급 요청

과세사업자(과세・면세 겸영사업자포함)는 부가가치세신고서(별지 제21호 서식)를 제출하여 매출세액과 매입세액을 신고하고 면세사업자는 부가가치세 신고・납부 의무가 없기 때문에 부가가치세신고서를 제출하지 않는다.

(1) 매출세액(과세표준 포함) 신고

신고내용						
구분				금액	세율	세액
과세표준 및 매출세액	과세	세금계산서발급분	①		10/100	
		매입자발행세금계산서	②		10/100	
		신용카드・현금영수증발행분	③		10/100	
		기타(정규영수증외매출분)	④	매출액 신고	10/100	세액신고
	영세율	세금계산서발급분	⑤		0/100	
		기타	⑥	매출액 신고	0/100	
	예정신고누락분		⑦			
	대손세액가감		⑧			
	합계		⑨	매출액 신고		㉮

○ 과세사업자는 각 신고기간 중 부가가치세가 과세되는 재화 및 용역을 공급하면서 거래상대방으로부터 받은 대가 및 취급수수료 등의 과세표준(매출액)과 세액은 "부가가치세신고서상 '과세표준 ①,②,③,④'란에 기재하여 신고한다.

☞ 과세표준 및 매출세액 중 세금계산서 발급분은 ①, ②란에, 세금계산서 발급분 이외의 과세 매출분은 신용카드 또는 현금영수증발급분과 기타 영수증 발급분으로 구분하여 신용카드등 발급분은 '③'란에 기재하고 기타 영수증 발급분은 '④'란에 기재하여 신고

○ 영세율 재화(비료, 농약, 농기계, 배합사료, 장애인용용품 등)의 매출액은 부가가치세신고서상 '과세표준 ⑤,⑥'란에 기재하여 신고하고, 이에 대한 영세율첨부서류(영세율 매출명세서, 월별판매액합계표, 납품확인서)를 제출하여야 한다.

(2) 매입세액 신고

<table>
<tr><th colspan="4">신 고 내 용</th><th></th><th></th></tr>
<tr><th colspan="4">구 분</th><th>금 액</th><th>세 율</th><th>세 액</th></tr>
<tr><td rowspan="9">매
입
세
액</td><td rowspan="2">세금계산서
수취분</td><td>일 반 매 입</td><td>⑩</td><td></td><td></td><td></td></tr>
<tr><td>고 정 자 산 매 입</td><td>⑪</td><td></td><td></td><td></td></tr>
<tr><td colspan="2">예 정 신 고 누 락 분</td><td>⑫</td><td></td><td></td><td></td></tr>
<tr><td colspan="2">매 입 자 발 행 세 금 계 산 서</td><td>⑬</td><td></td><td></td><td></td></tr>
<tr><td colspan="2">그 밖의 공 제 매 입 세 액</td><td>⑭</td><td></td><td></td><td></td></tr>
<tr><td colspan="2">합 계 (⑩+⑪+⑫+⑬+⑭)</td><td>⑮</td><td></td><td></td><td></td></tr>
<tr><td colspan="2">공 제 받 지 못 할 매 입 세 액</td><td>⑯</td><td></td><td></td><td></td></tr>
<tr><td colspan="2">차 감 계 (⑮ - ⑯)</td><td>⑰</td><td></td><td></td><td>㉯</td></tr>
</table>

○ 과세사업자는 사업과 관련하여 거래상대방으로부터 수취한 세금계산서에 의한 부가가치세액을 "공제받을 수 있는 세액"과 "공제받을 수 없는 세액"으로 구분하여 부가가치세 신고서에 기재하여 신고한다.

○ 부가가치세신고서상 매입세액 기재방법

- 매입 세금계산서는 신고서상 '⑩,⑪'란에 일반매입과 고정자산매입으로 나누어 기재한 후

· 공제받을 수 없는 세금계산서의 합계금액을 '⑯'란에 기재하여,

· 최종적으로 공제받을 수 있는 매입세액을 '⑰'란에 산출하게 된다.

(3) 부가가치세신고서 제출 및 부가가치세 납부/환급 요청

① 부가가치세신고서 제출방법

○ 과세사업자는 부가가치세 신고를「국세청 홈택스에 의한 전자신고」방법 또는「일반과세자 부가가치세신고서」(별지 제21호 서식)에 의한 서면신고 중 선택하여 신고한다. 특히, 전자신고를 하는 경우에도 반드시 서면신고서를 작성하여 사무소장의 결재를 득한 후 전자신고를 하며, 추후 신고불성실 분쟁에 대비하기 위해「부가가치세전자신고접수증」또는「부가가치세 전자신고접수증상세내역」을 인쇄하여 보관하여야 한다.

○ 부가가치세신고서상 매출세액에서 매입세액을 차감한 금액이 양수(+)인 경우에는 해당 금액을 관할세무서에 납부해야 하고, 음수(－)인 경우에는 추후 관할세무서에서 해당 금액이 국세환급계좌로 입금된다.

○ 예정신고기간에 신고・납부하여야 할 부가가치세를 확정신고기간에 신고・납부할 경우에는 신고・납부불성실가산세를 계산하여 신고・납부 처리한다.

② 부가가치세 납부방법

○ 과세사업자가 부가가치세를 납부하고자 하는 경우에는 '홈택스서비스에서 납부서를 출력하여 금융기관에 직접 납부하는 방법' 또는 '국세청 홈택스서비스(www.hometax.go.kr)에 의해 전자납부하는 방법' 중 선택하여 납부한다.

③ 환 급

㉮ 일반환급

매입세액이 매출세액을 초과하는 경우 그 초과액을 납세의무자에게 반환하는 것으로서 매입한 상품의 판매부진, 원료의 과다매입 등에 의하여 매입세액이 매출세액을 초과하는 경우에 발생하게 된다. 관할 세무서장은 각 과세기간별로 해당 과세기간에 대한 환급세액을 그 확정신고기한 경과후 30일 내에 사업자에게 환급하여야 한다.

㉯ 조기환급

조기환급이라 함은 수출과 투자를 지원하기 위한 조세 정책적 목적에서 수출이나 투자에 관련된 매입세액이 매출세액을 초과하여 환급세액이 발생하는 경우에는 조기에 환급하여 주는 것을 말한다.

㉠ 조기환급 대상

- 영세율이 적용되는 경우
- 사업설비를 신설・취득・확장 또는 증축하는 때 등

㉡ 조기환급대상 기간 및 신고기한

구 분	예정신고기간 중		과세기간 최종 3월 중	
	대상기간	신고기한	대상기간	신고기한
매월	1. 1 ~ 1. 31 2. 1 ~ 2. 28	2. 25 3. 25	4. 1 ~ 4. 30 5. 1 ~ 5. 31	5. 25 6. 25
매2월	1. 1 ~ 2. 28	3. 25	4. 1 ~ 5. 31	6. 25

※ 3월과 6월은 부가가치세 신고・납부시 매입세액을 공제받음

CHAPTER

5 부동산 등의 취득 · 보유관련 세무

제 1 절 부동산 등의 '취득'시 세무

제 2 절 부동산 '보유 · 관리'시 세무

제 3 절 부동산 '임대'시 세무

제 1 절 부동산 등의 '취득'시 세무

1. 부동산 등 취득 · 등기시 발생하는 세금

부동산(토지, 건축물, 건축물에 부수되는 시설물), 차량, 기계장비, 항공기, 선박, 광업권, 어업권 등을 취득·등기하는 경우 취득세(등록세 포함)가 발생하며, 동 취득세에 대하여 농어촌특별세(종전 취득세액의 10%)와 지방교육세(종전 등록세액의 20%)가 각각 부가하여 발생한다. 취득세, 농어촌특별세, 지방교육세는 모두 신고·납부세금이므로 납세의무자는 「지방세법」에서 정한 기간 내에 해당 신고·납부서에 당해 세액과 지방교육세 또는 농어촌특별세를 병기하여 시·군·구에 자진 신고하고 납부하여야 한다.

2. 취득세의 세율

구 분	'10년 이전		'11년 이후	대 상 (지방세법§11, §13)
	취득세율	등록세율	취득세율	
일반세율	2%	1%	3%	농지의 유상취득
	2%	2%	4%	농지 이외 유상취득(단, 주택은 취득 당시의 가액에 따라 1~3% 적용)
	2%	0.8%	2.8%	부동산 원시취득
중과세율	6%	0.8%	6.8%	수도권과밀억제권역(이하 대도시)내 본점 · 주사무소 신축(5년 경과)
	6%	2.4%	8.4%	대도시 내 본점 · 주사무소 신축(5년 미만)
	2%	0.8%	2.8%	대도시 내 도시형 업종 공장 신 · 증설
	2%	0.8%	2.8%	대도시 내 비도시형 업종 공장 신 · 증설 (5년 경과)
	6%	2.4%	8.4%	대도시 내 비도시형 업종 공장 신 · 증설 (5년 미만)

3. '취득'의 범위 및 종류

취득이라 함은 「매매, 교환, 상속, 증여, 기부, 법인에 대한 현물출자, 건축, 개수, 공유수면의 매립, 간척에 의한 토지의 조성 등과 그 밖에 이와 유사한 취득」으로서 원시취득(수용재결로 취득한 경우 등 과세대상이 이미 존재하는 상태에서 취득하는 경우는 제외한다), 승계취득 또는 유상 · 무상의 모든 취득을 말한다(지방세법§6 1).

4. 과세표준

취득세의 과세표준은 취득당시의 가액(연부취득은 연부금액)이 원칙이다. 다만, 미신고 또는 과소납부의 경우에는 시가표준액을 적용하고, ① 국가, 지방자치단체, 지방자치단체조합으로부터의 취득 ② 외국으로부터의 수입에 의한 취득 ③ 판결문 법인 장부에 의하여 취득가격이 증명되는 취득 ④ 공매방법에 의한 취득 ⑤「부동산거래신고에 관한 법률」 제3조에 따른 신고서를 제출하여 같은 법 제5조에 따라 검증이 이루어진 취득은 사실상의 취득가격을 적용하고, 대금 지급방법이 만 2년 이상에 걸쳐 일정액씩 매년 분할 납부하는 연부취득의 경우에는 연부금액을 적용한다.

5. 고유목적 사업용 부동산 취득세 면제시 사후관리

농업협동조합 등이 고유목적 사업용으로 부동산 등을 취득하여 취득세를 면제받은 경우 '취득일로부터 1년 이내에 고유업무에 직접 사용한다'는 조건하에서 면제되며, '사용일로부터 2년 이상 고유업무에 직접 사용하지 아니하고 매각하거나 다른 용도로 사용'하는 경우에는 그 해당 부분에 대하여는 면제된 취득세를 추징한다(지방세특례제한법§178).

※ 감면규정 적용시한 : 2020년 12월 31일. 단 2018년 1월 1일부터 취득세가 200만원 초과시 85%만 감면되어, 즉 15%는 납부함(지방세특례제한법§177의2)

6. 면제대상 '부동산'의 범위 및 '면제 요건'

가. 면제대상 '부동산'의 범위

(1) 취득세가 면제되는 것은 부동산에 한하며, 부동산이라 함은 「토지, 건축물」을 말한다.

① 토지 : 「공간정보의 구축 및 관리 등에 관한 법률」에 따라 지적공부의 등록대상이 되는 토지와 그 밖에 사용되고 있는 사실상의 토지를 말한다.

② 건축물 : 「건축법」 제2조 제1항 제2호의 규정에 의한 건축물과 토지에 정착하거나 지하 또는 다른 구조물에 설치하는 레저시설, 저장시설, 도크시설, 접안시설, 도관시설, 급수・배수시설, 에너지 공급시설 그 밖에 이와 유사한 시설로서 대통령령이 정하는 것을 말한다.

(2) 따라서 차량・선박 등 부동산이 아닌 재산을 취득하는 경우에는 당해 재산을 고유업무에 직접 사용하더라도 취득세를 면제받지 못한다.

나. 취득세 면제 요건

(1) 고유목적 사업과 관련된 업무에 직접 사용하여야 하며, 설립에 관한 법 및 정관에서 개별적으로 규정한 업무를 타인의 개입 없이 직접 운영하는 등의 요건을 모두 갖춰야 면제받을 수 있다(감면규정 적용시한 : 2020년 12월 31일까지 적용) (지방세특례제한법§14③).

(2) '고유업무에 직접 사용하는 것'으로 인정받지 못하는 사례
첫째, 일정한 사용용도 없이 방치하거나, 사용한다 하더라도 여러 가지의 용도에 간헐적・임시적・부정기적으로 활용하는 경우
둘째, 타인에게 임대하는 경우(무상임대의 경우도 포함), 단 1%를 임대하더라도 그 비율만큼은 고유업무에 직접 사용하는 것이 되지 않아 추징된다.
셋째, 고유업무가 아닌 용도로 사용하는 경우 등

7. 세액의 납부

가. 취득시 납부

취득세 과세대상 물건을 취득하면, 취득일부터 60일내에 '취득세 신고서'를 취득물건 소재지 시・군・구청에 제출하여 취득세 신고납부서를 발급받은 후 수납기관에 자진 납부하여야 하

며, 수납기관으로부터 영수증, 영수필확인서, 영수필통지서를 교부받아 그 영수필통지서와 영수필확인서를 등기 · 등록서류에 첨부하여 등기 · 등록관청에 신청한다. 동 취득물건이 등기 · 등록대상인 경우에는 등기 · 등록전까지 취득세를 납부하여야만 등기 · 등록이 가능하다.

나. 지방교육세, 농어촌특별세

납부하여야 할 종전의 취득세액(과세표준×2%)의 10%는 농어촌특별세로, 종전의 등록세액(과세표준×취득세 표준세율에서 2%를 공제한 세율)의 20%는 지방교육세로 부가하여 납부하여야 한다.

제 2 절 부동산 '보유 · 관리'시 세무

1. 재산에 부과되는 지방세

가. 세목별 과세대상, 납세의무자 등

(1) 재산세는 토지, 건축물, 주택, 선박 및 항공기를 과세대상으로 한다.

(2) 토지, 건물에 대한 재산세(도시지역분 포함), 지역자원시설세(특정부동산분), 지방교육세는 재산세 고지서상에 함께 병기하여 부과 고지된다.

- 전・답・과수원・목장용지・임야(단, 환지처분의 공고가 된 도시 개발구역 안의 토지는 제외함) 및 도시개발구역 외의 토지는 재산세 도시지역분이 부과되지 않는다.

(3) 과세기준일(6월 1일) 현재 재산세 과세대상 물건의 소유권이 양도・양수된 때에는 양수인을 당해연도의 납세의무자로 본다.

(4) 부과되는 세금 : 재산세액의 20%는 지방교육세로, 종합부동산세액의 20%는 농어촌특별세로 부가하여 부과된다.

(5) 납 부 : 시・군・구에서 부과고지시 납기별 납부

세 목	과세대상			과 세 기준일	납세의무자	납 기
	주택	주택 이외 건물	토지			
재산세(주택분) 재산세(도시지역분) 지역자원시설세 지방교육세	○			매년 6.1	주택 소유자	7.16~7.31(1/2) 9.16~9.30(1/2)
재산세(건물분) 재산세(도시지역분) 지역자원시설세 지방교육세		○		매년 6.1	건물 소유자	7.16~7.31
재산세(토지분) 재산세(도시지역분) 지방교육세			○	매년 6.1	토지 소유자	9.16~9.30
종합부동산세(주택분)	○			매년 6.1	주택 소유자	12.1~12.15
종합부동산세(토지분)			○	매년 6.1	토지 소유자	12.1~12.15
주민세(사업소분)		○		매년 7.1	사업 영위자	8.1~8.31

나. 농업협동조합 등에 대한 감면사항

세 목	재산세	종합 부동산세	도시지역분재산세 (주택, 건물, 토지분)	지방교육세 (주택, 건물, 토지분)	지역자원 시설세 (주택, 건물분)	주민세 (재산분 및 종업원분
고유업무용	면제	면제	전액 과세	면제	전액 과세	전액 과세
非고유업무용	전액 과세	전액 과세	전액 과세	전액 과세	전액 과세	

* 산출세액 50만원 초과시 85%만 감면, 15% 납부

☞ 채권보전용으로 취득한 부동산은 고유목적사업으로 용도 변경하여 직접 사용하지 않는 한 재산세와 종합부동산세를 면제받지 못함

【 고유업무용 부동산 】

① 「농협법」에서 개별적으로 규정한 업무를 위한 부동산

② 법인등기부상의 목적사업(행정관청의 인・허가 등을 요하는 사업은 인・허가 등을 받은 경우에 한함)을 위한 부동산

○ 면제대상 부동산을 보유한 사무소는 과세기준일이 속하는 달의 말일까지 '지방세감면신청서'를 시・군에 제출하여야 한다(지방세특례제한법§183, 동법시행령§126).

○ 토지분 재산세 과세기준일(6.1) 현재 고유업무용 건축물을 건축중인 경우에도 토지분재산세는 면제된다(건물분 재산세 과세기준일 현재 건축중인 건축물은 건물분 재산세가 부과되지 않는다).

○ 공용 또는 공공용 부동산에 대한 비과세 : 농협 소유 부동산을 국가, 지방자치단체 등으로 하여금 과세기준일(세목별) 현재 1년 이상 공용 또는 공공용으로 무상 사용토록 하고 있는 경우에는 재산세, 도시지역분 재산세, 지역자원시설세가 비과세된다(지방세법§109, §145).

2. 재산세

가. 과세대상 및 세율

(1) 토 지

① 유형별 과세대상

유 형		과 세 대 상
분리과세	저율	① 전・답・과수원・목장용지・임야 중 일부 토지 ② 공장용지 기타 분리과세되는 모든 토지
	고율	① 골프장, 고급오락장 토지
별도합산과세		① 영업용 건축물의 부속토지로 기준면적 이내 토지 ② 건축물이 없더라도 건축물의 부속토지로 보는 토지 등
종합합산과세		① 나대지 ② 분리과세 대상토지 중 기준초과 토지 ③ 별도합산 대상토지 중 기준초과 토지 ④ 기타 분리과세, 별도합산과세대상토지를 제외한 모든 토지

② 종합합산 과세대상

과세표준	세 율
5천만원 이하	1,000분의 2
5천만원 초과 1억원 이하	10만원 + 5천만원 초과금액의 1,000분의 3
1억원 초과	25만원 + 1억원 초과금액의 1,000분의 5

③ 별도합산과세대상

과세표준	세 율
2억원 이하	1,000분의 2
2억원 초과 10억원 이하	40만원 + 2억원 초과금액의 1,000분의 3
10억원 초과	280만원 + 10억원 초과금액의 1,000분의 4

④ 분리과세대상

- 전 · 답 · 과수원 · 목장용지 및 임야 : 과세표준의 1,000분의 0.7
- 골프장 및 고급오락장용 토지 : 과세표준의 1,000분의 40
- 위 이외의 토지 : 과세표준의 1,000분의 2

(2) 주택 이외 건축물

① 골프장 · 고급오락장용 건축물 : 과세표준액의 1,000분의 40
② 공장용 건축물 : 과세표준액의 1,000분의 5
③ ① 및 ② 이외의 기타 건축물 : 과세표준액의 1,000분의 2.5

(3) 주 택

① 별장 : 과세표준의 1,000분의 40(지방세법§111①)
② ① 이외의 주택
※ 주택의 범위 : ① 장기간 독립된 주거생활을 영위할 수 있는 구조 ② 건물 + 부속 토지

과세표준	세 율
6천만원 이하	1,000분의 1
6천만원 초과 1억5천만원 이하	6만원 + 6천만원 초과금액의 1,000분의 1.5
1억5천만원 초과 3억원 이하	19만5천원 + 1억5천만원 초과금액의 1,000분의 2.5
3억원 초과	57만원 + 3억원 초과금액의 1,000분의 4

(4) 선 박

① 고급선박 : 과세표준의 1,000분의 50(지방세법§111①)
② ① 이외의 선박 및 항공기 : 과세표준의 1,000분의 3

나. 과세표준

(1) 토지, 건축물, 주택에 대한 재산세의 과세표준은 시가표준액에 공정시장가액비율을 곱해 산정한 가액으로 한다(지방세법§110①).
(2) 선박, 항공기에 대한 재산세의 과세표준은 「지방세법」 제4조 제2항의 규정에 의한 **시가표준액**으로 한다.

다. 납세의무자

재산세 과세기준일(매년 6월 1일) 현재 재산세과세대장에 재산의 소유자로 등재되어 있는 자(지방세법§107)

라. 납부방법 : 부과고지시 납부(지방세법§114, §115)

○ 재산세의 과세기준일 : 매년 6월 1일
○ 재산세 납기

과 세 대 상		납 부 기 한
토 지		매년 9월 16일부터 9월 30일까지
건 축 물		매년 7월 16일부터 7월 31일까지
주 택	산출세액의 1/2	매년 7월 16일부터 7월 31일까지
	산출세액의 1/2	매년 9월 16일부터 9월 30일까지
선 박		매년 7월 16일부터 7월 31일까지
항 공 기		매년 7월 16일부터 7월 31일까지

(1) 주택 및 건물에 대한 재산세, 재산세 도시지역분, 지역자원시설세 특정부동산분, 지방교육세는 주택분 및 건물분 재산세 고지서상에 재산세(도시지역분 포함)・지역자원시설세 특정부동산분・지방교육세를 함께 병기하여 부과 고지된다.

(2) 토지에 대한 재산세, 재산세 도시지역분, 지방교육세도 토지분 재산세 고지서상에 재산세(도시지역분 포함)・지방교육세를 함께 병기하여 부과 고지된다.

3. 종합부동산세

(1) 종합부동산세 개념

○ 전국의 주택 및 토지를 유형별로 구분하여 인별로 합산한 결과, 그 공시가격 합계액이 일정기준금액을 초과하는 경우 그 초과분에 대하여 과세되는 세금

○ 과세기준일 : 재산세의 과세기준일과 동일한 매년 6월 1일

○ 과세대상 : 주택(부속토지 포함), 나대지・잡종지 등의 종합합산토지, 빌딩・상가・사무실 부속토지 등의 별도합산토지로 구분하여 일정금액 초과시 과세대상이 됨

○ 과세기준금액

과세 대상	과세기준 금액	합산방법
주 택	주택공시가격 6억원(1세대 1주택자 9억원)	납세의무자별 합산
종합합산토지	토지공시가격 5억원	
별도합산토지	토지공시가격 80억원	

※ 농협은 보유토지 중 분리과세대상을 제외한 종합합산대상 및 별도합산대상과 주택에 대하여 세액을 산출한다.

- 법인의 경우 주택분에 대하여 6억원 공제금액을 적용하지 아니한다(21.1.1 이후부터).

○ 납부기한 : 매년 12월 1일부터 12월 15일까지

【 재산세 및 종합부동산세 과세대상 구분 】

구 분		재산의 종류	재산세	종부세
건축물	주거용	① 주택(부속토지 포함), 오피스텔(주거용)	○	○
		② 별장, 종부세 합산배제주택(임대, 기숙사 등)	○	×
	기 타	일반건축물(상가, 사무실, 빌딩, 공장 등)	○	×
토 지	분리과세	① 저율분리(0.07%) : 전, 답, 과수원, 목장용지, 임야 중 일부	○	×
		② 고율분리(4%) : 골프장, 고급오락장용 부속토지	○	×
		③ 기타분리(0.2%) : 공장용지 등	○	×
	별도합산	① 일반건축물의 부속토지로 기준면적 이내 토지	○	○
		② 법령상 인 · 허가받은 사업용 토지	○	○
	종합합산	① 나대지, 잡종지, 기준부적합 농지 · 임야 · 목장용지	○	○
		② 분리과세대상토지 중 기준면적 초과 토지	○	○
		③ 별도합산대상토지 중 기준면적 초과 토지	○	○
		④ 분리과세, 별도합산과세대상이 아닌 모든 토지	○	○

※ 재산세가 비과세 · 면제되는 경우에는 종합부동산세도 비과세 · 면제됨(종합부동산세법§6 ①)

(2) 납세의무자

○ 과세기준일(매년 6월 1일) 현재 과세대상인 주택 또는 토지의 사실상 소유자로서 전국에 있는 주택과 토지를 유형별로 구분하여 납세의무자별로 합산한 공시가격 합계액이 과세기준금액을 초과하는 자

(3) 과세표준 : 주택 및 토지 시가표준액에 공정시장가액비율을 곱한 금액

(4) 세 율

(가) 종합합산대상토지(나대지, 잡종지 등)

과세표준	세 율	누진공제액
15억원 이하	1%	0원
15억원 초과 45억원 이하	2%	1,500만원
45억원 초과	3%	6,000만원

≪종합합산대상토지≫ ① 나대지 ② 분리과세대상토지 중 기준초과 토지 ③ 별도합산대상토지 중 기준초과 토지 ④ 기타 분리과세・별도합산대상토지를 제외한 모든 토지

(나) 별도합산대상토지(일반건축물의 부속토지 등)

과세표준	세 율	누진공제액
200억원 이하	0.5%	0원
200억원 초과 400억원 이하	0.6%	2,000만원
400억원 초과	0.7%	6,000만원

(다) 주택

<table>
<tr><th>과세표준</th><th>2주택이하 소유</th><th>3주택 등(%)</th></tr>
<tr><td>3억원 이하</td><td rowspan="6">3.0
(누진공제 없음)</td><td rowspan="6">6.0
(누진공제 없음)</td></tr>
<tr><td>6억원 이하</td></tr>
<tr><td>12억원 이하</td></tr>
<tr><td>50억원 이하</td></tr>
<tr><td>94억원 이하</td></tr>
<tr><td>94억원 초과</td></tr>
</table>

* 조정대상지역[1] 2주택 이상 소유인 경우에도 3주택과 동일 세율 적용

1) 주택법 제63조의2에 따라 국토교통부장관이 지정・공고하는 조정대상지역을 말한다.

제 3 절 부동산 '임대'시 세무

1. 임대관련 지방세 세무

가. 부동산 임대시 세무상 불이익 내용

(1) 고유업무용 부동산 임대시 재산세 · 종합부동산세 면제 배제

농업협동조합 등의 고유업무용 부동산 등에 대한 재산세·종합부동산세 면제는 과세기준일 현재 고유업무에 직접 사용하는 경우에 한하여 적용받을 수 있으므로, 건축물 중 일부 또는 전부를 타인에게 임대하여 주면 임대일 이후 과세기준일이 도래하는 재산세와 종합부동산세 중 임대비율에 해당하는 만큼은 면제받지 못한다.

(2) 취득세 면제세액 추징

부동산 취득후 1년 내에 정당한 사유 없이 고유업무에 직접 사용하지 아니하거나 그 사용일로부터 2년 이상 고유업무에 직접 사용하지 아니하고 매각하거나 다른 용도로 사용하는 경우 그 해당부분에 대하여는 면제받은 취득세를 추징한다. 단 1%를 임대하더라도 임대비율만큼은 면제받지 못하며, 건축물을 임대하면 그 비율만큼은 토지도 임대한 것으로 간주하여 토지분에 대하여도 동일하게 추징된다.

나. 고유업무용 부동산 임대시 적정성 판단

부동산을 임대하고자 할 때에는 임대수익과 임대로 인하여 면제받지 못하는 세액을 사전에 비교·검토하여 임대 여부를 결정하여야 한다.

2. 임대관련 부가가치세 세무

가. 부가가치세 과세대상이 되는 부동산임대용역

법인이 보유하는 부동산을 타인에게 임대하고 임대수수료를 받거나, 임대보증금을 지급받는 경우에는 부가가치세 과세사업에 해당한다.

- 금융사업과 관련하여 취득한 저당권실행자산(유입물건)을 임대하는 경우에도 부동산임대업에 해당하며 부가가치세 납세의무가 있다.

나. 부가가치세가 과세되지 않는 부동산임대

(1) 전 · 답 · 과수원 · 목장용지 · 임야 또는 염전을 지적공부상 지목에 관계없이 실지로 경작하거나 당해 토지의 고유용도에 사용하는 경우의 임대

(2) 상시 주거용 주택과 그에 부수하는 토지의 임대

※ 주거용 주택과 과세대상인 사업용 건물이 함께 있는 경우 임대업 해당 여부

① 주택부분의 면적 > 사업용건물부분 면적 : 주택의 임대로 보아 면세

② 주택부분의 면적 ≤ 사업용건물부분 면적 : 주택부분 이외의 사업용건물과 그 부수토지는 과세

법인세법 개론

PART III

제 6 장　법인세법 개론

CHAPTER

6 법인세법 개론

제 1 절　법인세 신고 · 납부

제 2 절　법인세의 중간예납

제 3 절　토지 등 양도소득 법인세 신고 · 납부

제 4 절　지출증빙 수취 · 보관

제 1 절 법인세 신고 · 납부

1. 법인세 개요

가. 법인세 의의

법인세는 법인이 얻은 소득에 대하여 과세하는 조세이다. 법인세는 국가가 부과하는 조세(국세)이고, 법률상의 납세의무자와 사실상 담세자가 일치하도록 입법자가 예견하고 제정한 조세(직접세)이다.

나. 법인세 과세대상

법인세의 과세대상 범위는 각 사업연도소득, 청산소득, 토지등양도소득, 미환류소득이며, 농·축협은 「법인세법」상 비영리내국법인에 해당하여 각 사업연도소득 및 토지등양도소득에 대하여 과세된다. 한편, 농·축협은 「조세특례제한법」상 당기순이익과세법인으로서 9%, 12% 단계별로 과세되고 있으며, 일반 비영리법인과 달리 결산재무제표상 법인세비용차감전당기순손익에 수익사업의 기업업무추진비·기부금·퇴직급여충당금·대손금·대손충당금·과다경비·업무무관비용·업무용승용차 관련비용·지급이자의 손금불산입액을 합한 금액에 대하여 법인세 납세의무가 있다.(조특법§72)

【 법인세 과세대상 】

구분	내용
각사업연도소득에 대한 법인세	회계상 당기순이익의 개념 1과세기간동안 얻은 소득에 대하여 부과하는 것
청산소득에 대한 법인세	법인이 해산하는 경우 발생하는 소득에 부과하는 법인세 cf) 각사업연도소득에 포함되지 않은 미실현이익
토지 등 양도소득에 대한 법인세	법정주택이나 비사업용토지 등의 양도소득에 대해 추가로 과세하는 법인세
미환류소득에 대한 법인세	법인의 유보소득 중 투자, 배당, 임금 등으로 환류되지 않은 소득에 과세

다. 납세지

납세지란 납세의무자가 납세의무를 이행하고 과세권자가 부과징수를 행하는 기준이 되는 장소를 말한다. 법인세의 납세지는 당해 **법인의 등기부상의 본점 또는 주사무소의 소재지**로 한다.(법법§9①)

2. 법인세의 계산구조

가. 법인세 계산구조

구분	내용
결산서상 당기순이익 + 익금산입 · 손금불산입 - 손금산입 · 익금불산입	• 주요 세무조정 사항 : 기업업무추진비, 기부금, 퇴직급여충당금, 대손금, 대손충당금, 과다경비, 업무무관비용, 업무용승용차 관련비용, 지급이자
= 각 사업연도 소득금액 - 이 월 결 손 금 - 비 과 세 소 득 - 소 득 공 제	• 당기순이익 과세법인은 이월결손금 · 비과세소득 · 소득공제 적용 제외
= 과 세 표 준 × 세 율	• 과표 20억원 이하분 9%, 20억원* 초과분 12%
= 산 출 세 액 - 세 액 감 면 - 세 액 공 제 + 가 산 세 + 감면분추가납부세액	• 토지등양도소득에 대한 법인세가 있으면 가산함 • 전자신고세액공제, 고용증대세액공제 등
= 총 부 담 세 액 - 기 납 부 세 액	• 중간예납세액, 원천납부세액 등
= 차 감 납 부 할 세 액	

나. 세무조정

(1) 세무조정의 방법

「법인세법」상 과세소득은 익금의 총액에서 손금의 총액을 차감하여 구하도록 하고 있으나, 실무상으로는 익금과 손금을 직접 계산한 다음 익금총액에서 손금총액을 차감하는 방식으로 계산하지 않고 기업회계상의 당기순손익을 바탕으로 장부상의 내용과 「법인세법」 사이의 차이만을 조정하여 계산한다.

이와 같이 기업회계상 당기순손익과 「법인세법」상 각 사업연도 소득금액 사이의 차이를 조정하는 과정을 세무조정이라 한다. 일반법인은 대부분 모든 항목에 대해서 세무조정을 하지만, 농・축협은 당기순이익 과세법인으로 일반법인과는 달리 수익사업의 기업업무추진비・기부금・퇴직급여충당금・대손금・대손충당금・과다경비・업무무관비용・업무용승용차 관련비용, 지급이자에 대해서만 세무조정을 한다.

【세무조정】

기업회계	세무조정	세무회계
수익	+익금산입 −익금불산입	익금
비용	+손금산입 −손금불산입	손금
당기순이익 (수익-비용)	+ (익금산입 및 손금불산입) − (손금산입 및 익금불산입)	각사업연도 소득금액 (익금-손금)

① 익금산입 : 결산서상 수익으로 계상되어 있지 않지만 세법상 익금에 해당하는 금액
② 익금불산입 : 결산서상 수익으로 계상되어 있으나 세법상 익금에 해당하지 않는 금액
③ 손금산입 : 결산서상 비용으로 계상되어 있지 않지만 세법상 손금으로 인정되는 금액
④ 손금불산입 : 결산서상 비용으로 계상되어 있으나 세법상 손금으로 인정되지 않는 금액

이러한 세무조정 사항은 「소득금액조정합계표」에 표시되며, 여기서 집계된 금액은 「법인세 과세표준 및 세액조정계산서」에 그대로 옮겨진다.

(2) 결산조정과 신고조정

① 개 념

'결산조정'이란 익금 또는 손금을 결산서에 수익 또는 비용으로 계상하여 과세소득에 반영하는 것을 말하며, '신고조정'이란 결산서에 수익 또는 비용으로 계상되지 않은 익금 또는 손금을 세무조정에 의해 과세소득에 반영하는 것을 말한다.

결산조정은 엄격히 말해서 결산절차에 관한 것이며 세무조정이라고 볼 수 없다. 따라서 좁은 의미의 세무조정은 신고조정만을 가리키는 것이다.

② 결산조정사항과 신고조정사항

'결산조정사항'이란 결산서에 과소계상된 경우에 신고조정(손금산입)을 할 수 없는 손금항목을 말한다. (손금산입이 강제되지 않은 사항)

이에 반하여 '신고조정사항'이란 결산서에 과소계상된 경우에는 반드시 신고조정을 하여야 하는 익금·손금항목을 말한다. 이것은 객관적인 외부거래로 인해 반드시 익금 또는 손금에 산입되어야 할 사항들, 즉 그 익금·손금산입이 강제되는 사항들이다. 따라서 법인이 이러한 항목을 결산서에 과대 또는 과소계상하면 익금산입·익금불산입, 손금산입·손금불산입이라는 신고조정을 통해 모두 올바르게 수정하여야 하는 것이다.

구 분	결산조정사항	신고조정사항
의의	인위적인 손익의 조작 및 세금 회피를 방지하기 위하여 결산상 비용으로 계상하는 경우에만 손금인정	결산서에 수익 및 비용으로 계상하지 않은 경우, 반드시 세무조정을 하여야 하는 항목
대상	현금지출이 수반되지 않는 비용으로 법에서 정하는 일정항목	모든 익금항목 및 결산조정 사항 이외의 손금항목
결산서상 누락시	세무조정(손금산입) 할 수 없음	반드시 세무조정 실시하여야 함
손금 귀속시기	결산상 비용으로 회계처리 하는 사업연도 (손금귀속시기 선택 가능)	법에서 정하는 귀속시기가 속하는 사업연도 (손금귀속시기 선택 불가)
예시	대손상각비, 법인세법상 준비금 등	결산조정사항 이외 손금항목, 조세특례제한법상 준비금 등

다. 소득처분

① 소득처분의 개념

세무조정사항에 대하여 그 소득의 귀속을 확인하는 것을 '소득처분'이라고 한다. 세무조정금액이 사외로 유출된 경우에는 사외유출로 처분하는데, 그 귀속자에 따라 배당, 상여, 기타사외유출, 기타소득으로 처분을 한다. 한편, 세무조정금액이 사내에 남아서 회계상 자본과 세무상 자본간 차이를 유발시키는 경우에는 유보(△유보)로 처분하며, 사외유출도 사내유보도 아니면 기타로 소득처분한다.

② 소득처분의 유형

소득처분은 크게 사외유출과 유보(또는 △유보)로 크게 나누어진다. 세무조정금액이 사외에 유출된 것이 분명한 경우에는 사외유출로 처분하고, 사외에 유출되지 않은 경우에는 유보(또는 △유보) 또는 기타로 처분한다.

【소득처분의 유형】

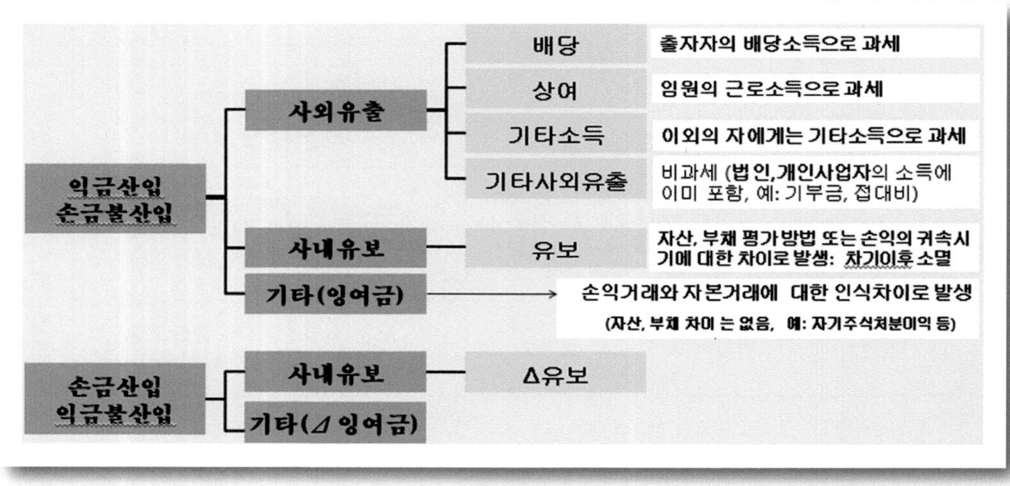

(1) 사외유출

'사외유출'이란 익금산입·손금불산입한 금액이 기업 외부의 자에게 귀속된 것으로 인정하는 처분이다. (손금산입·익금불산입한 금액에 대해서는 사외유출처분이 있을 수 없다.) 이 경우에는 그 귀속자에게 해당 법인의 이익이 분여된 것으로 그 귀속자에게 소득세 또는 법인세의 납세의무가 발생한다.

귀속자	소득처분	귀속자에 대한 과세	원천징수 의무
(1) 주주 등	배당	소득세법에 따른 **배당소득**에 해당하므로 소득세 과세	○
(2) 임원 또는 사용인	상여	소득세법에 따른 **근로소득**에 해당하므로 소득세 과세	○
(3) 법인 또는 사업자	기타사외유출	**추가적인 과세 없음**	×
(4) 그 외의 자	기타소득	소득세법에 따른 **기타소득**에 해당하므로 소득세 과세	○

【사외유출 소득처분 회계처리 및 세무조정 사례】

가정 회사가 건물수선비 50 지출한 경우

대상	장부	세무조정 (처분유형 / 귀속)
대주주	수선비 50 / 현금 50	(손금불산입) 수선비 50 (배당)
임원	수선비 50 / 현금 50	(손금불산입) 수선비 50 (상여)
대표이사 아버지	수선비 50 / 현금 50	(손금불산입) 수선비 50 (기타소득)
계열사	수선비 50 / 현금 50	(손금불산입) 수선비 50 (기타사외유출)
불분명	수선비 50 / 현금 50	(손금불산입) 수선비 50 (상여)

(2) 유보(또는 △유보)

'유보(또는 △유보)'란 익금산입·손금불산입(또는 손금산입·익금불산입)한 세무조정의 효과가 사외로 유출되지 않고 사내에 남아 있는 것으로 인정하는 처분이다. 즉 그 금액만큼 당기순이익에 비해 각 사업연도 소득이 증가(또는 감소)될 뿐 아니라, 결산서상 자본에 비해 세무회계상 자본이 증가(또는 감소)된 것으로 인정하는 처분인 것이다.

세무조정	결산서상 자산·부채·자본의 상태		소득처분	
익금산입·손금불산입	자산의 과소계상 부채의 과대계상	자본의 과소계상	자산↑ → 자본↑ 부채↓ → 자본↑	유보
손금산입·익금불산입	자산의 과대계상 부채의 과소계상	자본의 과대계상	자산↓ → 자본↓ 부채↑ → 자본↓	△유보

【사내유보 소득처분의 특징】

회계장부와 법인세법간의 자산, 부채 차이
⇨ 자산, 부채 평가 방법 또는 손익의 귀속시기에 대한 차이로 발생
예) 재고자산평가이익 (법인세법상 확정되지 않은 평가이익은 익금불산입)

특징 : 차기 이후 소멸. 사후적인 관리가 필요
⇨ 사후적인 관리표 : 자본금과 적립금조정명세서(을)

(3) 기 타

소득처분의 유형 중 기타는 익금산입·손금불산입(또는 손금산입·익금불산입)한 세무조정사항의 효과가 사내에 남아 있으나, 그럼에도 불구하고 결산서상의 자산·부채가 적정하다고 인정하는 처분이다. 이 경우에는 사외유출이 일어나지 않았기 때문에 귀속자에 대한 납세의무도 유발되지 않고, 결산서상 자산·부채가 왜곡되지 않았기 때문에 차기 이후에 반대의 세무조정도 유발되지 않기 때문에 사실상 아무런 기능이 없는 예외적인 유형이다.

3. 법인세 과세표준의 계산

가. 법인세 과세표준

법인세 과세표준은 각 사업연도 소득의 범위 안에서 이월결손금·비과세소득·소득공제액을 순차적으로 공제하여 계산한다. 법인세 과세표준은 각 사업연도 소득금액에서 ① 이월결손금, ② 비과세소득, ③ 소득공제를 차례로 차감하여 계산한다. 즉, 이월결손금이 존재할 경우 비과세소득이나 소득공제를 먼저 적용할 수 없는 것을 말한다.

	각 사업연도 소득금액
(−)	이월결손금
(−)	비과세소득
(−)	소득공제
	과 세 표 준

☞ 당기순이익과세법인인 농업협동조합 등은 회계상 이월결손금을 법인세 과세표준에서 공제하지 아니한다.

① 당기순이익 과세법인인 농업협동조합 등은 '결산재무제표상 당기순이익에 '수익사업의 기업업무추진비 · 기부금 등 '대통령령으로 정하는 손금불산입액을 가산하여 법인세과세표준을 산출한다.(조특법§72①)

② 전기오류수정손익 처리기준

구 분	기업회계기준	세무처리기준
중대한 오류	이익잉여금처분계산서상 전기이월이익잉여금에 가감함	해당 사업연도분 법인세 수정신고 또는 경정청구
중대성이 없는 오류	당기손익 처리	당기손익에 반영되어 있으므로 별도 조치사항 없음

※ 중대한 오류는 재무제표의 신뢰성을 심각하게 손상할 수 있는 매우 중대한 오류를 말함

【법인세 계산구조】

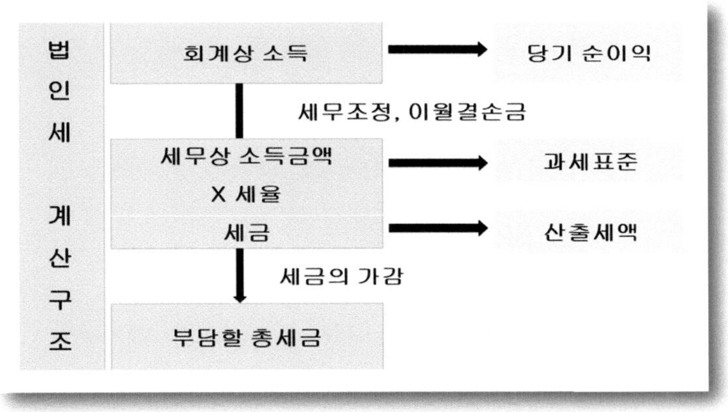

나. 기업업무추진비 세무조정

(1) 기업업무추진비의 의의

(가) 기업업무추진비의 개념

① 기업업무추진비란 기업업무추진비, 교제, 사례 또는 그밖에 어떠한 명목이든 상관없이 이와 유사한 목적으로 지출한 비용으로서 내국법인이 직접 또는 간접적으로 업무와 관련이 있는 자와 업무를 원활하게 진행하기 위하여 지출한 금액을 말한다.(법법§25①)

② 따라서 기업업무추진비에 해당하는 금액을 복리후생비 · 광고선전비 · 회의비 등으로 처리한 경우나 자산으로 처리한 경우에도 이를 모두 합한 금액을 기업업무추진비로

보아 손금산입한도액을 계산하여야 하고, 한편 기업업무추진비로 지출한 금액 중 업무무관지출액이 있는 경우에는 이를 기업업무추진비지출액에서 차감하고 손금불산입하여야 한다.

이와 같이 기업업무추진비는 소비성경비 내지는 불건전한 지출을 억제하는 한편, 비용의 절감으로 자본축적과 조세채권의 확보라는 취지에서 세법에서는 일정한 금액의 한도까지를 손금으로 인정하고 그 범위를 초과하는 금액은 손금으로 인정하지 아니한다.

(나) 기업업무추진비의 판단기준

① 세무상 기업업무추진비는, '업무와 관련 있는 지출'[1]이어야 하며, '특정인에 대하여 무상으로 제공'[2]하고, 명목여하에 불구하고 '거래의 실질내용에 따라 판단'[3]한다는 점 등 3가지를 기준으로 판단한다.

[1] '업무와 관련 있는 지출'은 법인의 고유목적사업 또는 영리사업의 목적 달성에 관련된다는 것을 의미한다. 실무적으로는 접대를 제공받는 상대가 거래처라면 업무와의 관련성이 있는 것으로 추정할 수 있는데, 그 관련성 여부는 거래 증빙서류와 내부통제 등 객관적인 자료에 의하여 법인이 입증하여야 한다. 업무와 관련이 있기 위해서는 사업상의 대화, 교섭, 교제, 향응, 위안, 사례 등 접대활동이 통상 법인이 필요로 하는 금액 이내여야 하며, 그 금액을 초과하는 것은 기부금 성격을 갖는 것으로 본다.

[2] 지출의 상대방이 업무와 관련이 있는 자로서 사업과 직접 또는 간접적 이해관계에 있고 '특정인'이어야 하며, 당해 법인의 임직원은 지출의 상대방에 포함되지 않는다. 지출상대방이 특정인이라는 점에서 불특정인을 대상으로 하는 광고선전비와 구별되며, 임직원을 대상으로 지출하는 인건비 및 복리후생비와도 구별된다. '무상'이라 함은 반대급부 없이 접대를 제공한다는 것으로 접대·향응 등에 대한 반사적 이익은 유상이 아니며, 무상이라는 점에서 판매부대비용·인건비 등과 구별된다.

[3] 기업업무추진비 해당여부에 대한 판단은 당해 법인의 기장내용, 거래명칭, 거래형식 등에 불구하고 그 '거래의 실질내용에 따라 판단'하여야 한다. 예컨대, 기업업무추진비를 자산이나 연구개발비로 계상하였더라도 기업업무추진비 한도계산에 포함하여야 한다.

(2) 기업업무추진비의 범위

(가) 기업업무추진비로 보는 금액

① 사용인이 조직한 조합·단체에 지출한 '복리시설비'[1]

당해 조합·단체가 법인인 경우에는 기업업무추진비로 보며, 당해 조합·단체가 법인이 아닌 때에는 그 법인의 경리의 일부(즉, 손금 또는 자산)로 본다.(법령§40②)

[1] '복리시설비'라 함은 법인이 종업원을 위하여 지출한 복리후생의 시설비, 시설구입비 등을 말한다.

② 기타 기업업무추진비와 유사한 비용으로 본 사례

㉠ 법인이 거래처에 경비 및 시설비의 보조를 위하여 지급하는 비용

㉡ 외상매출금을 합의에 의하여 포기하는 경우의 그 금액(법인 22601-1891. 1986.6.10)

㉢ 거래선의 확보를 위해 기존 거래법인의 채무를 대신 부담하는 금액(법인 46012-134. 1996.1.16)

㉣ 법인이 특수관계인은 아니나 사업상의 거래처에게 법인의 업무와 관련하여 자산을 특별히 무상 또는 시가보다 저렴하게 양도함으로 인하여 이익을 제공하였다고 인정되는 금액

㉤ 법인의 사업을 위하여 지출한 비용 중 지출의 상대방이 사업에 관계있는 자들이고 지출의 목적이 거래관계의 원활한 진행을 도모하기 위한 비용

㉥ 이재민 중 당해 법인의 거래처에 한정하여 금품을 기증하거나 차등하여 기증한 구호금품

㉦ 법인이 견본품으로 제공하는 수량이 사회통념상 견본품으로 인정할 만한 수량을 초과하거나 특정거래처에만 제공하는 경우의 그 견본품 가액

㉧ 금융기관이 부동산담보대출시 채무자에게 부담시키는 것이 일반화되어 있는 근저당설정비용을 영업활성화 및 우량고객 확보차원에서 특정고객에 대하여만 금융기관이 부담하는 경우의 동 비용

㉨ 당해 법인의 대리점 및 고용관계가 없는 판매원 등의 회의소집·교육훈련 등을 위하여 지출한 교통비·식사대 등은 기업업무추진비로 보지 아니하나, 야유회·관광여행 등을 위하여 지출하는 비용은 기업업무추진비로 구분

㉩ 은행이 경비 및 운전업무의 용역계약을 맺은 용역회사의 고용원인 경비원 등에게 매월 일정액씩 지급한 근무보조비

㉪ 법인이 신축하는 공장의 준공식 비용 중 그 참가자를 위하여 지출한 비용으로서 사회통념상 인정될 수 있는 범위를 초과하는 금액과 유흥을 위하여 지출하는 금액

(나) 기업업무추진비로 보지 않는 금액

① 주주 또는 출자자나 임원 또는 직원이 부담하여야 할 성질의 기업업무추진비를 법인이 지출한 것은 이를 기업업무추진비로 보지 아니한다.(법령§40①)

② 재화 또는 용역을 공급하는 신용카드 등의 가맹점과 다른 가맹점의 명의로 작성된 매출전표 등을 교부받은 경우 당해 지출금액은 기업업무추진비에 포함하지 아니한다.(법법§25③)

③ 광고선전목적으로 기증한 물품의 구입비용[특정인에게 기증한 물품(개당 10,000원 이

하의 물품은 제외한다)의 경우에는 연간 3만원 이내의 금액에 한정한다](법령§19 18)

(3) 기업업무추진비와 유사비용의 구분

기업업무추진비와 유사한 비용으로는 기부금, 광고선전비, 판매부대비, 복리후생비 및 회의비 등이 있다. 세법상 규정된 기업업무추진비와 이들 유사비용을 구분하는 기준을 살펴보면 다음과 같다.

(가) 기업업무추진비와 기부금의 구분

기업업무추진비와 기부금의 구분은 그 지출내용 및 목적이 법인의 업무와 관련이 있는 지출인지의 여부에 따라 판단하여야 하며, 업무와 관련하여 기증한 금품의 가액이 다른 비용에 해당하는 경우를 제외하고는 이를 기업업무추진비로 구분한다.

① 다음과 같은 업무와 관련 있는 자에 대한 기증은 기업업무추진비로 본다.

㉠ 사업과 관련된 거래를 하는 자
㉡ 사업과 관련된 거래에 있어 중개, 알선, 조정 등의 업무를 하는 자
㉢ 당해 법인의 사업 분야에 대하여 지도, 감독, 통제 등의 업무를 하는 자
㉣ ㉠~㉢의 업무관련자의 임원 및 사용인
㉤ ㉠~㉣에 준하는 업무관련자

② 다음에 해당하는 업무와 관련한 기증도 기업업무추진비로 본다.

㉠ 상품, 제품 및 기타자산의 판매와 용역의 제공
㉡ 원재료 및 기타자산 또는 용역의 구매
㉢ 사업상의 수익을 가져온 자에 대한 보답
㉣ 사업상 거래에 있어 그 거래의 성립을 위한 교섭
㉤ ㉠~㉣에 준하는 성질의 업무

③ 기업업무추진비와 기부금 구분의 예시

㉠ 천재・지변으로 생긴 이재민 중 당해 법인의 거래처에 한정하여 금품을 기증하거나 차등하여 기증한 구호금품은 기업업무추진비에 해당한다.(법인 22601-147. 1989. 1.18)
㉡ 제품 등을 납품하기 위하여 거래처에 지급하는 연구비(계약에 의한 연구용역비는 제외)는 기업업무추진비에 해당한다.

(나) 기업업무추진비와 광고선전비의 구분

① 기업업무추진비와 광고선전비의 구분은 지출이 불특정다수인에 대한 선전효과를 의

도하였느냐의 여부에 따라 판단한다. 즉 일반소비자 등의 불특정다수인을 대상으로 하여 선전효과를 노리는 지출은 광고선전비에 해당하고 특정고객만을 대상으로 하여 선전효과를 노리는 지출[특정인에게 기증한 물품(개당 30,000원 이하 제외)으로 연간 (5만원 이하 제외)은 기업업무추진비로 구분한다.

② 기업업무추진비와 광고선전비 구분 예시

㉠ 광고선전목적으로 기증한 물품의 구입비용[특정인에게 기증한 물품(개당 10,000원 이하의 물품 제외)의 경우에는 연간 3만원 이내의 금액에 한정한다](법령§19 18)

㉡ 제조회사가 자기의 상표나 상호가 표시된 광고선전용 물품을 대리점・외판원 등을 통하여 불특정다수인의 일반고객에게 무상 공급하는 것은 광고선전비로 구분한다.

㉢ 방송국 프로그램에 출연하는 출연자・방청객 등에게 방송국을 통하여 선물용으로 당해 법인의 상품 등을 기증하는 것은 광고선전비다.

㉣ 산업시찰, 견학 등을 위하여 내방한 방문객에게 자사제품의 시음, 시식 및 기타 음식의 접대에 요한 비용과 당해 법인의 상호나 상표가 표시된 기념품을 제공하는 것은 광고선전비로 본다.

㉤ 제조회사가 자사제품의 광고선전을 위하여 백화점, 슈퍼, 가두 등에서 일반소비자에게 시식용으로 제공하는 제품의 가액은 광고선전비로 본다.

㉥ 신제품의 전시회 등에 불특정다수의 고객을 초대하는 경우 그에 통상적으로 소요되는 다과, 식대 등은 광고선전비로 구분한다.

㉦ 법인이 사업을 위하여 지출한 비용 가운데 상대방이 사업에 관련있는 자들이고 지출의 목적이 접대 등의 행위에 의하여 사업관계자들과의 사이에 친목을 두텁게 하여 거래관계의 원활한 진행을 도모하는 데 있다면 기업업무추진비에 해당하지만, 지출의 상대방이 불특정다수인이고 지출의 목적이 구매의욕을 자극하는 데 있다면 광고선전비에 해당한다.(대법원 92누16249. 1993.9.14)

㉧ 커피제조업을 영위하는 법인이 판매촉진을 위하여 일정기간에 일정용량 이상의 제품을 구입하는 구매자에게 제품의 광고문안이 표시된 물컵을 무상공급하는 금액은 광고선전비로 본다.(법인 46012-2977. 1997.11.18)

(다) 기업업무추진비와 복리후생비의 구분

① 복리후생비는 사용인의 복리증진과 원활한 노사관계를 유지하기 위하여 지출하는 비용 중 사회통념상 인정될 수 있는 범위내의 지출금액으로 하고, 그 범위를 초과하는 경우는 근로소득에 해당한다.

② 기업업무추진비와 복리후생비 구분 예시

㉠ 임원 또는 사용인을 위하여 제출한 직장체육비, 직장문화비, 직장회식비, 우리사

주조합의 운영비 등은 복리후생비로 구분한다. 이 경우 사용인에 「파견근로자보호 등에 관한 법률」에 따른 파견근로자를 포함한다.(법령§45①)

㉡ 수익사업이 없는 사용인의 단체·조합의 사무실 유지비, 인건비 보조금은 복리후생비로 구분한다.

㉢ 사용인에게 지급하는 자녀교육비보조금은 동 사용인에 대한 인건비로 구분한다.

㉣ 불우종업원에게 지급하는 생계비 및 학비보조금은 인건비로 구분한다.

㉤ 종업원을 수익자로 하는 보험료는 단체퇴직보험료와 법인부담 국민건강보험료를 제외하고는 이를 종업원에 대한 급여로 구분한다.

(라) 기업업무추진비와 판매부대비용의 구분

① 판매부대비는 당해 법인의 제품, 상품 등의 판매와 직접 관련하여 거래처 또는 불특정고객을 상대로 지급하는 사은품·답례품·경품권 등의 증정에 따른 지출액으로 한다. 다만, 특수관계자 또는 특정고객에게 지출하는 것은 기업업무추진비로 구분하되, 특수관계자 외의 자에게 지급되는 판매한 상품 또는 제품의 보관료, 포장비, 운반비, 판매장려금 및 판매수당 등 판매와 관련된 부대비용(판매장려금 및 판매수당의 경우 사전약정 없이 지급하는 경우를 포함)은 기업업무추진비로 보지 아니한다.

② 기업업무추진비와 판매부대비용의 구분

㉠ 다음 각 호의 금액은 판매한 상품 또는 제품에 대한 부대비용으로 본다.(법기통 19-19…3)

ⓐ 사전약정에 따라 협회에 지급하는 판매수수료

ⓑ 수탁자와의 거래에 있어서 실제로 지급하는 비용

ⓒ 관광사업 및 여행알선업을 영위하는 법인이 고객에게 통상 무료로 증정하는 수건, 모자, 쇼핑백 등의 가액

ⓓ 용역대가에 포함되어 있는 범위 내에서 자가 시설의 이용자에게 동시설의 이용시에 부수하여 제공하는 음료 등의 가액

ⓔ 일정액 이상의 자기상품 매입자에게 자기출판물인 월간지를 일정기간 무료로 증정하는 경우의 동 월간지의 가액 상당액

ⓕ 판매촉진을 위하여 경품부 판매를 실시하는 경우 경품으로 제공하는 제품 또는 상품 등의 가액

ⓖ 기타 ⓐ호 내지 ⓕ호와 유사한 성질이 있는 금액

㉡ 특수관계 없는 거래처에 물품을 판매함에 있어 매출액의 일정조건에 따라 사전약정에 의거 판매장려금을 지급하는 것은 판매부대비용으로 보는 것이며, 특정거래처를 상대로 지출하거나 사전약정이 없이 지출하는 것은 기업업무추진비이다.(법인 46012-1970. 1996.7.10)

(마) 기업업무추진비와 기타 유사비용과의 구분

① 회의비

회의비는 법인의 사업목적상 회의가 개최되는 장소에서 음식물 제공 등을 포함한 회의개최에 통상적으로 소요되는 비용으로 한다. 법인 제품의 판매업자에게 신제품의 설명이라든지 판매기법의 연수 등을 위하여 회의를 개최하는 경우 이에 소요되는 비용은 회의비로서 손금에 산입된다.

② 견본비

견본비는 상품·제품 등의 판매촉진을 위하여 반환조건 없이 거래처에 제공하는 상품·제품으로 한다. 다만, 견본품의 가액이 고액인 경우에는 거래의 실태 등을 참작하여 사회통념상 견본품 제공의 범위를 초과하는 것은 이를 기업업무추진비로 본다.

③ 기업업무추진비와 유사비용과의 구분 예시

㉠ 원재료 등의 안정된 조달을 목적으로 거래처에 지급하는 시설비보조금 등은 기업업무추진비로 본다.

㉡ 거래처에 지급한 경조사비 중 사회통념상 타당하다고 인정되는 범위내의 금액은 기업업무추진비로 보며, 지급사실은 객관적 자료에 의해 입증해야 한다.(법인 46012-4017. 1998.12.22)

【 기업업무추진비와 유사한 비용의 구분 】

구 분	접 대 비	판매 부대비용	광고선전비	회 의 비	기 부 금
업무관련 여부	업무와 관련하여 타인에게 교제·향응·접대 등을 위하여 지출한 것	상품판매와 관련하여 사전약정에 의거 지급	상품 등의 판매 촉진을 위해 지급	정상적인 업무수행을 위한 회의를 운영하기 위한 지출	사업과 직접 관계없는 자에게 기증한 것
지 출 처	업무와 관련한 특정인	거래처 (판매처)	불특정 다수인	사용인 또는 외부초청인사	업무와 관련 없는 특정인
지출형태	일반적으로 물품비 등으로 지급	매출할인, 매출에누리, 장려금	광고시설비, 선전물품, 신문방송	회의장 임차료, 다과, 음식비	현금 또는 물품
세법상 처리	법정한도액 범위 내에서 손금산입	전액 손금인정	(시설비)고정자산 (비용) 손금	전액 손금인정	법정한도액 범위 내에서 손금산입

(4) 기업업무추진비의 귀속시기

① 기업업무추진비는 발생주의에 따라 기업업무추진비가 발생한 사업연도의 손금으로 한다. 따라서 법인이 기업업무추진비를 지출하고 지출한 사업연도의 손비로 계상하지 아니하고, 다음 연도로 이연처리한 경우에는 이를 지출한 사업연도의 기업업무추진비로 시부인 계산하고, 그 후의 사업연도에는 기업업무추진비로 보지 아니한다.(법기통 25-0…1)

(예) 20×1.12.20 신용카드로 접대, 20×2.1.27 카드대금 결제 → 20×1사업연도의 기업업무추진비에 해당하므로, 카드대금을 20×1년 접대시점에 비용처리하여 미지급금으로 계상하여야 함

② 법인이 거래처에 접대를 하면서 신용카드를 사용하고 그 대금을 미지급금으로 계상한 경우에는 실제로 접대를 한 날이 속하는 사업연도에 지급의무가 확정되었으므로 접대를 한 날이 속하는 사업연도의 기업업무추진비로 보아 시부인 계산한다.(법인 22601-2471, 1985.8.19.)

(5) 기업업무추진비의 세무조정

(가) 세무조정의 구조

기업업무추진비 지출액		
(-) 법정증빙불비기업업무추진비	⇒	**손금불산입 (기타사외유출)**
(-) 업무무관기업업무추진비	⇒	**손금불산입 (상여・배당・기타소득 등)**
(=) 기업업무추진비 시부인 대상금액	⇒	**한도초과액 : 손금불산입 (기타사외유출)**

(나) 전액 손금불산입되는 기업업무추진비

① 증빙불비기업업무추진비

법인이 1회의 접대에 지출한 기업업무추진비가 1만원(경조사비의 경우에는 20만원)을 초과하는 경우에는 다음의 증빙을 사용하거나 수령하여야 한다. 만일 이에 해당하지 아니한 경우에는 전액 손금으로 인정되지 않는다. 다만, 다음 어느 하나에 해당하는 기업업무추진비라는 증거자료를 구비하기 어려운 국외지역에서의 지출 및 농어민에 대한 지출사실이 객관적으로 명백한 경우에는 그러하지 아니하다.(법법§25②)

㉠ 「여신전문금융업법」에 의한 법인명의의 신용카드 등을 사용하여 지출하는 기업업무추진비

㉡ 세금계산서 또는 계산서를 교부받고 지출하는 기업업무추진비

㉢ 매입자발행세금계산서를 발행하여 지출하는 기업업무추진비

㉣ 사업자등록을 하지 아니한 자로부터 용역을 제공받고 원천징수영수증을 발행하여 지출하는 기업업무추진비

② 업무무관 기업업무추진비

법인의 업무와 관계없이 임직원 개인적 용도로 지출된 기업업무추진비는 전액 손금불산입된다. 이 경우 사용자(귀속자가 불분명한 경우에는 대표자)에게 상여 처분한다.

(다) 기업업무추진비 한도액

위 '한도액에 관계없이 전액 손금불산입되는 기업업무추진비' 외의 기업업무추진비에 대하여는 다음과 같이 손금산입 한도를 계산하여 한도 내의 금액은 손금으로 인정되고, 한도초과액은 손금으로 인정받지 못한다.

① '수입금액'은 기업회계기준에 의한 매출액(사업연도 중에 중단된 사업부문의 매출액 포함)을 말한다.(법령§40①) 이는 법인의 정관·등기부상의 목적사업에서 발생한 수익을 말하며, 목적사업 이외에서 발생하는 영업외수익은 제외된다.

- 총수입금액이란 「기업회계기준에 의한 매출액」을 말하므로, 신용·일반 통합 손익계산서상 영업수익이 이에 해당된다.
- 일반수입금액이란 총수입금액에서 기타수입금액을 차감한 것을 말한다.
- 기타수입금액이란 특수관계자간 거래에서 발생한 수입금액을 말한다.

※ **특수관계자의 범위**(법령§87)

- 임원, 직원 및 지분율 1% 이상의 자회사 등
- 지분율 1% 이상 조합원은 원칙적으로 특수관계자에 해당하나, 기업업무추진비한도 계산시에는 특수관계자로 보지 않는다.(조특령§69③)

② **문화기업업무추진비**란 국내 문화관련 지출로서 문화예술의 공연이나 전시회 또는 박물관의 입장권 구입, 체육활동의 관람을 위한 입장권 구입, 비디오물의 구입(게임물, 컴퓨터프로그램 제외), 음반 및 음악영상물의 구입, 간행물의 구입 등의 용도로 지출한 기업업무추진비를 말한다.(조특법§136③)

③ **현물기업업무추진비** 지출시의 세무조정

법인이 직접 생산한 제품이나 판매하는 상품으로 제공한 현물기업업무추진비는 기업업무추진비한도액 계산에는 포함하고 법정증빙 불비 손금불산입액에는 포함하지 않는다.(법칙§20②)

【기업업무추진비 한도액】

<table>
<tr><td colspan="3">① 기업업무추진비 해당 금액</td></tr>
<tr><td colspan="3">② 기준금액 초과 기업업무추진비 중 신용카드 등 미사용으로 인한 손금불산입액</td></tr>
<tr><td colspan="3">③ 차감 기업업무추진비 해당 금액(①-②)</td></tr>
<tr><td rowspan="12">일반기업업무추진비 한도</td><td colspan="2">④ 1,200만원(중소기업(주1):3,600만원)×$\frac{\text{해당사업연도 월수(주2)}}{12}$</td></tr>
<tr><td rowspan="4">총수입금액 기준</td><td>100억원 이하의 금액×30/10,000</td></tr>
<tr><td>100억원 초과 500억원 이하의 금액×20/10,000</td></tr>
<tr><td>500억원 초과 금액×3/10,000</td></tr>
<tr><td>⑤ 소 계</td></tr>
<tr><td rowspan="4">일반수입금액 기준</td><td>100억원 이하의 금액×30/10,000</td></tr>
<tr><td>100억원 초과 500억원 이하의 금액×20/10,000</td></tr>
<tr><td>500억원 초과 금액×3/10,000</td></tr>
<tr><td>⑥ 소 계</td></tr>
<tr><td>⑦ 기타수입금액 기준</td><td>(⑤-⑥) × 10/100</td></tr>
<tr><td colspan="2">⑧ 일반기업업무추진비 한도액(④+⑥+⑦)</td></tr>
<tr><td rowspan="2">문화기업업무추진비 한도</td><td colspan="2">⑨ 문화기업업무추진비 지출액</td></tr>
<tr><td colspan="2">⑩ 문화기업업무추진비 한도액 (⑨와 (⑧×20/100) 중 작은 금액)</td></tr>
<tr><td colspan="3">⑪ 기업업무추진비 한도액 합계(⑧+⑩)</td></tr>
<tr><td colspan="3">⑫ 한도초과액(③-⑪)</td></tr>
<tr><td colspan="3">⑬ 손금산입한도 내 기업업무추진비지출액(③과 ⑪ 중 작은 금액)</td></tr>
</table>

(주) 중소기업에 대한 기업업무추진비 손금산입 기본한도 금액은 3,600백만원

(6) 기업업무추진비 소득처분

법인이 기업업무추진비로 계상한 금액 중 지출증빙이 없어 업무관련성을 입증할 수 없거나, 허위 또는 업무와 관련 없는 지출임이 확인되는 금액에 대하여는 당해 지출금액을 손금불산입으로 세무조정하고 다음과 같이 처분한다.

① 지출금액에 대한 귀속자가 분명한 때에는 귀속자에 따라 상여, 배당 또는 기타소득 등으로 처분한다.

② 지출금액에 대한 소득의 귀속자가 불분명한 때에는 대표자에 대한 상여로 처분한다.

(7) 기업업무추진비 지출시 유의사항

① 예산 편성시 위 기업업무추진비 한도를 감안하여 기업업무추진비성 비용인 업무추진비·

시장개척비 등을 편성하도록 하고, 위 기업업무추진비성 비용이 아닌 여타 비목에서 기업업무추진비로 지출하는 경우 동 금액만큼은 기업업무추진비 한도를 초과하게 되어 법인세 부담이 늘어나게 된다.

② 1회당 1만원(경조사비의 경우에는 20만원)을 초과하는 기업업무추진비를 지출하면서 법정증빙이 아닌 기타 증빙을 첨부하는 경우에는 기업업무추진비 한도와 상관없이 손금으로 인정받지 못하고 법인세를 부담하게 되므로 반드시 법정증빙을 수취하여야 한다.

③ 위장가맹점(재화 또는 용역을 공급하는 신용카드 가맹점과 다른 가맹점) 명의로 작성된 신용카드매출전표를 교부받은 경우에는 기업업무추진비로 인정되지 않아 법인세를 부담하게 되므로 위장가맹점 명의의 신용카드매출전표를 교부받지 않도록 하여야 한다.

④ 1회 1만원(경조사비의 경우에는 20만원) 초과 기업업무추진비 지출시 임직원 개인신용카드에 의거 지출된 금액은 기업업무추진비로 인정되지 않으므로 반드시 법인명의 신용카드를 사용하여야 한다.(법칙§41⑥)

다. 기부금 세무조정

(1) 기부금의 개념

법인이 사업수익을 획득하기 위하여 지출하는 비용이 아닌, 즉 업무와 관련 없이 지출하는 비용을 기부금이라 한다. 세법에서는 기부금을 탈루할 가능성이 많은 성격의 지출로 보아 엄격히 규제하고 있다. 다만, 기업은 경영활동을 통하여 사회에 공헌하여야 할 책무가 있고 공익법인의 활동을 지원할 필요가 있기 때문에 일정 한도 내에서는 손금으로 인정하고 있다.

세법상 기부금이라 함은 다음에 해당하는 것을 포함한다.

① 타인에게 사업과 직접 관련 없이 무상으로 지출하는 증여가액

② 특수관계가 없는 자(자회사·임직원 등이 아닌 자)에게 정당한 사유 없이 자산을 정상가액보다 낮은 가액으로 양도하거나 높은 가액으로 매입함으로써 그 차액 중 실질적으로 증여한 것으로 인정되는 금액. 이 경우 정상가액은 시가에 시가의 30%를 가감한 범위안의 가액(법령§35 2)

(2) 기부금의 종류

기부금은 지출처나 용도에 따라 특례기부금, 일반기부금, 비일반기부금으로 구분된다.

(3) 기부금의 손금귀속시기

세법상 기부금의 손금귀속연도는 현금주의에 의하고 있다. 즉, 실제 현금지출이 이루어진 사업연도의 기부금으로 본다.

① 기부금을 가지급금 등으로 이연계상한 경우에는 이를 그 지출한 사업연도의 기부금으로 하고, 그 후의 사업연도에 있어서는 이를 기부금으로 보지 아니한다.(법령§37②)

② 기부금을 미지급금 등으로 계상한 경우 실제로 지출할 때까지는 당해 사업연도의 소득금액계산에 있어서 기부금으로 보지 아니한다.(법령§37③)

(4) 기부금의 평가

기부금을 금전외의 자산으로 제공한 경우 그 기부금가액은 다음에 의한다.(법령§36①)

① 특례기부금, 특수관계인이 아닌 자에게 기부한 지정기부금 : 장부가액

② 특수관계인에게 기부한 지정기부금・기타기부금 : 제공한 때의 시가(시가가 장부가액보다 낮은 경우에는 장부가액)

(5) 기부금 세무조정

① 기부금 지출액 계산

특례기부금・지정기부금 지출액은 장부계상 기부금에 세법상 귀속사업연도와 다르게 처리한 금액 중 당해 사업연도 귀속분, 의제기부금 등을 합하여 계산한다.

☞ 각 기부금 지출액 : 결산상 장부계상 기부금액 + 세무조정시 손금산입액(당기 가지급 기부금, 전기 미지급분 중 당기 지출분) - 세무조정시 손금불산입액(전기 가지급분 중 당기 비용처리분, 당기 비용처리한 미지급 기부금) + 의제기부금 해당액 + 현물기부시장부상 과소계상액

② 기부금 손금산입 한도 및 손금산입순서

순 서	구 분	한 도 액	한도초과액	세무조정
①	특례기부금	소득금액[1] × 50%	특례기부금 지출액 - 한도액	<손금불산입> 기타사외유출
②	지정기부금	(소득금액 - 특례기부금) × 10%	지정기부금 지출액 - 한도액	〃
③	기타기부금	한도 없음	전액 손금불산입	〃

1) 소득금액 : 법인세비용차감전당기순손익 + 특례기부금 지출액 + 지정기부금 지출액 [이익잉여금처분(결손금처리)계산서상 회계변경누적효과가 있는 경우 가감] (조특령§69④)

(6) 기부금 법정영수증 수취

기부금을 지출하고 손금산입을 하고자 하는 경우에는 세법에서 정하고 있는 기부금영수증을 수취하여 법인세 신고기한부터 5년간 보관하여야 한다.(법령§39④)

(7) 기부금명세서 제출

기부금을 지출한 경우에는 특례기부금, 지정기부금, 기타기부금으로 구분하여 작성한 기부금명세서(별지 제22호 서식)를 법인세 과세표준 신고와 함께 관할세무서에 제출하여야 한다.(법령§37③)

(8) 기부금 지출시 유의사항

① 국가・지방자치단체에 지출하는 기부금 중 「기부금품의 모집 및 사용에 관한 법률」의 적용을 받는 기부금품은 기부심사위원회의 심사를 거친 영수증을 수취하여야 한다.

② 학생에게 장학금을 지급하는 경우 소속 학교장의 추천서가 있어야만 지정기부금으로 인정받을 수 있으므로 특별한 사정이 없는 한 소속 학교장의 추천서를 징구하여 법인세를 불필요하게 부담하는 일이 없어야 한다.(특히, 지방자치단체 및 교육청 등을 통하여 장학금을 지급하는 경우 학교장 추천서를 누락하지 않아야 함)

③ 모든 법인은 「정치자금법」 제31조의 규정에 의거 정치자금을 기부할 수 없으므로 농협은 정당, 후원회 등에 정치자금을 기부하면 안 된다.

④ 기부금 지출시에는 기부금종류(법정, 지정) 구분을 정확하게 하여야 한다.

≪관련 통칙≫

①【기부금과 기업업무추진비 등의 구분】

사업과 직접 관계있는 자에게 금전 또는 물품을 기증한 경우에 그 금품의 가액은 기업업무추진비로 구분하며, 사업과 직접 관계가 없는 자에게 금전 또는 물품 등을 기증한 경우에 그 물품의 가액은 거래실태별로 다음 각 호에 게기하는 기준에 따라 기업업무추진비 또는 기부금으로 구분한다.(법기통 24-0…1)

1. 업무와 관련하여 지출한 금품 …기업업무추진비
2. 전1호에 해당되지 아니하는 금품…기부금

②【국・공립학교 후원회 등에 대한 기부금의 처리】

국・공립학교가 「기부금품모집규제법」 제2조 제1호 라목의 규정에 의하여 후원회 등을 통하여 받는 기부금은 동법상의 기부심사위원회의 심의대상이 아니므로 동법에 의

한 심의절차를 거치지 아니한 경우에도 법 제24조 제2항 제1호의 기부금에 해당한다.(법기통 24-0…2)

③ 【이재민이 부담할 공사비를 부담한 경우의 처리】
재해복구공사를 시공하는 법인이 공사대금 중 이재민이 부담하여야 할 공사대금 상당액을 이재민을 위하여 부담하였을 경우에는 법 제24조 제2항 제3호에 규정하는 기부금의 범위에 포함하는 것으로 한다.(법기통 24-0…3)

④ 【국외난민돕기 성금의 처리】
법 제24조 제2항 제3호의 기부금에는 해외의 천재·지변 등으로 생긴 이재민을 위한 구호금품의 가액을 포함하는 것으로 한다.(법기통 24-0…4)

⑤ 【부동산을 무상 또는 저가 임대시 기부금 의제】
법인이 영 제87조의 규정에 의한 특수관계자 외의 자에게 당해 법인의 사업과 직접 관계없이 부동산을 무상으로 임대하거나 정당한 사유 없이 정상가액보다 낮은 가액으로 임대하는 경우에는 영 제35조 각호의 규정이 적용된다.(법기통 24-35…1)

⑥ 【설립중인 공익법인 등에 지출한 기부금의 처리】
정부로부터 인·허가를 받기 이전의 설립중인 공익법인 및 단체 등에 영 제36조에 해당하는 기부금을 지출하는 경우에는 그 법인 및 단체가 정부로부터 인가 또는 허가를 받은 날이 속하는 사업연도의 지정기부금으로 한다.(법기통 24-36…4)

⑦ 【특수관계 있는 단체 등에 지출한 지정기부금의 처리】
영 제36조에 규정하는 단체 등과 특수관계 있는 법인이 동 단체 등에 동조에 규정하는 각종 시설비, 교육비 또는 연구비 등으로 지출한 기부금이나 장학금은 이를 지정기부금으로 본다.(법기통 24-36…6)

⑧ 【장학단체의 범위】
장학사업과 장학사업 이외의 사업을 겸영하는 비영리법인의 경우에도 장학사업을 고유목적사업으로 하여 이를 정부로부터 인·허가를 받은 경우에는 영 제36조 제1항 제1호 다목에 규정하는 장학단체로 본다.(법기통 24-36…7)

⑨ 【지역사회학교에 지출한 기부금의 처리】
불우이웃돕기 또는 지역새마을사업을 목적으로 설립하였으나 주무 관청에 등록되지 아니한 지역사회학교에 지출한 기부금은 규칙 제18조 제2항 제1호 및 제2호에 규정하는 공익성 기부금으로 본다.(법기통 24-36…10)

⑩ 【자매결연부락에 제공한 시설가액의 처리】
벽지부락 등과 자매결연을 맺고 동 자매부락에 각종 시설 등을 제공한 경우 그 시설 등 자산의 가액은 규칙 제18조 제2항 제1호의 지역새마을사업을 위하여 지출하는 기부

금으로 본다.(법기통 24-36…11)

라. 대손금 세무조정

'대손금'이란 회수할 수 없는 채권금액을 말하는데, 이것은 순자산 감소의 원인이 되므로 **원칙적으로 손금으로 인정**된다. 그러나 채권의 불량화는 서서히 진행되는 것이 보통이므로 회수불능의 기준은 사실상 모호하다. 이러한 점을 감안하여 법인세법 시행령은 대손금의 범위를 매우 엄격하게 규정하고 있다. 다만, 당기순이익과세법인은 다음에 해당하는 채권에 대해서 대손금을 설정한 경우에만 세무조정을 하도록 하고 있다.

(1) 대손처리할 수 없는 채권(법법§19의2②)

① 채무보증(「독점규제 및 공정거래에 관한 법률」 제10조의2 제1항에 해당하는 채무보증 등은 제외)으로 인하여 발생한 구상채권

② 특수관계자에 대한 업무무관가지급금
채무보증으로 인한 구상채권은 회수할 가능성이 낮고, 기업의 건전성을 해치므로 제재목적으로 대손처리시에도 손금을 인정하지 않는 것이다. 특수관계자에 대한 업무무관가지급금도 기업의 재무구조를 취약하게 만들 수 있으므로 대손처리시에도 손금으로 인정하지 않는다. 여기서 말하는 특수관계자는 임직원이나 법인의 출자지분을 1% 이상 소유한 자회사 등을 말한다.

(2) 세무조정

채무보증으로 인한 구상채권과 업무무관가지급금에 대하여 대손금을 설정한 경우 손금불산입하며, 귀속자에 따라 상여, 배당, 기타사외유출 등으로 소득처분한다. 위 채권에 대한 처분손실도 손금으로 인정되지 않는다.

마. 대손충당금 세무조정

법인이 각 사업연도에 외상매출금, 대여금, 그 밖에 이에 준하는 채권의 대손에 충당하기 위하여 대손충당금을 손금으로 계상한 경우에는 일정한 금액의 범위에서 해당 사업연도의 소득금액을 계산할 때 이를 손금에 산입한다(법법§34①). 이러한 대손충당금은 회수불능채권의 추산액으로서, 채권에 대한 평가성 충당금에 해당한다. 대손충당금의 손금산입은 결산조정사항이며 회사가 비용으로 계상한 경우에만 손금으로 인정된다. 당기순이익과세법인의 경우

대부분의 채권에 대하여 대손충당금 설정으로 손금산입이 가능하나 대손금과 같이 다음의 채권은 대손충당금을 설정할 수 없다.

(1) 대손충당금을 설정할 수 없는 채권(법법§19의2②)

① 채무보증(「독점규제 및 공정거래에 관한 법률」 제10조의2 제1항에 해당하는 채무보증 등은 제외)으로 인하여 발생한 구상채권

② 특수관계자에 대한 업무무관가지급금

(2) 세무조정

위 채권에 대하여 대손충당금을 설정한 경우에는 해당 금액을 손금불산입(유보) 세무조정을 하고 해당 채권의 회수 등이 있는 경우에는 손금산입(△유보) 세무조정을 한다.

바. 과다경비 세무조정

인건비, 복리후생비, 여비 및 교육훈련비와 법인이 그 법인 외의 자와 동일한 조직 또는 사업 등을 공동으로 운영하거나 경영함에 따라 발생되거나 지출된 손비에 대하여는 대통령령으로 정하는 바에 따라 과다하거나 부당하다고 인정되는 금액은 손금에 산입하지 아니한다.(법법§26)

(1) 인건비

'인건비'란 근로제공의 대가로 지급되는 각종 비용으로서, 임원과 사용인에게 지급되는 급여, 임금, 제수당, 상여금, 퇴직급여 및 복리후생비 등을 모두 포함한다. 이러한 인건비의 지출은 법인의 순자산을 감소시키는 거래이다. 따라서 이익처분에 의해 지급되는 상여를 제외한 인건비는 손금으로 인정되는 것이 원칙이다. 다만, 인건비(복리후생비 포함) 중 과다하거나 부당하다고 인정되는 금액은 손금에 산입하지 않는다. **이는 주로 임원에게 지급되는 인건비에 관한 것으로서, 기업경영을 지배하고 배당정책을 좌우하는 임원이 자기에 대한 이익의 분배를 인건비로 위장하는 것을 봉쇄**하기 위한 데 그 목적이 있다.

(2) 복리후생비

법인이 그 임원 또는 사용인을 위하여 지출한 복리후생비 중 다음 중 어느 하나에 해당하는

비용 외의 비용은 손금에 산입하지 않는다. 이 경우 사용인에는 「파견근로자보호 등에 관한 법률」에 따른 파견근로자를 포함한다.(법령§45①)

1) 직장체육비 · 직장문화비 · 직장회식비
2) 사용자로서 부담하는 건강보험료 · 노인장기요양보험료 · 고용보험료 등
3) 영유아보육법에 따라 설치된 직장어린이집의 운영비
4) 그 밖에 임원 또는 사용인에게 사회통념상 타당하다고 인정되는 범위에서 지급하는 경조사비 등 위의 비용과 유사한 비용

(3) 여비 및 교육훈련비

법인이 임원 또는 사용인이 아닌 지배주주 등에게 지급한 여비 또는 교육훈련비는 손금에 산입하지 않는다.(법령§46)

(4) 공동경비

법인이 그 법인 외의 자와 동일한 조직 또는 사업 등을 공동으로 운영하거나 경영함에 따라 발생되거나 지출된 손비 중 다음의 기준에 따른 분담금액을 초과하는 금액은 손금에 산입하지 않는다.(법령§48)

구 분		분담기준
(1) 출자에 따라 특정사업을 공동으로 경영하는 경우		출자비율
(2) 비출자공동사업의 경우	① 비출자공동사업자 사이에 특수관계가 있는 경우	직전사업연도 또는 해당 사업연도 매출액 총액과 총자산가액 총액 중 법인이 선택하는 금액에서 해당법인의 매출액(총자산가액 총액 선택 시 총자산가액)이 차지하는 비율
	② 위 ① 외의 경우	약정에 따른 분담비율

사. 업무무관비용 세무조정

법인이 그 각 사업연도에 지출한 비용 중 다음의 금액은 손금에 산입하지 않는다.(법법§27, 법령 §49③, §50①)

① 업무무관자산을 취득 · 관리함으로서 생기는 비용 · 유지비 · 수선비 및 이와 관련되는 비용

② 해당 법인이 직접 사용하지 않고 다른 사람이 주로 사용하고 있는 장소 · 건축물 · 물건

등의 유지비・관리비・사용료와 이와 관련되는 지출금

③ 해당 법인의 주주 등 또는 출연자인 임원 또는 그 친족이 사용하고 있는 사택의 유지비・관리비・사용료와 이와 관련되는 지출금

④ 업무무관자산을 취득하기 위하여 지출한 자금의 차입과 관련되는 비용

⑤ 해당 법인이 공여한 형법 등에 따른 뇌물에 해당하는 금전 및 금전 외의 자산과 경제적 이익의 합계액

⑥「노동조합 및 노동관계조정법」을 위반하여 노동조합의 전임자에게 지급하는 급여

아. 업무용승용차 관련비용 세무조정

(1) 업무용승용차의 범위(법령§50의2①)

업무용승용차란 개별소비세 과세대상이 되는 승용자동차로서 다음의 것을 제외한다.

① 운수업, 자동차판매업, 자동차임대업, 운전학원업, 무인경비업 등에 해당하는 업종 또는 시설대여업에서 사업상 수익을 얻기 위하여 직접 사용하는 승용자동차

② 장례식장 및 장의관련 서비스업을 영위하는 법인이 소유하거나 임차한 운구용 승용차

(2) 사무소 보유 업무용승용차의 감가상각비(법령§50의2③)

사무소가 보유한 업무용승용차의 감가상각비는 차량에 대한 상각방법과 내용연수 적용에 관한 법인세법 규정에도 불구하고 정액법을 상각방법으로 하고 내용연수를 5년으로 하여 계산한 금액을 감가상각비로 하여 손금에 산입한다.

(3) 업무용승용차 관련비용(법법§27의2②)

내국법인이 업무용승용차를 취득하거나 임차하여 해당 사업연도에 손금에 산입하거나 지출한 감가상각비, 임차료, 유류비등 업무용승용차 관련비용 중 업무용사용금액에 해당하지 않는 금액은 손금에 산입하지 않는다. 손금불산입한 금액은 귀속자가 주주 등이라면 배당, 임원 또는 사용인이라면 상여, 법인이거나 사업을 영위하는 개인인 경우 기타사외유출, 그 외라면 기타소득 처분하고 귀속자가 불분명하면 대표자상여로 처분한다.(법령§106①3)

(4) 업무용승용차 감가상각비 한도계산(법법§27의2③)

업무용승용차에 대한 감가상각비에 대해서는 사무소 보유 승용차는 감가상각비, 리스 또는

렌트 차량인 경우는 감가상각비 상당액이 해당 사업연도에 각각 800만원(해당 사업연도가 1년 미만인 경우(800만원 × 해당 사업연도 월수/12)로 계산하고, 사업연도 중 일부 기간 동안 보유하거나 임차한 경우에는 (800만원 × 해당 보유기간 또는 임차기간 월수/사업연도 월수)로 계산)을 초과하는 경우 한도 초과액은 해당 사업연도의 손금에 불산입하여 이월하여 손금에 산입한다.

자. 지급이자 세무조정

차입금에 대한 지급이자는 순자산감소의 원인이 되는 손비의 금액이므로 손금으로 인정하는 것이 원칙이다(법법§19①). 다만 법인세법은 몇 가지 이유로 일정한 지급이자를 손금불산입하도록 규정하고 있는데 그 종류와 부인순서는 다음과 같다.(법법§28⑤, 법령§55)

부인순서	종 류	손금불산입액	소득처분
①	채권자불분명사채이자	해당 이자	대표자상여
②	비실명채권, 증권이자	해당 이자	
③	건설자금이자 중 특정차입금이자	해당 이자	유 보
④	업무무관자산 등에 대한 지급이자	업무무관자산 및 가지급금에 대한 지급이자 상당액	기타사외유출

(1) 채권자 불분명 사채이자

채권자가 불분명한 사채의 이자는 손금에 산입하지 않는다.(법법§28①) 그 취지는 가공채무를 계상하여 소득금액을 감소시키는 행위를 방지함과 아울러 지하자본시장을 양성화하기 위한 데 있다.

(2) 비실명 채권 · 증권이자

이자소득에 해당하는 채권, 증권의 이자 할인액 또는 차익 중 지급받는 자가 불분명한 것(채권, 증권의 이자 할인액 차익을 그 채권 등의 발행법인이 직접 지급하는 경우 그 지급사실이 객관적으로 인정되지 않는 것)은 손금으로 인정하지 않는다.(법법§28①)

(3) 건설자금이자(차입원가)

'건설자금이자'란 자산의 취득에 사용된 차입금에 대한 이자비용을 말한다. 현행 법인세법은 건설자금이자를 특정차입금이자와 일반차입금이자로 구분하여 세무조정하고 있다.

구 분	법인세법	기업회계기준
자본화할 금융비용	○ 특정차입금・일반차입금의 이자 - 특정차입금 : 사업용 고정자산의 건설 등에 사용하기 위한 목적으로 특정하여 차입한 자금 - 일반차입금 : 일반적인 목적으로 차입한 자금	○ 특정차입금・일반차입금에 대한 차입원가
자본화 방 법	○ 특정차입금의 이자 : 강제자본화 - 건설자금에 충당한 특정차입금의 이자는 자본화대상 자산의 취득원가에 산입함 ○ 일반차입금의 이자 : 선택자본화 - 건설자금에 충당한 차입금의 이자 중 일반차입금의 이자는 손금에 산입하지 아니할 수 있음	○ 선택자본화
자본화 대상자산	○ 사업용 고정자산(무형자산 포함)	○ 적격자산 - 유형자산・무형자산・투자부동산・재고자산

① 특정차입금의 이자

명목여하에 불구하고 사업용 고정자산의 매입・제작・건설에 소요되는 것이 분명한 차입금에 대한 지급이자 또는 이와 유사한 성질의 지출금을 말하며, 건설개시일과 건설준공일 사이에 발생한 건설기간 중의 특정차입금만 자본화 대상이 된다.

자본화할 특정차입금의 이자 = ① - ② - ③
① 건설기간 중의 특정차입금 이자
② 특정차입금의 일시예금에서 생기는 수입이자
③ 특정차입금 중 운영자금에 전용한 부분에 대한 이자 (손금에 해당)

② 일반차입금의 이자

건설자금에 충당한 차입금의 이자에서 특정차입금의 이자를 뺀 금액으로써 비용처리한 경우에 세법상 이를 손금으로 인정한다.

4. 법인세율

일반법인의 법인세율은 과세표준 2억원까지 9%, 과세표준 2억원 초과 200억원 이하 19%, 과세표준 200억원 초과 3,000억 이하 21%, 3,000억 초과 24%를 적용하며, 농·축협 등은 조세특례제한법에 의거 과세표준 20억원 이하는 9%, 과세표준 20억원 초과분은 12%의 저율의 세율을 적용한다. 다만, 농축협 등이 당기순이익 과세를 포기한 경우에는 일반 법인세율을 적용할 수 있다.

【일반법인 법인세율】

과세표준	세 율
2억원 이하	과세표준의 9%
2억원 초과 200억원 이하	2천만원+2억원을 초과하는 금액의 19%
200억원 초과 3,000억원 이하	39억 8천만원+200억원을 초과하는 금액의 21%
3,000억원 초과	655억 8천만원+3,000억원을 초과하는 금액의 24 %

5. 법인세 납부세액의 계산

가. 법인세 납부세액 계산절차

법인세 과세표준 × 세 율 = 법인세 산출세액

→ − 세액공제 + 가산세 − 중간예납세액, 원천징수당한 세액 = 법인세 납부세액

나. 토지 등 양도소득이 있는 경우의 산출세액 가산

사업연도 중에 다음에 해당하는 부동산을 양도한 경우에는 결산 법인세액에 추가하여 토지 등 양도소득에 대한 법인세를 납부하여야 한다.(법법§55의2)

① 과세대상주택(그 부수토지 포함)을 양도한 경우 : 양도소득의 10%(미등기분 40%)에 해당하는 세액

② 비사업용토지를 양도한 경우 : 양도소득의 10%(미등기분 40%)에 해당하는 세액

※ 단, 2009.3.16부터 2012.12.31까지 취득한 주택 또는 비사업용토지를 양도함으로써 발생하는 소득에 대하여는 토지 등 양도소득 법인세를 과세하지 않음(법인세법 부칙 제4조, 제9673호, 2009.5.21.)

다. 법인세 원천징수세액의 처리

① 2009년도는 법인세법상 금융보험업을 영위하는 법인이 수령하는 채권 등의 이자소득에 대하여는 원천징수가 면제되었으나, 2010년부터 금융기관이 채권 등의 이자소득에 대한 원천징수제도 부활로 2010. 1. 1 이후 발생하는 소득분부터 원천징수하여야 한다.

• 2005. 6. 30 이전에 취득한 채권 등으로서 2008. 6. 1까지 이자소득이 지급되지 않았거나(2005년 7월 1일부터 2008년 5월 31일까지의 기간 중 이자를 지급하지 아니한 경우에 한함) 양도되지 않은 채권 등의 경우에는 2008. 6. 1 이후라도 최초로 이자를 수수하거나 동 채권 등을 매매하는 때 1회에 한하여 원천징수된다.

② 원천징수당한 세액은 선급법인세로 처리한 후 결산시 법인세 납부세액이 산출될 경우에는 법인세비용 계정으로 대체(납부할 세액에서 차감)하게 되며, 선급법인세 계정에 남는 잔액에 대하여는 법인세를 신고한 후 관할세무서로부터 환급받게 된다.

- 법인세를 원천징수한 금융기관으로부터는 원천징수영수증을 반드시 수취하여 법인세 신고납부시 원천납부세액명세서(별지 제10호 서식) 작성시 활용하고 보관관리에 철저를 기하여야 한다.(관할세무서에서 증빙자료를 요구시 제출)

(사례) 한국농협은 농협은행에 원천징수대상 채권·증권에 1억원 예치. 만기시 이자 1천만원 중 원천징수세액 1,540천원(특별징수세액 140천원 포함)을 차감하고 나머지 108,460천원이 환결제자금으로 송금되어 오다.

(차) 현 금	108,460,000	(대) 예 치 금	100,000,000
선급법인세	1,400,000	예치금이자	10,000,000
선급지방소득세	140,000		

6. 법인세 신고납부

가. 신고납부기한

각 사업연도 종료일이 속하는 달의 말일부터 3개월 이내에 당해 사업연도소득에 대한 법인세 과세표준과 세액을 관할세무서에 신고·납부하여야 한다.(법법§60①) 각 사업연도의 소득금액이 없거나 결손금이 있는 경우에도 신고하여야 한다.(법법§60③)

나. 신고시 제출서류

법인세 과세표준 및 세액의 신고는 법인세과세표준및세액신고서(별지 제1호 서식)에 다음 각 호의 서류를 첨부하여야 한다.(법법§60②)

① 농어촌특별세 과세표준 및 세액신고서(별지 제2호 서식)
② 법인세과세표준 및 세액조정계산서(별지 제3호 서식)
③ 재무상태표·포괄손익계산서 및 이익잉여금처분(결손금처리)계산서(또는 결손금처리계산서)(별지 제3호의2 서식, 별지 제3호의3 서식)
④ 세무조정계산서 부속서류
㉠ 공제감면세액 및 추가납부세액합계표(갑)(별지 제8호 서식(갑))
㉡ 가산세액계산서(별지 제9호 서식)
㉢ 원천납부세액명세서(별지 제10호 서식(갑)(을))
㉣ 농어촌특별세 과세표준 및 세액조정계산서(별지 제12호 서식)
㉤ 농어촌특별세 과세대상감면세액합계표(별지 제13호 서식)
㉥ 소득금액조정합계표(별지 제15호 서식)
㉦ 수입금액조정명세서(별지 제16호 서식)
㉧ 조정후수입금액명세서(별지 제17호 서식)
㉨ 기부금조정명세서(별지 제21호 서식)
㉩ 기부금명세서(별지 제22호 서식)
㉪ 기업업무추진비조정명세서(별지 제23호 서식(갑)(을))
㉫ 경비등의 송금명세서(별지 제24호 서식)
㉬ 건설자금이자조정명세서(별지 제25호 서식)
㉭ 업무무관부동산등에관련한차입금이자조정명세서(별지 제26호 서식(갑)(을))
ⓐ 업무용승용차 관련비용 명세서(별지 제29호 서식)
ⓑ 퇴직급여충당금 조정명세서(별지 제32호 서식)
ⓒ 퇴직연금부담금 조정명세서(별지 제33호 서식)
ⓓ 대손충당금 및 대손금조정명세서(별지 제34호 서식)

ⓔ 주요계정명세서(갑)(별지 제47호 서식(갑))
ⓕ 자본금과적립금조정명세서(별지 제50호 서식(갑)(을))
ⓖ 중소기업 등 기준검토표(별지 제51호 서식)
ⓗ 특수관계자간 거래명세서(갑)・(을)(별지 제52호 서식(갑)・(을))
ⓘ 소득자료(인정상여・인정배당・기타소득) 명세서(별지 제55호 서식)

다. 법인세 가산세

(1) 무신고가산세(국기법§47의2)

납세자가 법정신고기한 내에 세법에 따른 과세표준신고서를 제출하지 아니한 경우에는 다음의 무신고가산세를 법인세액에 가산하거나 환급받을 세액에서 공제한다.

① 일반 무신고의 경우 : max(㉠무신고납부세액 × 20%, ㉡수입금액의 7/10,000)
② 부정 무신고의 경우 : max(㉠무신고납부세액 × 40%,
㉡부정무신고 과세표준과 관련된 수입금액 × 14/10,000)

※ 무신고납부세액이란 과세표준 신고를 하지 아니한 경우 그 신고로 납부하여야 할 세액을 의미하며, 여기에 가산세 및 이자상당 가산액을 제외한다.

※ 부정행위의 유형(국기령§12의2①, 처벌법§3⑥)
㉮ 이중장부의 작성 등 장부의 거짓 기장
㉯ 거짓 증빙 또는 거짓 문서의 작성 및 수취
㉰ 장부와 기록의 파기
㉱ 재산의 은닉, 소득・수익・행위・거래의 조작 또는 은폐
㉲ 고의적으로 장부를 작성하지 아니하거나 비치하지 아니하는 행위 또는 계산서, 또는 계산서 합계표, 세금계산서합계표의 조작
㉳ 전사적 기업자원관리설비의 조작 또는 전자세금계산서의 조작
㉴ 그 밖에 위계에 의한 행위 또는 부정한 행위

(2) 과소신고・초과환급신고가산세(국기법§47의3)

납세의무자가 법정신고기한까지 법인세의 과세표준신고를 한 경우로서 과세표준을 신고하여야 할 금액보다 적게 신고(이하 '과소신고'라 한다)하거나 환급받을 세액을 신고하여야 할 금액보다 많이 신고(이하 '초과신고'라 한다)한 경우에는 다음의 과소신고가산세를 납부할 세액에 가산하거나 환급받을 세액에서 공제한다.

① 일반과소신고의 경우 : 과소신고납부세액 × 10%

② 부정과소신고의 경우 : 부정행위로 과소신고하거나 초과신고한 경우 아래 '㉮'와 '㉯'의 금액을 합한 금액

㉮ 부정과소신고가산세 : max(㉠부정행위로 인한 과소신고납부세액 × 40%,
㉡부정과소신고수입금액 × 14/10,000)

㉯ 일반과소신고가산세 : [과소신고납부세액-부정행위로 인한 과소신고납부세액] × 10%

※ 과소신고납부세액이란 과소신고한 납부세액과 초과신고한 환급세액을 합한 금액을 의미하며, 여기에 가산세 및 이자 상당 가산액은 제외한다.

(3) 납부 · 환급불성실가산세(국기법§47의4)

① 납부불성실가산세

각 사업연도소득에 대한 법인세 과세표준 신고기한(또는 중간예납기한)까지 법인세를 납부하지 아니하거나 납부한 세액이 납부하여야 할 세액에 미달한 경우에는 다음 산식을 적용하여 계산한 금액을 납부할 세액에 가산하거나 환급받을 세액에서 공제한다.

- 납부불성실 가산세 : 미납 • 미달납부세액 × 납부기한의 다음날부터 자진납부일 또는 납세고지일까지의 일수 × 25/100,000

② 환급불성실가산세

납세자가 환급받은 세액이 세법에 따라 환급받아야 할 세액을 초과하는 경우에는 다음 산식을 적용하여 계산한 금액을 납부할 세액에 가산하거나 환급받을 세액에서 공제한다.

- 환급불성실 가산세 : 초과하여 환급받은 세액 × 환급받은 날의 다음날부터 자진납부일 또는 납세고지일까지의 일수 × 25/100,000

③ 납부 · 환급불성실가산세를 적용함에 있어 '미납 · 미달납부세액'과 '초과하여 환급받은 세액'은 「법인세법」 또는 「조세특례제한법」에 따라 법인세에 가산하여 납부하여야 할 이자 상당가산액을 포함하여 산정한다.

(4) 법인세법 관련 가산세

① 장부의 기록 · 보관불성실 가산세(법법§75의3)

② 증명서류 수취불성실 가산세(법법§75의5)

③ 신용카드 및 현금영수증 발급 불성실 가산세(법법§75의6)

④ 지급명세서 제출불성실 가산세(법법§75의7)

⑤ 계산서 등 제출 불성실 가산세(법법§75의8)

(5) 가산세 한도(국기법§49①)

구 분		가 산 세
① 무신고가산세	일반무신고	max(㉠무신고납부세액×20%, ㉡수입금액의 7/10,000)
	부정무신고	max(㉠무신고납부세액×40%, ㉡부정무신고 과세표준과 관련된 수입금액×14/ 10,000)
② 과소신고 · 초과환급신고가산세	일반과소신고	과소신고납부세액×10%
	부정과소신고	max[㉠부정행위로 인한 과소신고납부세액×40%) ㉡부정과소신고수입금액×14/10,000]+[과세신고납부세액-부정행위로 인한 과소신고납부세액]×10%
③ 납부 · 환급불성실가산세		(미납 · 미달납부세액×기간×25/100,000)+(초과환급세액×기간×25/100,000)
④ 원천징수납부지연가산세		미납세액 3%+(미납세액×기간×25/100,000) [미납세액의 50% 한도]
⑤ 장부의 기록 · 보관불성실 가산세		장부의 비치 · 기장의무 미이행시 max(㉠산출세액×20%, ㉡수입금액의 7/10,000)
⑥ 증명서류 수취불성실 가산세		법정증빙 미수취금액×2%(산출세액이 없어도 가산세는 징수)
⑦ 신용카드 및 현금영수증 발급불성실 가산세		· 신용카드가맹점의 신용카드매출전표 발급거부금액 또는 사실과 다르게 발급한 금액의 5%(건별 계산금액이 5천원 미달시 5천원) · 현금영수증가맹점 가입대상 법인이 가맹점 미가입시, 미가입 과세기간의 총수입금액×1% · 발급거부금액 또는 사실과 다르게 발급한 금액의 5%(건별 계산금액이 5천원 미달시 5천원) · 현금영수증을 발급하지 않는 경우 미발급금액×20% · 산출세액이 없어도 가산세는 징수
⑧ 지급명세서 제출불성실가산세		· 미제출·불명분 지급금액×1%(다만, 제출기한 경과 후 3월 이내 제출하는 경우에는 0.5%) · 간이지급명세서 : 미제출 지급금액×0.25% · 산출세액이 없어도 가산세는 징수

7. 법인지방소득세 신고납부

(1) 과세표준(지법§103의19)

법인지방소득세의 과세표준은 법인세 과세표준과 동일하다. 또한, 법인이 주택(부수토지 포함) 또는 비사업용토지를 양도한 때 발생하는 양도소득이 있는 경우 양도소득 1%(미등기는 4%)만큼의 법인 지방소득세를 추가로 납부하여야 한다.(지법§103의31)

(2) 세율(지특법§167)

과세표준 20억 이하는 0.9%, 과세표준 20억 초과분은 1.2%의 세율을 적용한다. 단, '16년 중 조합법인간 합병한 경우에는 합병등기일이 속하는 사업연도와 그 다음 사업연도에 대하여 과세표준 40억 이하는 0.9%, 과세표준 40억 초과분은 1.2%의 세율을 적용한다.

※ 조특법 제72조 제1항을 적용받는 법인(당기순이익과세법인)에 대하여는 2020년 12월 31일 이전에 끝나는 사업연도까지 지방세법 제103조의20에서 규정하는 법인지방소득세의 표준세율에도 불구하고 조특법 제72조 제1항에서 규정하는 법인세 세율(9% 또는 12%)의 100분의 10에 해당하는 세율(0.9% 또는 1.2%)을 법인지방소득세의 세율로 한다.

(3) 신고납부기한

각 사업연도 종료일이 속하는 달의 말일로부터 4개월 이내에 당해 사업연도소득에 대한 법인세 과세표준과 세액을 관할세무서에 신고·납부하여야 하며, 이는 각 사업연도의 소득금액이 없거나 결손금이 있는 경우에도 신고하여야 한다.(지법§103의23①,④)

(4) 신고시 제출서류(지령§100의12, 지칙§48의4)

① 법인지방소득세 과세표준 및 세액신고서(별지 제43호 서식)
② 첨부서류
  ㉠ 법인지방소득세 과세표준 및 세액조정계산서(별지 제43호의2)
  ㉡ 법인지방소득세 안분명세서(별지 제44호의6)
  ㉢ 법인지방소득세 가산세액 계산서(별지 제43호의4)
  ㉣ 법인지방소득세 특별징수세액명세서(별지 제43호의5)
  ㉤ 기업회계기준을 준용하여 작성한 재무상태표·포괄손익계산서 및 이익잉여금처분계산서(또는 결손금처리계산서)

(5) 둘 이상의 지방자치단체에 법인의 사업장이 있는 경우

둘 이상의 지방자치단체에 법인의 사업장이 있는 경우에는 본점 소재지를 관할하는 지방자치단체의 장에게 상기의 첨부서류를 제출하면 법인의 각 사업장 소재지 관할 지방자치단체의 장에게도 이를 제출한 것으로 본다.(지법§103의23⑤)

법인지방소득세는 법인세(국세)와 달리 사업장 소재지 지방자치단체마다 과세권이 있어, 사업장별 안분신고를 해야 한다는 점을 각별히 유의해야 한다. 또한 각 사업연도의 소득금액이 없거나 결손금이 있는 법인의 경우에도 신고를 해야 한다.

제 2 절 법인세의 중간예납

법인세는 매년 1.1부터 6.30까지를 법인세 중간예납기간으로 하여 8.31까지 납부하여야 한다. 법인세 중간예납은 직전 사업연도 법인세 확정세액의 1/2에 의하여 산출한 금액과 매년 1.1부터 6.30까지의 손익에 의하여 산출한 금액 중 적은 금액을 선택하여 법인세로 납부한다. 매년 1.1부터 6.30까지의 손익에 의하여 법인세 중간예납을 하는 경우에는 6.30기준으로 대손충당금, 감가상각누계액, 퇴직급여충당부채를 적립 기표하여야 한다.

중간예납시는 법인지방소득세 및 토지등양도소득에 대한 법인세는 납부하지 아니한다. 법인세 중간예납분에 대하여는 수정신고 또는 경정청구를 할 수 없으므로 세액 산출시 유의하여야 한다.

1. 중간예납 개요(법법§63)

사업연도가 종료하면 그 사업연도의 법인세를 확정하여 신고납부하는 것이 원칙이다. 그러나 현행 세법에서는 각 사업연도의 기간이 사업연도개시일부터 6월을 초과하는 경우에 그 사업연도개시일부터 6월간을 중간예납기간으로 하여 일정한 방법에 의하여 계산한 금액을 중간예납기간이 경과한 날부터 2월 이내에 관할세무서 등에 납부하도록 규정하고 있다.

2. 중간예납기간 및 납부기한

① 중간예납기간 : 매년 1.1 ~ 6.30(사업연도 개시일이 1.1인 경우)

② 중간예납세액의 납부기한 : 매년 8.31까지(사업연도 개시일이 1.1인 경우)

3. 중간예납세액의 계산

중간예납세액의 계산은 직전 사업연도의 법인세로서 확정된 산출세액(가산세 포함, 토지등양도소득에 대한 법인세는 제외)을 기준으로 계산하는 방법과 중간예납기간을 1사업연도로 보아 계산하는 방법으로 구분하여 계산한다.

가. 직전사업연도 사업소득 법인세액이 있는 경우 :

직전사업연도 사업소득분 법인세 산출세액이 있는 경우에는 다음 ①과 ② 중 법인세 산출세액이 적은 방법을 선택하여 계산한 금액으로 한다. 다만, ① [방법Ⅰ]에 의한 납부세액이 있는데 기한 내 납부하지 아니한 경우에는 ② [방법Ⅱ]를 선택할 수 없다.

① 직전사업연도 사업소득 법인세 산출세액을 기준으로 계산하는 방법

직전사업연도의 법인세로서 확정된 산출세액(가산세를 포함하며, 토지등양도소득에 대한 법인세를 제외한다)에서 직전사업연도의 감면된 법인세액, 원천징수세액, 수시부과세액을 차감하여 계산한다.

≪중간예납세액 계산≫

(직전사업연도의 확정된 법인세 산출세액 - 직전사업연도 법인세 감면・공제세액 - 직전사업연도 원천납부세액 - 직전사업연도 수시부과세액) × 6/12

② 중간예납기간을 1사업연도로 보아 계산하는 방법

중간예납기간을 1사업연도로 보아 6.30.기준 법인세등차감전당기순손익에서 6.30.기준기업업무추진비・기부금퇴직급여충당금・대손금・대손충당금・과다경비・업무무관비용・업무승용차관련비용・지급이자의 손금불산입액을 차가감한 과세표준에 9% 또는 12%를 적용하여 산출한 법인세액에서 감면공제세액・원천납부세액・수시부과세액을 공제한 금액을 중간예납세액으로 하여 납부할 수 있다.

나. 직전사업연도 사업소득 법인세액이 없는 경우

직전사업연도의 법인세액이 없는 경우에는 중간예납기간을 1사업연도로 보아 계산한 당기순이익을 과세표준으로 중간예납세액 산출세액을 계산한 후 당해 중간예납기간에 해당하는 감면세액, 당해 중간예납기간중에 법인세로서 납부한 원천징수세액・수시부과세액을 차감한 금액을 중간예납세액으로 하여 신고납부하여야 한다.(법칙§51④)

제 3 절 토지 등 양도소득 법인세 신고 · 납부

1. 개 요

법인이 다음 중 어느 하나에 해당하는 토지 및 건물(건물에 부속된 시설물과 구축물을 포함하며, 이하 '토지등'이라 한다)을 양도한 경우에는 다음과 같이 계산한 세액을 토지등양도소득에 대한 법인세로 하여 일반법인세에 추가하여 납부하여야 한다.(법법§55의2①)

과세대상 토지 등의 범위	토지등양도소득에 대한 법인세	
	일반적인 경우	미등기토지 등
① 주택(부수토지 포함)	양도소득×20%	양도소득×40%
② 비사업용 토지	양도소득×10%	양도소득×40%

* 법인이 토지 등을 2012.12.31.까지 양도하는 경우 투기지역에 있는 토지등에 대해서만 제한적으로 과세하였으나, 법인의 부동산투기를 방지하기 위하여 2013.1.1. 이후 양도하는 분부터 과세대상 토지 등의 범위를 일반지역으로 확대하였다.

2. 과세대상

가. 주택(그 부수토지 포함)을 양도한 경우

주택(부속토지 포함) 및 주거용 건축물로서 상시 주거용으로 사용하지 아니하고 휴양 · 피서 · 위락 등의 용도로 건축물(이하 "별장"이라 함)을 양도한 경우

다음의 주택은 과세대상에서 제외한다.(법령§92의2②)

① 법인세법 시행령 제92조의2 제2항 1호부터 1의13호에서 정하는 주택
② 주주 등이나 출연자가 아닌 임원 및 직원에게 제공하는 사택 및 그 밖에 무상으로 제공하는 법인 소유의 주택으로서 사택제공기간 또는 무상제공기간이 10년 이상인 주택
③ 저당권의 실행으로 인하여 취득하거나 채권변제를 디신하여 취득한 주택으로서 취득일부터 3년이 경과하지 아니한 주택
④ 그 밖에 부득이한 사유로 보유하고 있는 주택으로서 기획재정부령으로 정하는 주택

다만,「지방자치법」에 따른 읍 또는 면에 있으면서 아래의 범위 및 기준에 모두 해당하는 농어촌주택(그 부속토지 포함)은 제외한다.(법령§92의10)

① 건물의 연면적이 150제곱미터 이내이고 그 건물의 부속토지의 면적이 660제곱미터 이내일 것
② 건물과 그 부속토지의 가액이 기준시가 2억원 이하일 것
③「조세특례제한법」제99조의4 제1항 제1호 각 목의 어느 하나에 해당하는 지역을 제외한 지역에 소재할 것

나. 비사업용토지를 양도한 경우

(1) 비사업용토지의 기간 기준(법령§92의3)

토지를 소유하는 기간 중 다음의 기간 동안 비사업용토지에 해당되어야 한다.

① 토지의 소유기간이 5년 이상인 경우에는 다음 각 목의 모두에 해당하는 기간
㉮ 양도일 직전 5년 중 2년을 초과하는 기간
㉯ 양도일 직전 3년 중 1년을 초과하는 기간
㉰ 토지의 소유기간의 100분의 40에 상당하는 기간을 초과하는 기간(이 경우 기간의 계산은 일수로 함)

② 토지의 소유기간이 3년 이상이고 5년 미만인 경우에는 다음 각 목의 모두에 해당하는 기간
㉮ 토지의 소유기간에서 3년을 차감한 기간을 초과하는 기간
㉯ 양도일 직전 3년 중 1년을 초과하는 기간
㉰ 토지의 소유기간의 100분의 40에 상당하는 기간을 초과하는 기간(이 경우 기간의 계산은 일수로 함)

③ 토지의 소유기간이 3년 미만인 경우에는 다음 각 목의 모두에 해당하는 기간
㉮ 토지의 소유기간에서 2년을 차감한 기간을 초과하는 기간
㉯ 토지의 소유기간의 100분의 40에 상당하는 기간을 초과하는 기간(이 경우 기간의 계산은 일수로 함)

(2) 비사업용토지의 범위(법법§55의2②)

① **논밭 및 과수원**(이하 "농지"라 한다)으로서 다음 어느 하나에 해당하는 것(법령§92의5)

"농지"라 함은 전·답 및 과수원으로서 지적공부상의 지목에 관계없이 실제로 경

작에 사용되는 토지를 말한다. 이 경우 농지의 경영에 직접 필요한 농막·퇴비사·양수장·지소(池沼)·농도·수로 등의 토지 부분을 포함한다.(법령§92의5①)

㉮ 농업을 주된 사업으로 하지 아니하는 법인[1]이 소유하는 토지. 다만, 「농지법」이나 그 밖의 법률에 따라 소유할 수 있는 농지로서 다음의 것을 제외한다.

㉠ 농업생산자단체(「농업협동조합법」에 의한 조합과 그 중앙회, 품목조합연합회 및 조합공동사업법인) 등이 그 목적사업을 수행하기 위하여 필요로 하는 시험지·연구지·실습지·종묘생산지 또는 과수 인공수분용 꽃가루 생산지로 쓰기 위하여 「농지법」 시행규칙 제6조에 정하는 바에 따라 농지를 취득하여 소유하는 경우

㉡ 「농지법」 제13조 제1항에 따라 담보농지를 취득하여 소유하는 경우

㉢ 「공유수면매립법」에 따라 매립농지를 취득하여 소유하는 경우

㉣ 「농지법」 제6조 제2항 제7호에 따른 농지전용허가를 받거나 농지전용신고를 한 법인이 소유한 농지 또는 같은 법 제6조 제2항 제8호에 따른 농지전용협의를 완료한 농지로서 당해 전용목적으로 사용되는 토지

1) 농업을 주된 사업으로 하지 아니하는 법인의 판정기준(법령§92의5②)

a. 2 이상의 서로 다른 사업을 영위하는 경우에는 주업은 사업별 사업수입금액이 큰 사업으로 한다.

b. a.의 규정에 불구하고 당해 법인이 농업에 직접 사용한 농지에서 생산한 농산물을 당해 법인이 제조·생산하는 제품의 원료로 사용하고 그 농업과 제조업 등을 구분하여 경리하는 경우에는 농업을 주업으로 하는 것으로 본다. 이 경우 당해 법인이 생산한 농산물 중 당해 법인이 제조하는 제품의 원재료로 사용하는 것의 비율(이하 "사용비율"이라 함)이 100분의 50 미만인 경우에는 당해 농지의 면적 중 그 사용비율에 상당하는 면적의 2배 이내의 농지에 한하여 농업을 주업으로 하는 것으로 본다.

㉯ 특별시·광역시(광역시에 있는 군지역 제외), 특별자치시(특별자치시에 있는 읍·면지역 제외), 특별자치도(읍·면지역 제외) 및 시지역(도·농복합형태의 시의 읍·면 지역 제외) 중 「국토의 계획 및 이용에 관한 법률」 제6조 제1호에 따른 도시지역[1]에 있는 농지. 다만, 특별시, 광역시, 특별자치시, 특별자치도 및 시지역의 도시지역에 편입된 날부터 3년이 지나지 아니한 농지는 제외한다.

② **임야.** 다만, 다음 각 목의 어느 하나에 해당하는 것을 제외한다.(법령§92의6)

㉮ 「산림자원의조성및관리에관한법률」에 따른 채종림시험림과 「산림보호법」에 따른 산림보호구역

㉯ 사찰림 또는 동유림

㉰ 「자연공원법」에 따른 공원자연보존지구 및 공원자연환경지구 안의 임야

1) 「국토의 계획 및 이용에 관한 법률」에 따른 녹지지역 및 개발제한구역을 제외한다.

㉣ 「도시공원 및 녹지 등에 관한 법률」에 따른 도시공원 안의 임야
㉤ 「문화재보호법」에 따른 문화재보호구역 안의 임야
㉥ 「전통사찰의 보존 및 지원에 관한 법률」에 따라 전통사찰이 소유하고 있는 경내지
㉦ 「개발제한구역의 지정 및 관리에 관한 특별조치법」에 따른 개발제한구역 안의 임야
㉧ 「군사기지및군사시설보호법」에 따른 군사기지 및 군사시설보호구역안의 임야
㉨ 「도로법」에 따른 접도구역 안의 임야
㉩ 「철도안전법」에 따른 철도보호지구 안의 임야
㉪ 「하천법」에 따른 연안구역 안의 임야
㉫ 「수도법」에 따른 상수원보호구역 안의 임야 등
㉬ 그 밖의 공익상 필요 또는 산림의 보호육성을 위하여 필요한 임야로서 기획재정부령이 정하는 것

③ 다음 어느 하나에 해당하는 **목장용지**(법령§92의7)

"목장용지"라 함은 축산용으로 사용되는 축사와 부대시설의 토지, 초지 및 사료포를 말한다.

단, 축산법에 따른 가축개량기관(농협경제지주회사 가축개량원, 대한한돈협회, 대한양계협회, 한국오리협회 등)이 시험 · 연구 · 실습지로 사용하는 목장용지 등은 제외한다.

㉮ 축산업을 주된 사업으로 하는 법인[1)]이 소유하는 목장용지로서 축산용 토지의 기준면적[2)]을 초과하거나, 특별시, 광역시, 특별자치시, 특별자치도 및 시지역의 도시지역(녹지지역 · 개발제한구역 제외) 안에 있는 목장용지(도시지역에 편입된 날부터 3년이 경과되지 아니한 경우를 제외)

1) 축산업을 주된 사업으로 하는 법인의 판정기준(법령§92의7②)

a. 2 이상의 서로 다른 사업을 영위하는 경우에는 주업은 사업별 사업수입금액이 큰 사업으로 한다. 다만, 농업협동조합법에 의하여 설립된 농업협동조합과 농업협동조합중앙회는 이를 축산업을 주업으로 하는 법인으로 본다.

b. a.의 규정에 불구하고 당해 법인이 축산업에 직접 사용한 목장용지에서 생산한 축산물을 당해 법인이 제조하는 제품의 원재료로 사용하고 그 축산업과 제조업 등을 구분하여 경리하는 경우에는 축산업을 주업으로 하는 것으로 본다. 이 경우 당해 법인이 생산한 축산물 중 당해 법인이 제조하는 제품의 원재료로 사용하는 것의 비율(이하 "사용비율"이라 함)이 100분의 50 미만인 경우에는 당해 목장용지의 면적 중 그 사용비율에 상당하는 면적의 2배 이내의 목장용지에 한하여 축산업을 주업으로 하는 것으로 본다.

2) 축산용 토지의 기준면적(법령§92의7④ 관련 별표1)

a. 가축별 기준면적

구 분	사업	가축두수	축사 및 부대시설		초지 또는 사료포		비 고
			축사(㎡)	부대시설(㎡)	초지(ha)	사료포(ha)	
1. 한우(육우)	사육사업	1두당	7.5	5	0.5	0.25	말·노새 또는 당나귀를 사육하는 경우 포함
2. 한우(육우)	비육사업	1두당	7.5	5	0.2	0.1	
3. 유우	목장사업	1두당	11	7	0.5	0.25	
4. 양	목장사업	10두당	8	3	0.5	0.25	
5. 사슴	목장사업	10두당	66	16	0.5	0.25	
6. 토끼	사육사업	100두당	33	7	0.2	0.1	친칠라를 사육하는 경우 포함
7. 돼지	양돈사업	5두당	50	13	-	-	개를 사육하는 경우 포함
8. 가금	양계사업	100수당	33	16	-	-	
9. 밍크	사육사업	5수당	7	7	-	-	여우를 사육하는 경우 포함

b. 가축두수

가축두수는 다음 각 목의 어느 하나의 방법 중 납세자가 선택하는 방법에 따라 산정한다.

ⓐ 양도일 이전 최근 6사업연도(양도일이 속하는 사업연도 포함) 중 납세자가 선택하는 축산업을 영위한 3사업연도의 최고 사육두수를 평균한 것

ⓑ 양도일 이전 최근 4사업연도 중 납세자가 선택하는 축산업을 영위한 2사업연도의 최고 사육두수를 평균한 것

ⓒ 축산업을 영위한 기간이 2년 이하인 경우에는 축산업을 영위한 사업연도의 최고 사육두수를 평균한 것

㉯ 축산업을 주된 사업으로 하지 아니하는 법인이 소유하는 목장용지

④ **농지, 임야 및 목장용지 외의 토지** 중 다음 각 목을 제외한 토지(법령§92의8)

㉮ 「지방세법」이나 관계 법률에 따라 재산세가 비과세되거나 면제되는 토지

㉯ 「지방세법」 제106조 제1항 제2호 및 제3호의 규정에 의한 재산세 별도합산과세

대상 또는 분리과세대상이 되는 토지

㉰ 토지의 이용상황 관계 법률의 의무이행 여부 및 수입금액 등을 고려하여 법인의 업무와 직접 관련이 있다고 인정할 만한 상당한 이유가 있는 토지로서 다음의 것

1) 종업원 체육시설용 토지
2) 「주차장법」에 따른 부설주차장으로서 부설주차장 설치기준면적 이내의 토지
3) 하치장용 등의 토지 : 물품의 보관·관리를 위하여 별도로 설치·사용되는 하치장·야적장·적치장 등(「건축법」에 따른 건축허가를 받거나 신고를 하여야 하는 건축물로서 허가 또는 신고 없이 건축한 창고용 건축물의 부속토지를 포함한다)으로서 당해 사업연도 중 물품의 보관·관리에 사용된 최대면적의 100분의 120 이내의 토지

㉱ 화훼판매시설업용 토지, 농업에 관한 과정을 교습하는 학원용 토지, 화훼·농산물·수산물·축산물의 도매 및 소매업용(농산물·수산물 및 축산물의 경우에는 「유통산업발전법」에 따른 시장과 그 밖에 이와 유사한 장소에서 운영하는 경우에 한한다) 토지등으로서 토지의 가액에 대한 1년간의 수입금액의 비율이 다음에서 정하는 율 이상인 토지

㉠ 화훼판매시설업용토지 : 100분의 7
㉡ 농업에 관한 과정을 교습하는 학원용 토지 : 100분의 7
㉢ 화훼·농산물·수산물·축산물의 도매 및 소매업용 토지 : 100분의 10

⑤ 「지방세법」 제106조 제2항의 규정에 의한 **주택부속토지** 중 주택이 정착된 면적에 다음의 배율을 곱하여 산정한 면적을 초과하는 토지

㉮ 도시지역 안의 토지 : 5배
㉯ 도시지역 밖의 토지 : 10배

⑥ **별장부속토지**. 단, 별장에 부속된 토지의 경계가 명확하지 아니한 경우에는 그 건축물 바닥면적의 10배에 해당하는 토지를 부속토지로 본다.

⑦ 그 밖에 ①~⑥까지에 규정된 토지와 유사한 토지로서 법인의 업무와 직접 관련이 없다고 인정할 만한 상당한 이유가 있는 대통령령으로 정하는 토지

(3) 비사업용토지 판단시 공통으로 적용되는 사항

① 농지·임야·목장용지 및 그 밖의 토지의 판정은 특별한 규정이 있는 경우를 제외하고는 사실상의 현황에 의한다. 다만, 사실상의 현황이 분명하지 아니한 경우에는 공부상의 등재현황에 의한다.(법령§92의4)

② 연접하여 있는 다수 필지의 토지가 하나의 용도에 일괄하여 사용되고 그 총면적이 비사업용토지 해당여부의 판정기준이 되는 면적(이하 "기준면적"이라 함)을 초과하

는 경우에는 다음 각 호의 구분에 따라 해당 호의 각목의 순위에 따른 토지의 전부 또는 일부를 기준면적 초과부분으로 본다.(법령§92의8⑤)

㉮ 토지 위에 건축물 및 시설물이 없는 경우
 ㉠ 취득시기가 늦은 토지
 ㉡ 취득시기가 동일한 경우에는 법인이 선택하는 토지

㉯ 토지 위에 건축물 또는 시설물이 있는 경우
 ㉠ 건축물의 바닥면적 또는 시설물의 수평투영면적을 제외한 토지 중 취득시기가 늦은 토지
 ㉡ 취득시기가 동일한 경우에는 법인이 선택하는 토지

③ 토지 위에 하나 이상의 건축물(시설물 등 포함)이 있고, 그 건축물이 법인의 특정사업에 사용되는 부분(이하 "특정용도분"이라 함)과 그러하지 아니한 부분이 함께 있는 경우 건축물의 바닥면적 및 부속토지면적(이하 "부속토지면적 등"이라 함) 중 특정용도분의 부속토지면적 등의 계산은 다음 산식에 의한다.(법령§92의8⑥)

㉮ 하나의 건축물이 복합용도로 사용되는 경우
특정용도분의 부속토지면적 등 = 건축물의 부속토지면적 등 × 특정용도분의 연면적 /건축물의 연면적

㉯ 동일경계 안에 용도가 다른 다수의 건축물이 있는 경우
특정용도분의 부속토지면적 = 다수의 건축물의 전체 부속토지면적 × 특정용도분의 바닥면적 / 다수의 건축물의 전체 바닥면적

④ 업종의 분류는 특별한 규정이 있는 경우를 제외하고는 「통계법」 제17조의 규정에 따라 통계청장이 고시하는 한국표준산업분류에 따른다.(법령§92의8⑦)

(4) 예외사항

토지의 취득 후 법령의 규정으로 인한 사용의 금지 그 밖에 다음의 부득이한 사유가 있어 비사업용토지에 해당하는 경우에는 다음에 정하는 바에 따라 비사업용토지로 보지 아니할 수 있다.(법법§55의2③)

① 다음 각 호의 어느 하나에 해당하는 토지는 해당 각 호에서 규정한 기간 동안 상기 (2)①~⑥의 어느 하나에 해당하지 아니하는 토지로 보아 비사업용토지에 해당하는지 여부를 판정한다.(법령§92의11①)

㉮ 토지를 취득한 후 법령에 따라 사용이 금지 또는 제한된 토지 : 사용이 금지 또는 제한된 기간

㉯ 토지를 취득한 후 「문화재보호법」에 따라 지정된 보호구역 안의 토지 : 보호구역으로 지정된 기간

㉰ 토지를 취득한 후 법령에 따라 해당 사업과 관련된 인가·허가(건축허가 포함)·면허 등을 신청한 자가 「건축법」 제18조의 규정 및 행정지도에 따라 건축허가가 제한됨에 따라 건축을 할 수 없게 된 토지 : 건축허가가 제한된 기간

㉱ 토지를 취득한 후 법령에 따라 당해 사업과 관련된 인가·허가·면허 등을 받았으나 건축자재의 수급조절을 위한 행정지도에 따라 착공이 제한된 토지 : 착공이 제한된 기간

㉲ 사업장(임시사업장 제외)의 진입도로로서 「사도법」에 따른 사도 또는 불특정다수인이 이용하는 도로 : 사도 또는 도로로 이용되는 기간

㉳ 「건축법」에 따라 건축허가를 받을 당시에 공공공지(公共空地)로 제공한 토지 : 당해 건축물의 착공일부터 공공공지로의 제공이 끝나는 날까지의 기간

㉴ 지상에 건축물이 정착되어 있지 아니한 토지를 취득하여 사업용으로 사용하기 위하여 건설에 착공한 토지 : 당해 토지의 취득일부터 2년 및 착공일 이후 건설이 진행 중인 기간

㉵ 저당권의 실행 그 밖에 채권을 변제받기 위하여 취득한 토지 및 청산절차에 따라 잔여재산의 분배로 인하여 취득한 토지 : 취득일부터 2년

㉶ 당해 토지를 취득한 후 소유권에 관한 소송이 계속 중인 토지 : 법원에 소송이 계속되거나 법원에 의하여 사용이 금지된 기간

㉷ 「도시개발법」에 따른 도시개발구역 안의 토지로서 환지방식에 따라 시행되는 도시개발사업이 구획단위로 사실상 완료되어 건축이 가능한 토지 : 건축이 가능한 날부터 2년

㉸ 건축물이 멸실·철거되거나 무너진 토지 : 당해 건축물이 멸실·철거되거나 무너진 날부터 2년

㉹ 법인이 2년 이상 사업에 사용한 토지로서 사업의 일부 또는 전부를 휴업·폐업 또는 이전함에 따라 사업에 직접 사용하지 아니하게 된 토지 : 휴업·폐업 또는 이전일부터 2년

㉺ 「금융산업의 구조개선에 관한 법률」 제10조의 규정에 따른 적기시정조치 또는 같은법 제14조 제2항의 규정에 따른 계약이전의 결정에 따라 동법 제2조 제3호의 규정에 따른 부실금융기관으로부터 취득한 토지 : 취득일로부터 2년

㉻ 당해 토지를 취득한 후 상기 ㉮~㉺의 사유 외에 도시계획의 변경 등 정당한 사유로 인하여 사업에 사용하지 아니하는 토지 : 당해 사유가 발생한 기간

② 다음 각 호의 어느 하나에 해당하는 토지에 대하여는 해당 각 호에서 규정한 날을 양도일로 보아 상기 "(1) 과세요건" 규정을 적용한다.(법령§92의11②)

㉮ 「민사집행법」에 따른 경매에 따라 양도된 토지 : 최초의 경매기일

㉯ 「국세징수법」에 따른 공매에 따라 양도된 토지 : 공매일

㉰ 「농업협동조합법」에 따른 농업협동조합중앙회 및 그 조합이 「농업협동조합의 구조개선에 관한 법률」에 따른 농업협동조합자산관리회사에 매각을 위임한 토

지 : 매각을 위임한 날

㉣ 금융기관부실자산 등의 효율적 처리 및 「한국자산관리공사의 설립에 관한 법률」에 따라 설립된 한국자산관리공사에 매각을 위임한 토지 : 매각을 위임한 날

㉤ 전국을 보급지역으로 하는 일간신문을 포함한 3개 이상의 일간신문에 법령에서 규정하는 일정한 요건을 갖추어 매각을 3일 이상 공고하고, 공고일부터 1년 이내에 매각계약을 체결한 토지 : 최초의 공고일

③ 다음 각 호의 어느 하나에 해당하는 토지는 비사업용토지로 보지 아니한다.(법령 §92의11③)

㉮ 토지를 취득한 날부터 3년 이내에 법인의 합병 또는 분할로 인하여 양도되는 토지

㉯ 공익사업을 위한 토지등의 「취득 및 보상에 관한 법률」 및 그 밖의 법률에 따라 협의매수 또는 수용되는 토지로서 사업인정고시일이 2006년 12월 31일 이전인 토지 또는 사업인정고시일부터 2년 이전(2021.5.4. 이후 사업인정고시되는 사업에 따라 협의매수 또는 수용되는 토지분은 5년 이전)인 토지

㉰ 특별시·광역시 및 시지역중 도시지역 안의 농지로서 종중이 소유한 농지(2005년 이전 취득분에 한함)

㉱ 「사립학교법」에 따른 학교법인이 기부(출연을 포함)받은 토지

㉲ 「금융산업의 구조개선에 관한 법률」에 따른 금융기관이 같은 법 제10조 제1항에 따라 금융위원회로부터 적기시정조치를 받고 그 이행계획 등에 따라 양도하는 토지

㉳ 「농업협동조합의 구조개선에 관한 법률」에 따른 조합이 같은 법 제4조 제1항에 따라 농림수산식품부장관으로부터 적기시정조치를 받고 그 이행계획 등에 따라 양도하는 토지

㉴ 공장의 가동에 따른 소음·분진·악취 등으로 인하여 생활환경의 오염피해가 발생되는 지역의 토지로서 당해 토지소유자의 요구에 따라 취득한 공장용 부속토지의 인접토지 등

3. 과세표준 계산

과세표준 = 양도금액 - 양도당시의 장부가액

법인이 각 사업연도에 과세대상이 되는 둘 이상의 토지등을 양도하는 때에는 당해 사업연도에 양도한 자산별로 양도소득을 계산한 금액을 합산한 금액으로 한다. 이 경우 양도한 자산 중 양도당시의 장부가액이 양도금액을 초과하는 토지등이 있는 경우에는 그 초과하는 금액을 차감하여 토지 등 양도소득을 계산한다.(법령§92의2⑨)

【과세표준 계산사례】

〈동일 사업연도에 둘 이상의 자산을 양도한 경우〉

구 분	양도금액(a)	장부가액(b)	가감(a-b)	과세표준
자산(1)	300	100	200	
자산(2)	400	500	△100	
계	700	600	100	100

〈다른 세율이 적용되는 둘 이상의 자산을 양도한 경우〉

(예1)

구 분		양도금액(a)	장부가액(b)	가감(a-b)	과세표준
주택	등 기	300	100	200	100
	미등기	400	500	△100	0
계		700	600	100	100

☞ 토지등 양도소득 법인세 = 100 × 20%

(예2)

구 분		양도금액(a)	장부가액(b)	가감(a-b)	과세표준
주택	등 기	400	500	△100	0
	미등기	300	100	200	100
계		700	600	100	100

☞ 토지등 양도소득 법인세 = 100 × 40%

(예3)

구 분		양도금액(a)	장부가액(b)	가감(a-b)	과세표준
주택	등 기	400	300	100	100
	미등기	300	100	200	200
계		700	400	300	300

☞ 토지등 양도소득 법인세 = (100 × 20%) + (200 × 40%)

4. 산출세액 계산

토지등양도소득에 대한 법인세 = 과세표준 × 세율

<세 율>

구 분	주택		비사업용토지	
	등 기	미등기	등기	미등기
세 율	20%	40%	10%	40%

미등기부동산이란 당해 부동산을 취득한 법인이 그 취득에 관한 등기를 하지 아니하고 양도하는 부동산을 말한다.(법법§55의2⑤)

다만, 다음의 부동산은 미등기부동산으로 보지 아니한다.

① 장기할부조건으로 취득한 부동산으로서 그 계약조건에 의하여 양도당시 그 부동산의 취득등기가 불가능한 부동산

② 법률의 규정 또는 법원의 결정에 의하여 양도당시 취득에 관한 등기가 불가능한 부동산

③ 비과세대상이 되는 교환·분합하는 농지

5. 과세제외 부동산

다음 중 어느 하나에 해당하는 부동산의 양도에 대하여는 토지등 양도소득 법인세를 과세하지 아니한다. 다만, 미등기부동산의 양도소득은 과세된다.(법법§55의2④)

① 파산선고에 의한 토지등의 처분으로 인하여 발생하는 소득

② 법인이 직접 경작하던 농지로서 대통령령이 정하는 경우(소령§153①)에 해당하는 농지의 교환 또는 분합으로 인하여 발생하는 소득
③「도시및주거환경정비법」그 밖의 법률의 규정에 의한 환지처분 등 대통령령이 정하는 사유로 인하여 발생하는 소득
   ㉠「도시개발법」그 밖의 법률에 의한 환지처분으로 지목 또는 지번이 변경되거나 체비지로 충당됨으로써 발생하는 소득
   ㉡ 일정한 요건을 충족한 분할 · 현물출자 · 조직변경 및 교환으로 인하여 발생하는 소득

6. 양도소득의 귀속사업연도

토지등양도소득의 귀속사업연도는 원칙적으로 그 대금을 청산한 날이 속하는 사업연도로 하되, 대금청산 전에 소유권 이전등기 · 등록을 하거나 당해 자산을 인도하거나 또는 상대방이 당해 자산을 사용수익하는 경우에는 그 이전등기 · 등록일, 인도일, 사용수익일 중 빠른 날이 속하는 사업연도에 귀속한다.(법령§92의2⑥)

제 4 절 지출증빙 수취 · 보관

○ 세법에서는 납세의무자의 경비투명성을 확보하고 거래상대방 사업자의 과표양성화를 도모하기 위하여 사업자로부터 재화 또는 용역을 공급받고 대가를 지급하는 경우에는 세법에서 정한 법정 증빙서를 수취하고 이를 5년간 보관하도록 의무화하고 있다.

○ 세법상 법정증빙 수취대상 거래에 대하여 법정증빙을 수취하지 않은 경우에는 가산세를 추가 부담하여야 하므로 증빙서 수취시 유의하여야 한다.

1. 지출증빙의 종류

지출증빙의 종류를 살펴보면 다음과 같다.

① 세금계산서 : 부가가치세 일반과세사업자(2021.7.1.이후 간이과세자 공급분 포함)로부터 부가가치세가 과세되는 재화의 구입 또는 용역을 제공받고 그 증빙으로 받는 영수증서(세법에 규정된 서식)

② 계산서 : 사업자로부터 부가가치세가 면제되는 재화의 구입 또는 용역을 제공받고 그 증빙으로 받는 영수증서(세법에 규정된 서식)

③ 영수증 : 세금계산서 또는 계산서 교부의무가 면제된 사업자(소매업, 음식점업, 숙박업, 목욕 · 이발 · 미용업, 여객운송업, 입장권을 발행하는 사업, 주로 사업자가 아닌 소비자에게 재화 또는 용역을 공급하는 사업<도정업, 제분업 중 떡방앗간, 양복 · 양장 · 양화점업, 주거용 건물공급업, 운수업, 주차장운영업, 부동산중개업, 사회서비스업, 개인서비스업, 가사서비스업>)가 발행하는 영수증으로 국세청장이 정한 서식

- 영수증에는 공급자의 등록번호 · 상호 · 성명(법인의 경우 대표자 성명) · 공급대가 · 작성연월일 그 밖의 필요한 사항을 기재
- 영수증으로 간주되는 것 : 금전등록기영수증, 승차권, 항공권, 입장권, 관람권, 전기 또는 가스요금영수증, 신용카드매출전표, 직불카드영수증, 기타 이와 유사한 영수증

2. 「법인세법」상 규정

① 기업업무추진비로서 1회당 지출금액이 3만원(**경조사비는 20만원**)을 초과하는 경우에는 법정증빙(세금계산서, 계산서, 신용카드매출전표, 직불카드영수증, 현금영수증)을 수취하지 아니하면 기업업무추진비로서 손금인정을 받지 못한다.(법법§25②)

② 기업업무추진비를 포함하여 법인이 사업자로부터 재화 또는 용역을 공급받고 그 대가를 지급하는 경우에는 원칙적으로 세금계산서, 계산서, 신용카드(직불카드, 외국카드, 기명식 선불카드, 현금영수증 포함)매출전표(이를 '법정증빙'이라 한다) 중 어느 하나를 수취하여야 한다.(법법§116②)

【지출증빙서류의 범위(법기통 116-158…1)】

다음 각 호에 해당하는 경우에는 법정증빙서류로 보지 아니한다.

1. 실제 거래처와 다른 사업자명의로 교부된 세금계산서・계산서 또는 신용카드매출전표
2. 「부가가치세법」상 미등록사업자로부터 재화 또는 용역을 공급받고 교부받은 세금계산서 또는 계산서

③ 법인은 각 사업연도에 그 사업과 관련된 모든 거래에 관한 증빙서류를 작성 또는 수취하여 법인세 신고기한이 경과한 날부터 5년간 보관하여야 한다.(법법§116①)
(예 : 2020사업연도분 증빙서는 법인세 신고기한일(2021.3.31)로부터 5년이 되는 2026.3.31까지 보관하여야 함)

④ 위반시 제재사항

㉠ 위 "①" 위반시 : 비용으로 인정받지 못함(즉, 지급액의 9.9% 또는 13.2%를 법인세・법인지방소득세로 부담)

㉡ 위 "②" 위반시 : 비용으로는 인정되나 미수취금액의 2.2%가 가산세 등으로 부과됨

◇ 이를 요약하면 다음과 같다.

1건당 지출액	기업업무추진비인 경우 [기준금액 : 3만원 (경조사비는 20만원)]	기업업무추진비가 아닌 경우 [기준금액 : 3만원]
기준금액 이하	일반 영수증 수취 가능	
기준금액 초과	반드시 법정증빙 수취 (현물기업업무추진비 외 예외 없음) ※ 일반 영수증 수취시 : 손금부인(9.9% 또는 13.2% 법인세 등 부담)	원칙적으로 법정증빙 수취 (지출증빙특례 등 다수의 예외가 있음) ※ 일반 영수증 수취시 : 비용으로는 인정되나, 가산세 등 부과(미수취금액의 2.2% 부담)

- 지출액에는 부가가치세 포함

3. 기업업무추진비가 아닌 경우로서 법정증빙을 수취하지 않아도 되는 상대방 사업자의 범위(법령§158①)

원칙적으로 사업자와의 거래시에는 법정증빙서를 수취하여야 하나 예외적으로 다음의 사업자로부터 재화 또는 용역을 공급받고 대가를 지급하는 경우에는 법정증빙서를 수취하지 않아도 된다.

① 비영리법인(수익사업과 관련된 부분은 제외한다)
② 국가, 지방자치단체 및 지방자치단체조합
③ 금융보험업을 영위하는 법인(금융보험용역에 한함)
④ 국내사업장이 없는 외국법인(비거주자 포함)
⑤ 읍·면지역에 소재하는 부가가치세 간이과세자로서 신용카드가맹점(현금영수증가맹점 포함)이 아닌 사업자

4. 기업업무추진비가 아닌 경우로서 법정증빙을 수취하지 않아도 되는 거래의 범위(법령§158②)

다음에 해당하는 거래의 경우에는 법정증빙서를 수취하지 않아도 된다.

① 공급받은 재화 또는 용역의 건당 거래금액(부가가치세 포함)이 3만원 이하인 경우

② 농·어민(작물재배업·축산업·복합농업, 임업 또는 어업에 종사하는 자를 말하며, 법인은 제외)으로부터 재화 또는 용역을 직접 공급받는 경우

③ 원천징수대상 사업소득자로부터 용역을 공급받는 경우(원천징수된 것에 한함)

④ 「항만공사법」에 의한 항만공사가 공급하는 화물료 징수용역

⑤ 기타 기획재정부령이 정하는 다음의 경우

㉮ 「부가가치세법」 제10조의 규정에 의하여 재화의 공급으로 보지 아니하는 사업의 양도에 의하여 재화를 공급받은 경우

㉯ 「부가가치세법」 제26조 제1항 제8호의 규정에 의한 방송용역을 제공받은 경우

㉰ 「전기통신사업법」에 의한 전기통신사업자로부터 전기통신용역을 공급받은 경우. 다만, 전자상거래 등에서의 「소비자보호에 관한 법률」에 따른 통신판매업자가 「전기통신사업법」에 따른 부가통신사업자로부터 동법 제4조 제4항에 따른 부가통신역무를 제공받는 경우 제외

㉱ 국외에서 재화 또는 용역을 공급받은 경우

㉲ 공매·경매 또는 수용에 의하여 재화를 공급받은 경우

㉳ 토지 또는 주택을 구입하거나 주택의 임대업을 영위하는 자(법인을 제외한다)로부터 주택임대용역을 공급받은 경우

㉴ 택시운송용역을 제공받은 경우

㉵ 건물(토지를 함께 공급받은 경우에는 당해 토지를 포함하며, 주택을 제외한다)을 구입하는 경우로서 거래내용이 확인되는 매매계약서 사본을 「법인세법」 제60조의 규정에 의한 법인세과세표준신고서에 첨부하여 납세지 관할세무서장에게 제출하는 경우

㉶ 「소득세법시행령」 제208조의2 제1항 제3호의 규정에 의한 금융·보험용역을 제공받은 경우

㉷ 삭제 <2020.3.13.>

㉸ 항공기의 항행용역을 제공받은 경우

㉹ 부동산임대용역을 제공받은 경우로서 「부가가치세법시행령」 제65조 제1항의 규정을 적용받는 전세금 또는 임대보증금에 대한 부가가치세액을 임차인이 부담하는 경우

㉺ 재화공급계약·용역제공계약 등에 의하여 확정된 대가의 지급지연으로 인하여 연체이자를 지급하는 경우

㉻ 「한국철도공사법」에 의한 한국철도공사로부터 철도의 여객운송용역을 공급받는 경우

ⓐ 다음 각목의 1에 해당하는 경우로서 공급받은 재화 또는 용역의 거래금액을 「금융실명거래 및 비밀보장에 관한 법률」에 의한 금융기관을 통하여 지급한 경우로서 「법인세법」 제60조의 규정에 의한 법인세과세표준신고서에 송금사실을 기재한 경비 등의 송금명세서를 첨부하여 납세지 관할세무서장에게 제출하는 경우

㉠ 「부가가치세법」 제61조의 규정을 적용받는 사업자(간이과세자)로부터 부동산임대용역을 제공받은 경우

㉡ 임가공용역을 제공받은 경우(법인과의 거래를 제외한다)

㉢ 운수업을 영위하는 자(「부가가치세법」 제61조의 규정을 적용받는 사업자에 한한다)가 제공하는 운송용역을 공급받은 경우

㉣ 간이과세자로부터 「조세특례제한법시행령」 제110조 제4항 각호의 규정에 의한 재활용폐자원 등이나 「자원의 절약과 재활용촉진에 관한 법률」 제2조 제2호의 규정에 의한 재활용가능자원(동법시행규칙 별표 1 제1호 내지 제9호에 열거된 것에 한한다)을 공급받은 경우

㉤ 「항공법」에 의한 상업서류 송달용역을 제공받는 경우

㉥ 「공인중개사의 업무 및 부동산 거래 신고에 관한 법률」에 의한 중개업자에게 수수료를 지급하는 경우

㉦ 「복권 및 복권기금법」에 의한 복권사업자가 복권을 판매하는 자에게 수수료를 지급하는 경우

㉧ 「전자상거래 등에서의 소비자보호에 관한 법률」 제2조 제2호 본문에 따른 통신판매에 따라 재화 또는 용역을 공급받은 경우

㉨ 기타 국세청장이 정하여 고시하는 경우(국세청고시 제2009-101호, 2009.10.01)

- 인터넷, PC통신 및 TV홈쇼핑을 통하여 재화 또는 용역을 공급받는 경우
- 우편송달에 의한 주문판매를 통하여 재화를 공급받는 경우

ⓑ 「유료도로법」에 따른 유료도로를 이용하고 통행료를 지급하는 경우

5. 거래시 증빙서 관련 확인사항

가. 비용지출 및 자산취득 거래

① 비용지출 및 자산취득 거래시 법정증빙서(세금계산서, 계산서, 신용카드매출전표, 현금영수증)를 수취하였는지 여부(미수취시 2% 가산세)

② 영수증을 수취한 경우 영수증을 증빙으로 처리할 수 있는 거래인지 여부(거래금액, 거래상대방 등 확인)

③ 당해 거래내용에 비추어 타당한 증빙서인지 여부(허위증빙여부)
④ 지급하는 금액이 원천징수대상인지 여부
⑤ 종이세금계산서, 종이계산서의 경우 그 사본을 별도로 보관하고 있는지 여부

나. 재화 또는 용역의 공급거래(수익발생거래)

① 재화 또는 용역의 공급거래시 법정증빙서(세금계산서, 계산서, 신용카드매출전표)를 정당하게 교부하였는지 여부

(단, 소매업 등 농민·소비자와 직접 거래하는 경우에는 증빙서 생략 가능)

- 세금계산서 미교부시 : 공급가액의 2% 가산세
- 계산서 미교부시 : 공급가액의 2% 가산세

② 교부한 증빙서 중 종이세금계산서, 종이계산서는 별도로 보관하고 있는지 여부

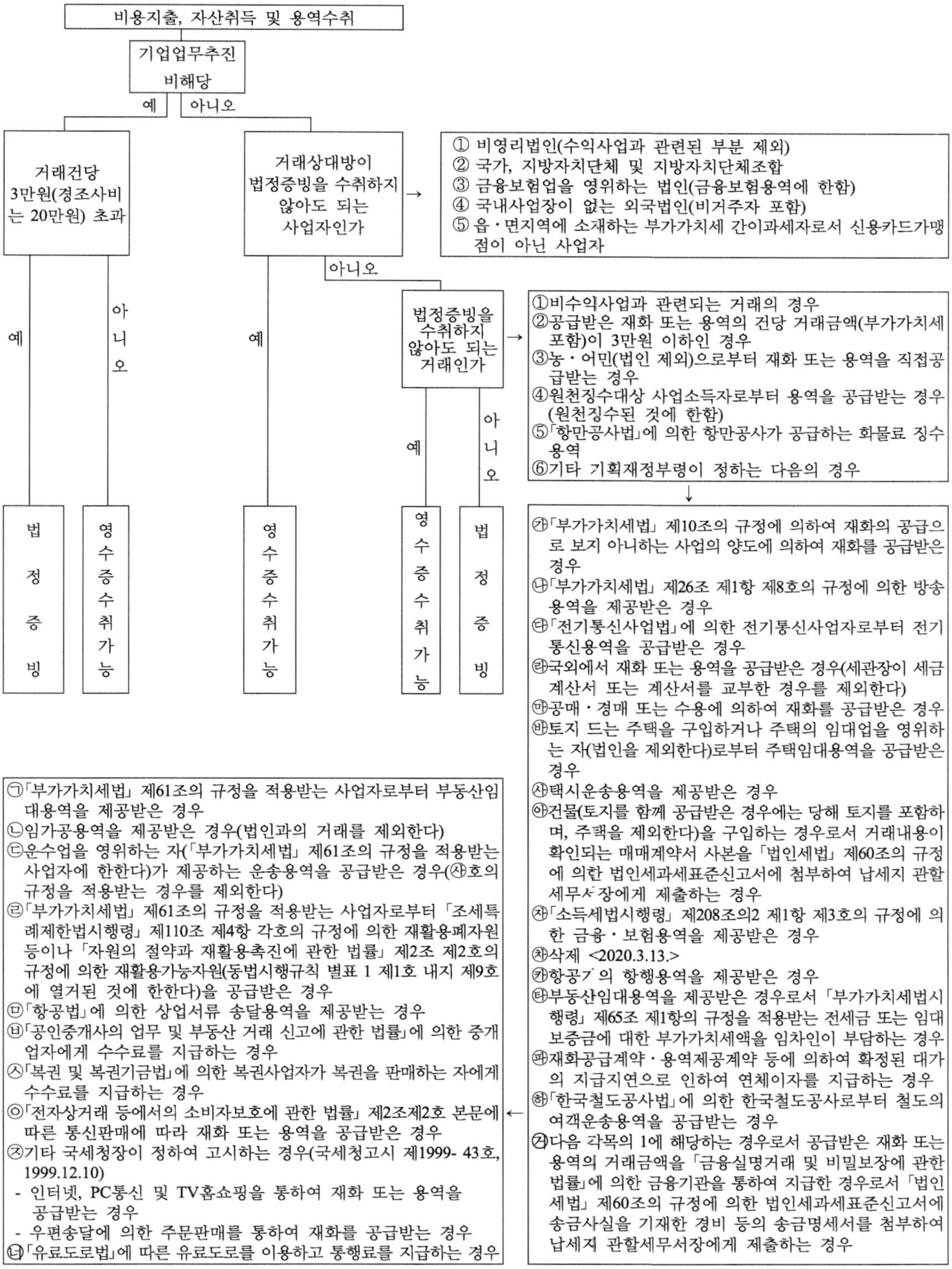
비용지출, 자산취득 및 용역수취
기업업무추진 비해당
예
아니오
거래건당 3만원(경조사비는 20만원) 초과
거래상대방이 법정증빙을 수취하지 않아도 되는 사업자인가
① 비영리법인(수익사업과 관련된 부분 제외)
② 국가, 지방자치단체 및 지방자치단체조합
③ 금융보험업을 영위하는 법인(금융보험용역에 한함)
④ 국내사업장이 없는 외국법인(비거주자 포함)
⑤ 읍·면지역에 소재하는 부가가치세 간이과세자로서 신용카드가맹점이 아닌 사업자
아니오
법정증빙을 수취하지 않아도 되는 거래인가
①비수익사업과 관련되는 거래의 경우
②공급받은 재화 또는 용역의 건당 거래금액(부가가치세 포함)이 3만원 이하인 경우
③농·어민(법인 제외)으로부터 재화 또는 용역을 직접공급받는 경우
④원천징수대상 사업소득자로부터 용역을 공급받는 경우(원천징수된 것에 한함)
⑤「항만공사법」에 의한 항만공사가 공급하는 화물료 징수용역
⑥기타 기획재정부령이 정하는 다음의 경우
예
아니오
예
예
아니오
법정증빙
영수증수취가능
영수증수취가능
영수증수취가능
법정증빙
㉮「부가가치세법」 제10조의 규정에 의하여 재화의 공급으로 보지 아니하는 사업의 양도에 의하여 재화를 공급받은 경우
㉯「부가가치세법」 제26조 제1항 제8호의 규정에 의한 방송용역을 제공받은 경우
㉰「전기통신사업법」에 의한 전기통신사업자로부터 전기통신용역을 공급받은 경우
㉱국외에서 재화 또는 용역을 공급받은 경우(세관장이 세금계산서 또는 계산서를 교부한 경우를 제외한다)
㉲공매·경매 또는 수용에 의하여 재화를 공급받은 경우
㉳토지 드는 주택을 구입하거나 주택의 임대업을 영위하는 자(법인을 제외한다)로부터 주택임대용역을 공급받은 경우
㉴택시운송용역을 제공받은 경우
㉵건물(토지를 함께 공급받은 경우에는 당해 토지를 포함하며, 주택을 제외한다)을 구입하는 경우로서 거래내용이 확인되는 매매계약서 사본을 「법인세법」 제60조의 규정에 의한 법인세과세표준신고서에 첨부하여 납세지 관할 세무서장에게 제출하는 경우
㉶「소득세법시행령」 제208조의2 제1항 제3호의 규정에 의한 금융·보험용역을 제공받은 경우
㉷삭제 <2020.3.13.>
㉸항공기의 항행용역을 제공받은 경우
㉹부동산임대용역을 제공받은 경우로서 「부가가치세법시행령」 제65조 제1항의 규정을 적용받는 전세금 또는 임대보증금에 대한 부가가치세액을 임차인이 부담하는 경우
㉺재화공급계약·용역제공계약 등에 의하여 확정된 대가의 지급지연으로 인하여 연체이자를 지급하는 경우
㉻「한국철도공사법」에 의한 한국철도공사로부터 철도의 여객운송용역을 공급받는 경우
㉼다음 각목의 1에 해당하는 경우로서 공급받은 재화 또는 용역의 거래금액을 「금융실명거래 및 비밀보장에 관한 법률」에 의한 금융기관을 통하여 지급한 경우로서 「법인세법」 제60조의 규정에 의한 법인세과세표준신고서에 송금사실을 기재한 경비 등의 송금명세서를 첨부하여 납세지 관할세무서장에게 제출하는 경우
㉠「부가가치세법」 제61조의 규정을 적용받는 사업자로부터 부동산임대용역을 제공받은 경우
㉡임가공용역을 제공받은 경우(법인과의 거래를 제외한다)
㉢운수업을 영위하는 자(「부가가치세법」 제61조의 규정을 적용받는 사업자에 한한다)가 제공하는 운송용역을 공급받은 경우(㉴호의 규정을 적용받는 경우를 제외한다)
㉣「부가가치세법」 제61조의 규정을 적용받는 사업자로부터 「조세특례제한법시행령」 제110조 제4항 각호의 규정에 의한 재활용폐자원등이나 「자원의 절약과 재활용촉진에 관한 법률」 제2조 제2호의 규정에 의한 재활용가능자원(동법시행규칙 별표 1 제1호 내지 제9호에 열거된 것에 한한다)을 공급받은 경우
㉤「항공법」에 의한 상업서류 송달용역을 제공받는 경우
㉥「공인중개사의 업무 및 부동산 거래 신고에 관한 법률」에 의한 중개업자에게 수수료를 지급하는 경우
㉦「복권 및 복권기금법」에 의한 복권사업자가 복권을 판매하는 자에게 수수료를 지급하는 경우
㉧「전자상거래 등에서의 소비자보호에 관한 법률」 제2조제2호 본문에 따른 통신판매에 따라 재화 또는 용역을 공급받은 경우
㉨기타 국세청장이 정하여 고시하는 경우(국세청고시 제1999- 43호, 1999.12.10)
- 인터넷, PC통신 및 TV홈쇼핑을 통하여 재화 또는 용역을 공급받는 경우
- 우편송달에 의한 주문판매를 통하여 재화를 공급받는 경우
㉩「유료도로법」에 따른 유료도로를 이용하고 통행료를 지급하는 경우

조동수

경 력 (現) 농협대학교 부총장 | 협동조합디지털경영과 교수
성균관대 일반대학원 회계학과 졸업(박사)
(前) 농협대학교 교학처장, 학생처장 등 역임 | 국가철도공단 재무부장, 회계부장 등 역임 | 성균관대, 동국대, 서울여대, 충남대, 우송대, 수원대, 연성대 등 외래교수 역임

저 서 한국채택국제회계기준 기초회계원리의 이해(나눔클래스, 2024) | 치유농업서비스의 운영과 관리; 1급치유농업사양성교육 길라잡이(농촌진흥청, 2024) | K-IFRS 회계원리(나눔클래스, 제13판, 2022) | K-IFRS 재무제표론(나눔클래스, 제9판, 2022) | K-IFRS 재무회계(나눔, 제11판, 2020) | NCS 세무실무(신영사, 2019) | K-IFRS 회계기초(나눔, 제5판, 2016) | K-IFRS와 농협사업부문별 회계처리(나눔, 2015) | K-IFRS 기초재무회계연습(나눔, 2015) | 회계원리연습(나눔, 제7판, 2014) | 구성원의 BSC시스템 수용에 영향을 미치는 요인(2007) 외 다수

박경환

경 력 (現) 세무사 | 농협대학교 협동조합디지털경영과 외래교수
시립대 세무전문대학원(조세법전공) 졸업(박사) | 연세대 대학원(조세법전공) 졸업(석사)
(前) 농협 하나로유통 준법세무팀장 | 농협중앙회 기획실 세무회계팀장 | 농협중앙회 조합감사위원회 검사역 반장 | 남대문세무서 정보공개심의회 위원(2022~2024) | 한국지방세회 대외협력 이사(2020~2021) | 남대문세무서 국세심사위원 민간위원(2019~2021)

연 구 농업 부문 조세제도의 개선 방안에 관한 연구(2021) | 협동조합 과세특례 연구(2019)

완전정복
핵심세무회계

2025년 3월 10일 제 1 판 1쇄 인쇄
2025년 3월 15일 제 1 판 1쇄 발행

저 자 조 동 수 · 박 경 환
발 행 인 권 영 섭
발 행 처 (주)신 영 사

저자와의 협의하에 인지생략

경기도 파주시 심학산로 12(출판문화단지)
등 록 : 1988. 5. 2 / 제406-1988-000020호
전 화 : 031-946-2894(代)
F A X : 031-946-0799
e - mail : sys28945@naver.com
홈페이지 : http://www.shinyoungsa.co.kr

정가 25,000원 ISBN 978-89-5501-887-5